2015年拉丁美洲经济展望

面向发展的教育、技术和创新

经济合作与发展组织发展中心
联合国拉美经委会　　　　　　　　　　主　编
CAF-拉丁美洲开发银行

OECD
MEJORES POLÍTICAS PARA UNA VIDA MEJOR
CAF
BANCO DE DESARROLLO DE AMÉRICA LATINA
NACIONES UNIDAS
CEPAL
知识产权出版社
全国百佳图书出版单位

图书在版编目（CIP）数据

2015年拉丁美洲经济展望：面向发展的教育、技术和创新 / 经济合作与发展组织发展中心，联合国拉美经委会，CAF－拉丁美洲开发银行主编；中国社会科学院拉丁美洲研究所译．—北京：知识产权出版社，2015.4

书名原文：Latin American Economic Outlook 2015：Education，Skills and Innovation for Development

ISBN 978－7－5130－3460－9

Ⅰ.①2…　Ⅱ.①经…②联…③C…④中…　Ⅲ.①经济展望－拉丁美洲－2015　Ⅳ.①F173.04

中国版本图书馆CIP数据核字（2015）第076927号

责任编辑：刘　睿　刘　江　　**责任校对**：董志英
文字编辑：刘　睿　刘　江　　**责任出版**：卢运霞

2015年拉丁美洲经济展望
面向发展的教育、技术和创新
2015 Nian Ladingmeizhou Jingji Zhanwang
Mianxiang Fazhan de Jiaoyu Jishu he Chuangxin
经济合作与发展组织发展中心　联合国拉美经委会　CAF－拉丁美洲开发银行　主编

出版发行：	知识产权出版社有限责任公司	**网　　址**：	http：//www.ipph.cn
社　　址：	北京市海淀区马甸南村1号	**邮　　编**：	100088
责编电话：	010－82000860转8113	**责编邮箱**：	liurui@cnipr.com
发行电话：	010－82000860转8101/8102	**发行传真**：	010－82000893/82005070/82000270
印　　刷：	保定市中画美凯印刷有限公司	**经　　销**：	各大网上书店、新华书店及相关专业书店
开　　本：	720mm×960mm　1/16	**印　　张**：	15.75
版　　次：	2015年4月第一版	**印　　次**：	2015年4月第一次印刷
字　　数：	260千字	**定　　价**：	40.00元

ISBN 978－7－5130－3460－9

序　　言

《拉丁美洲经济展望》报告旨在对拉美地区经济概况进行描述，并对该地区经济社会发展中的突出问题展开分析。2007 年 11 月，在智利圣地亚哥举行的伊比利亚美洲峰会期间，本报告第一期正式发布。从那时起，本报告便成为在全球背景下分析和比较拉美经济表现的新工具，并为该地区政府官员提供了最佳经验和实践的参考。

自 2011 年起，我们与联合国拉丁美洲和加勒比经济委员会（CEPAL）联合发布本报告，每期报告的主题与伊比利亚各国政府及伊比利亚美洲秘书处（SEGIB）举办的伊比利亚美洲年度峰会讨论的经济议题相呼应。自 2013 年，CAF－拉丁美洲开发银行参与报告的编写工作。本期报告发布于第 24 届伊比利亚美洲政府首脑峰会期间，此次会议于 2014 年 12 月 8～9 日在墨西哥维拉克鲁斯举行。

每期报告都包含对宏观经济的分析并聚焦全球局势对拉美经济的影响。报告还包含分析伊比利亚美洲峰会上领导人提出的公共政策领域的章节，藉此分析并建议该地区在经济发展和结构政策上面临的挑战和当务之急。

2015 年报告是《拉丁美洲经济展望》年度报告的第 8 期，聚焦有助于促进该地区包容性发展的关键性投入——教育、技术和创新。2015 年报告深入分析了拉丁美洲教育体系和该地区旨在提升优质教育入学率的能力，同时关注技能训练的发展以提高经济竞争力和劳务市场的整合。这些投入与生产体系的创新政策在 2015 年报告中都有所分析。

致　谢

本报告由联合国拉美经委会、CAF－拉丁美洲开发银行和经济合作与发展组织发展中心共同完成。

经合组织发展中心方面是由拉美和加勒比处负责人安赫尔·梅尔吉索负责本报告出版，同时得到塞瓦斯安·涅托－帕拉的支持和经合组织发展中心主任里奥·佩西尼的指导。拉美经委会的经济事务官员塞巴斯蒂安·罗维拉和CAF资深经济学家阿德里亚纳·阿雷阿萨分别领导各自的部门为本书作出了贡献。本书的出版由经合组织的胡安·巴斯克斯·萨莫拉负责协调。

第一章由来自经合组织的安赫尔·梅尔吉索完成。第二章由阿德里亚纳·阿雷阿萨撰写，同时得到下列人士的支持：来自发展协会的克里斯蒂娜·费尔南德斯，来自拉美经委会的桑德拉·曼努埃尔里多和胡安·巴勃罗·希门尼斯以及来自经合组织的安赫尔·梅尔吉索。经合组织的罗兰多·阿文达略撰写了专栏2.1，来自波士顿大学的凯文·加拉格尔和美洲对话组织的玛格丽特·迈尔斯撰写了专栏2.2。第三章由来自经合组织的何塞·拉蒙·佩雷亚、胡安·巴斯克斯·萨莫拉和安赫尔·梅尔吉索共同完成。专栏3.3由美洲开发银行的卡罗利娜·冈萨雷斯－韦洛萨和大卫·罗萨斯－谢帝撰写；专栏3.4由经合组织的罗兰多·阿文达略、塞瓦斯安·涅托－帕拉和弗洛拉·贝弗尔撰写；专栏3.5由美洲开发银行的卡米拉·梅赫亚完成。第四章由经合组织的罗兰多·阿文达略、塞瓦斯安·涅托－帕拉、胡安·巴斯克斯·萨莫拉和弗洛拉·贝弗尔撰写，同时得到了拉美经委会的丹妮拉·特鲁科的支持和点评。专栏4.1和4.4由经合组织的玛塔·恩西纳斯完成；专栏4.3由经合组织的雷内·奥罗斯科撰写。第五章由拉美经委会的加福利埃尔·波茨勒和塞巴斯蒂安·罗维拉共同完成。专栏 5.1 由经合组织何塞·安东尼奥·阿尔达文、法比奥·格尔克和佩德罗·兰赫尔完成，豪尔赫·卡博内尔作出了评论，赫尔诺特·胡琴瑞特、迈克尔·基南和迪米特里奥斯·彭迪卡克斯进行了修订。各国介绍由经合组织的罗兰多·阿文达略、克罗伊·库森·道班、塞瓦斯安·涅托－帕拉、胡安·巴斯克斯·萨莫拉和弗洛拉·贝弗尔共同撰写，同时得到了 CAF 的卡罗利娜·卡马乔、阿韦拉多·达萨、吉列尔莫·迪亚斯和妮可·佩雷尔穆特以及拉美经委会的丹妮拉·特鲁科的帮助。经合组织的丹尼尔·阿谢德、安娜·扬科夫斯卡和罗绍拉·基洛勒斯通过其他方式对本报告作出了贡献。报告的发布仪式在墨西哥维拉克鲁斯举行的伊比利亚美洲峰会上进行，其准备工作由经合组织的丽塔·达科斯塔和经合组织墨西哥中心的尤金娜·加尔度略协调，在报告发布的各阶段得到了经合组织的安娜·冈萨雷斯和珍妮弗·亨伯特的行政支持。

该报告得益于参与 2014 年 7 月 3 日专家会议的人士所作的贡献和评论，特别是来自国际清算银行的恩里克·阿尔维罗拉，曾供职于哥伦比亚教育部的胡安·卡洛斯·玻利瓦尔，经合组织的卡尔·达尔曼，美洲对话组织的艾瑞尔·菲斯拜因，经合组织经济事务部的罗伯特·福特，经合组织的尤金娜·加尔度略，多米尼加共和国经济计划和发展部部长马格达莱纳·利萨尔多，美洲开发银行的乌戈·略波，厄瓜多尔高等教育、科学、技术和创新部的丽娜·帕索斯·帕迪利亚，经合组织科技和创新理事会的德克·派拉特，伊比利亚美洲秘书处的费德里科·波里，乌拉圭产业大学的克劳迪奥·拉玛，乌拉圭国家教育评估研究所的佩德罗·拉韦拉，阿根廷萨米恩托国立大学的维罗尼卡·罗伯特，西班牙对外银行的胡安·路易斯，经合组织就业劳工和社会事务处主任斯特凡诺·斯卡尔佩塔，经合组织教育和技术处主任安德列亚斯·施莱克尔，拉美经委会的费尔南多·索斯多夫和墨西哥公共教育部的波拉·比亚瑟略。

本报告的作者还要感谢以下提供详细评论的人士：詹斯·阿诺德（经合组织）、弗朗西斯科·贝纳维兹（联合国儿童基金会）、玛利亚·贝尔里埃尔（CAF）、吉列尔莫·克鲁塞斯（分配、劳动与社会研究中心）、克里斯蒂安·达乌德（经合组织）、艾瑞尔·菲斯拜因（美洲对话组织）、斯蒂芬妮·吉夏尔（经合组织）、大卫·口杜尔（经合组织）、胡安·德莱格莱西亚（经合组织）、阿德里安·洛伦索（经合组织）、苏马亚·马格诺伊（经合组织）、米哈洛·米洛瓦洛维奇（欧洲培训基金会）、吉列尔莫·蒙特（经合组织）、黛博拉·努舍（经合组织）、乌戈·略波（美洲开发银行）、比阿特丽斯·邦特（经合组织）、安娜丽莎·普利米（经合组织）、克劳迪奥·拉玛（乌拉圭产业大学）、维罗尼卡·罗伯特（阿根廷萨米恩托国立大学）、胡安·路易斯（西班牙对外银行）、费尔南多·索斯多夫（拉美经委会）和玛利亚·瓦尔加斯（经合组织）。国别介绍的修订和丰富离不开智利、墨西哥驻经合组织代表给予的努力和评论，同时也感谢阿根廷、巴西、哥伦比亚、哥斯达黎加、多米尼加共和国、巴拿马、秘鲁和乌拉圭等国驻法使馆给予的帮助。

发展中心还要特别感谢西班牙财政部和外交部、墨西哥外交部、墨西哥国际合作局、瑞士发展与合作局、CAF－拉美开发银行等对《拉丁美洲经济展望》给予的财政支持。

本报告的作者要感谢经合组织发展中心交流处和出版机构，特别是艾达·布恩迪亚、戴尔芬·格朗里厄、万塔·勒格朗荷纳德和路易斯·谢茨以及博赫拉·克里奥特（处长室）；感谢经合组织墨西哥中心，特别是罗西奥·梅迪纳、阿德里亚娜·蒙特哈诺和卡罗利娜·齐尔。我们感谢经合组织公共事务与交流处提供的所有技术支持，特别是安妮－丽思·普利亨特、洛伦斯·热雷－托马斯和苏珊娜·加西亚－洛伦索。最后，作者要感谢艾达·鲁阿诺编辑的西班牙语版本，蒂莫西·巴顿（盎格鲁领先翻译所）将本报告译成英文以及史蒂文·卡普苏托对翻译稿的校订。

编 者 按

拉美持续经历始自2010年的经济低迷，其平均增长速度已经无法跟上经合组织成员国的步伐，这种发展态势是由国内因素和近5年欠佳的外部环境造成的。在这5年中，中国经济减速减少了商品的需求，拉低了商品价格。此外，美国声明要收紧银根。虽然各国情况不同，但当今局势要求所有拉美国家提高生产率，刺激增长潜力。只有这样，才能巩固过去10年在减少贫困和不公平方面取得的重大进步。

拉美包容性发展的核心因素包括整个地区更好的教育、现在和将来拥有更好技能的劳动力、一个更有利于创新的环境和不断改善的创新政策。

作为拉美的一个典型特征，克服中等收入陷阱需要采取措施提高劳动力市场的整合度。相较于发达经济体和新兴经济体，拉美地区生产率的提升不尽如人意。非正规经济仍然占有过大比重，影响到新兴中产阶级。除此之外，据在拉美的公司宣称，他们比在世界其他地方更难找到具备必要商务技能的雇员。所以，加强教育与生产的联系，同时强化技能培训项目，刻不容缓。

教育是经济增长的助推器，对于训练将来的市民乃至建设更为包容、平等的社会也具有重要作用。过去20年为提高入学率和改善各阶段教育质量所做的努力应该持续下去。在拉美，人均受教育年限低于发达经济体的水平。拉美较低的教育质量和效果进一步加大了这种差距。女性以及来自贫穷的社会经济背景和农村的人群面临着更大的挑战。

要解决这个问题，必须坚定地走创新之路。只有有利于创新的环境，才能保证更好的教育和更合适的工作技能，强化该地区的竞争力、提高生产率、促进产品多样化，以便加快亟须的结构转型。

2015年《拉丁美洲经济展望》概述了该地区在这些领域面临的现实挑战，同时就通过教育、技能和创新促进更加动态的、包容的发展提出了具体建议。

该报告展示了拉美和经合组织成员国在这些领域有价值的经历和最好的实践，提供了关于克服阻碍拉美经济和社会发展的瓶颈和结构性限制的政策和战略建议。我们希望在2014年12月墨西哥维拉克鲁斯召开的第24届伊比利亚美洲国家首脑峰会上发布的、经过CAF－拉丁美洲开发银行、联合国拉美经委会和经合组织共同努力形成的成果，将促进关于改善拉美和加勒比经济体教育、技能与创新以及巩固该地区更具有社会包容性发展战略的政策研讨。

阿里西亚·巴尔塞纳

联合国拉美经委会执行秘书

恩里克·加西亚

CAF－拉丁美洲开发银行执行主席

安赫尔·古里亚

经济合作与发展组织秘书长

缩写和简写

BVA	西班牙对外银行
BNDES	巴西国家经济和社会发展银行
BRICS	金砖国家（巴西、俄罗斯、印度、中国、南非）
CAF	拉丁美洲开发银行
CEDLAS	分配、劳动和社会研究中心
CELADE	拉美和加勒比人口中心
CEPALSTAT	拉美经委会数据库和统计数据发布
CEQ	社会公平组织
CIAT	美洲国家税收管理中心
CIEPLAN	拉丁美洲研究集团
COMTRADE	联合国贸易统计数据库
CONICET	国家科技研究委员会
ECB	欧洲中央银行
ECLAC	拉美经委会
ESCS	经济、社会和文化状况
FDI	外国直接投资
FED	联邦储备体系
GDP	国内生产总值
HEIs	高等教育机构
IBRD	国际重建与发展银行
ICTs	信息和通信技术
IDB	泛美开发银行

IIF	国际金融协会
ILO	国际劳工组织
IMF	国际货币基金组织
ISCED	国际标准教育分类法
ISCO	国际标准职业分类法
LA	拉丁美洲
LAC	拉丁美洲和加勒比地区
LLECE	拉美教育质量评估实验室
MHTE	中端和高端出口品
MILA	拉美综合市场
MINCyT	科技和生产创新部
NBER	美国国家经济研究局
OECD	经济合作与发展组织
OEI	伊比利亚—美洲国家教科文组织
OREALC	拉美和加勒比地区教育局
PIAAC	国际成人能力测评项目
PISA	国际学生测评项目
PPP	购买力平价
RIACES	伊比利亚—美洲高等教育质量认证网
RICYT	科学和技术指标网
R&D	研究与发展
SECO	瑞士国家经济事务总局
SEDLAC	拉美和加勒比社会经济数据库
SERCE	基于比较与解释的二次区域性研究
SMEs	中小型企业
TLTROs	定向长期再融资操作
TVET	技术与职业教育培训
UIS	联合国教科文组织统计处
UNCTAD	联合国贸易和发展大会
UNESCO	联合国教科文组织

UNICEF	联合国儿童基金会
UNIDO	联合国工业发展组织
UNODC	联合国毒品与犯罪署
USPTO	美国专利商标局
WDI	世界发展指数
WTO	世界贸易组织

概　览

过去5年拉美经济增速居历史最低。据预测，该地区经济在2014年会增长1% ~1.5%（2013年为2.5%，2012年为2.9%），2015年将小幅提升至2% ~2.5%。造成这种低速增长的外部因素包括商品价格较低，导致这种结果的主要原因是中国经济减速以及外部融资成本增加和资本流入受限。虽然不同的经济管理战略导致各国发展水平不同，但该预测显示出拉美经济增速超过经合组织平均水平十年期的结束。

为了提高产出潜力和公平性，必须继续进行结构改革。拉美地区的生产率提升远远落后于经合组织成员国和其他新兴市场国家，仍是世界上最不平等的地区。更为重要的是，商品繁荣和短期资本流的增加并未提升该地区的发展潜力。**加强教育、技能和创新的改革必须通过提高工人技能来培育高速发展的潜力和高生产率，**还要保证他们有获得高质量培训的公平机会。就现阶段的政治环境而言，2012 ~2014年，拉美共举行了14次总统竞选，给人们打开了机会之门。该地区的福祉，特别是长期福祉，有赖于各国政府是否能有效利用这次机会。

这些改革对于克服中等收入陷阱很关键，也有利于在向新兴国家转移财富过程中将该地区置于更为有利的地位。不同于近几十年达到高收入水平的欧洲和亚洲国家，除智利、乌拉圭和一些加勒比国家外，该地区其他国家在缩小同发达经济体收入差距方面并未取得突出成效。该地区要更好地融入财富转移过程，就需要更多技术，包括软技术，以便更好地适应并在瞬息万变的经济环境中更有效地找到竞争位置。如今，由于人力资本的缺失，拉美地区公司面对棘手的操作问题的几率是南亚地区公司的3倍，是亚太地区公司的13倍。这个问题因为工人和商业界的非正规性而变得愈发棘手。

为提高工作技能，主流教育和技术培训都需要各种实践性课程。除了在需要基础性技能的工作中占有很高比例的工人外，过去十多年里接受再教育的人数一直在下降。必须在改善教育项目和技能及专业培训方面进行投资。与普通或者软技术相关的课程尤其重要，因为这些课程有助于学员在培训后走向劳动力市场，也可以帮助眼下的工人通过更新技能适应变化的劳动力市场。为了认可和转移通过正式或非正式方式习得的技术，有必要建立国家和地方资格认证体系。

教育应被视为经济增长的助推器，同时教育也能促进社会包容和更加公平。拉美应视教育为社会更具凝聚力和更具包容性发展的引路者，因为该地区的发展将很大程度上取决于在教育领域实行的政策。所以，对教育进行更多更好的投资是该地区各国提升入学率和质量的当务之急。

拉美在教育投资方面已经取得长足进步，但是仍然面临在绝大多数层次提高教育质量的挑战。近年来，该地区教育的公共投资大幅增长，平均达到占 GDP 5% 以上的水平（经合组织成员国的平均水平为 5.6%）。现在，小学教育基本普及。然而，学前教育（2012 年学龄前儿童的入学率为66%，经合组织成员国为83%）、中等教育（74%，经合组织成员国为91%）和高等教育（42%，经合组织成员国为71%）的入学率仍然较低。教育质量比较低下。就中等教育而言，根据国际学生评估项目的测试，拉美学生同经合组织成员国学生的学习效果差距为 2 年以上的教育年限。

一系列政策能够改善面向所有学生教育的质量。早期教育必须继续扩大覆盖面，以此培养诸如人际交流技能和毅力等软技能的发展，这些技能在将来的劳动力市场上至关重要。政府应该出台政策，采取激励措施通过严格的招聘程序以挽留并鼓励高质量的教育者。学校政策由于不会占有大量资源而显得比较有效，所以重要的是营造一个有利于学习者的纪律环境，以及通过诸如课堂训练时间和教师对学习效果的期待等教学法给所有学生提供机会。教育资源必须使贫困的学生获得更好的学习效果。最后，有必要改善学校的评估与认证体系。

改善教育和工作技能的努力必须与更强的创新结合起来。作为另一种测量技能的指标，拉美的创新资本量（占 GDP 的 13%）远低于经合组织成员国（占 GDP 的 30%）。另外，在拉美，该数据主要由高等教育支出构成，而在经合组织成员国该数据则主要由研究与发展支出构成。拉美的研发展支出普遍低于经合组织成员国的水平，其商业部门几乎没有提供支持。加强科技机构的管理与发展至关重要，由此，一个有效率的全面制度性框架可得以发展，利于技术与创新的普及。利用其他资源，吸引外资能够给予拉美以提高技术和创新的机会，但条件是外资流必须更紧密地与创新和结构调整政策相结合。

目　录

图表目录

第一章　面向更具活力与包容的拉美教育、技术和创新

本章从整体上展示拉美宏观经济发展趋势，并通过观察该地区现状和鉴别相关领域主要挑战和机遇来分析教育、技能和创新对发展的作用。

从短期经济减速到长期改革?

拉美始自2010年的经济减速如今仍在继续

抛开2013年下半年和2014年年初出现的对危机的恐惧，该地区会持续发展。但是，发展的步伐将会是过去5年最缓慢的（见图1.1）。据预测，2014年该地区的经济会增长1%~1.5%（2013年，2.5%；2012年，2.9%），在最近10年中首次低于经合组织的平均水平。2015年的增长有望小幅上涨，达2%~2.5%。导致这种发展态势的原因是过去5年不太景气的国际环境，包括较低的商品价格（特别是金属和矿石）和中国的经济减速。同样需要注意的是，外部融资成本不断增加以及由于美国紧缩货币政策引发的资本流入更为受限。

基于不同的外部和国内因素，该地区国家之间经济增长的差异性将会越发明显。2014年，拉美发展最快的经济体包括玻利维亚、哥伦比亚、哥斯达黎加、厄瓜多尔、巴拿马、秘鲁和多米尼加共和国。据预测，这些国家的增长率将达4%~7%。增长相对缓慢的是该地区两个最大的经济体：墨西哥的增长率将反弹到2.5%（与智利基本持平）；巴西的增长率将低于1%。最后，阿根廷和委内瑞拉玻利瓦尔共和国预计呈现负增长。该地区国家之间的增长差异可以从国际环境造成的不断变化（特别是商品价格的变

化）的影响和诸如与经济管理相关的国内因素中得到解释。

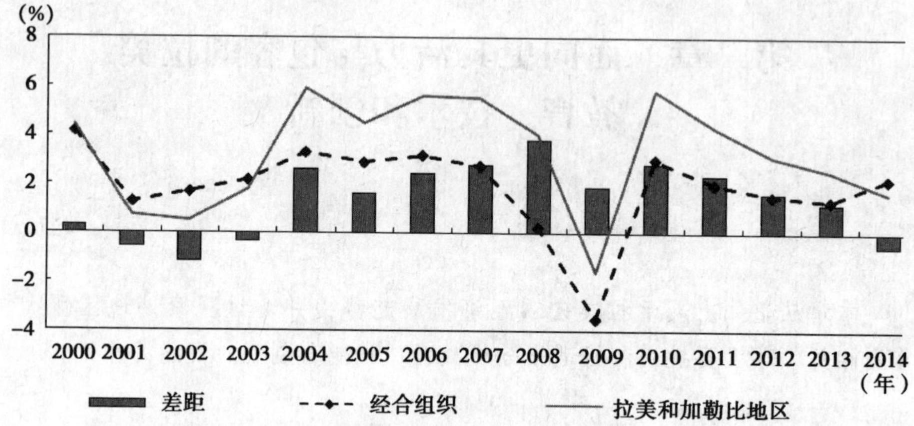

图 1.1　拉美和加勒比地区以及经合组织的 GDP 增长

资料来源：经合组织（2014）：《经合组织经济展望》，2014 年 1 月，经合组织出版；http：//dx. doi. org/10. 1787/eco_ outlook-v2014 - 1 - en；拉美经委会（2014）：《拉美和加勒比 2014 年经济调查：在新的外部环境面临的可持续发展挑战》，拉美和加勒比经济委员会（智利圣地亚哥）、拉美经委会与 CAF - 拉丁美洲开发银行的预测。

统计链接：http：//dx. doi. org/10. 1787/888933174156.

如果中国经济持续减速，拉美经济增长将更为缓慢；如果美国金融形势更快收紧，拉美经济增长将更为恶化。

从基本情景来看，中国经济正在减速，但未来几年仍会持续发展。然而，虽然中国采取的措施（信贷和投资项目）似乎足以维持该国的经济活力，但这些措施会打乱对高消费增长形成的再平衡，从而增加对世界需求的中期风险。最近欧洲采用的货币刺激政策似乎减弱了国际金融局势的影响。对美国来说，这一进程很可能会产生一个更具活力的经济复苏的结果，这将对拉美形成更大的外部需求。东欧和中欧的局势导致了额外的地缘政治风险，这将影响国际贸易，从长期来看，也会影响能源供给。

经常性的短期商品及资本繁荣期增加了拉美经济活动的不确定性，使

其缺乏增长的趋向性。

几乎所有拉美和加勒比地区的国家都经历过外汇大量流入，流入的方式包括出口自然资源（食品、矿石和燃料）、汇兑、短期资本流或外国直接投资（FDI）。此后，当资本流入高于3年及以上的历史平均水平，就被称为“商品热潮”，这种热潮在南美屡见不鲜。从20世纪60年代中期开始，每个南美国家平均经历了3.3次热潮，高收入国家平均经历1.5次，中美洲及加勒比地区国家平均经历1.4次。每次热潮在将近3年中使GDP增长6个百分点。

在过去50年中，繁荣期间出现的产出差距不断增加，紧接着出现负面情况，从而增加了经济发展的不确定性。对于短期资本流、食品和矿石热潮来说尤其如此。在过去10年中，这几次热潮形成了外部环境。此外，在那些经历了热潮的国家并未观察到，在热潮期间或之后出现对增长趋势产生的积极影响。

主要关注点是接下来几年拉美3%左右的低增速并非预示着暂时性减速，而是意味着缓慢的潜在增长。

在过去10年中，拉美潜在增长估计为年均3%～4%，略低于最近一次潜在增长期2004～2008年的经济增长。但在2010年，此前无可置疑的经济繁荣开始恶化，从这一年开始，经济减速就没有停止，所以该地区的“新的正常水平”也就低于早前的预计。

从短期来看，所有拉美国家应该重建其货币和财政应对能力以处理更为不利的经济态势。

拉美地区国家需要通过扩大财政空间强化其金融和财政构架，每个国家操作的程度不同。他们还需要在实行反周期货币政策时维持中央银行的信誉，这种政策在增长乏力时能够起到调节作用。为提升财政空间所采取的措施具有国别差异性。一些国家，如中美洲、安第斯国家和墨西哥，需要扩大税基；另一些国家，特别是南美国家，需要改变公共支出结构。与此同时，在加勒比地区，政府需要继续努力以确保可持续的财政政策，特别是政府债务。重要的是，所有国家都应建立自动“稳定器”（特别是就支出而言，当然也包括收入），搭建宏观审慎的框架，采取作用明确的稳定性措施。

从长期来看，这种不景气的前景提醒我们，需要继续推进结构改革以提升潜在增长和公平。关键性改革包括对教育、技能和创新的强化。

近年来，相较于经合组织成员国和新兴国家，拉美的生产率不尽如人意。高生产率能够促进包容性发展，也能改善严重的不平等以及降低贫困率。教育和创新改革必须确保获得高质量全面教育的公平机会以及适应劳动力市场并且掌握更好技能的生产者。必须采取措施加强正规就业。就现阶段的政治环境而言，2012～2014年3年间拉美共举行了14次总统竞选，给人们打开了机会之门。该地区的福祉，特别是长期福祉，有赖于各国政府是否能有效利用这次机会。

教育、技术和创新是实现更具活力和包容性发展的关键因素

中等收入陷阱——GDP的增长一旦达到中等发展阶段便减速——在拉美仍将持续。

虽然该地区收入在20世纪中期相对较高，但与一些已经实现高收入的欧洲和亚洲国家不同，拉美国家并未能在缩小与发达经济体的收入差距上取得重大进步（见图1.2）。在拉美和加勒比地区，只有智利、乌拉圭和少数加勒比国家跻身高收入国家。

教育、技能和创新是能够帮助更多拉美国家走出中等收入陷阱和加强该地区新兴中产阶级力量的关键领域。

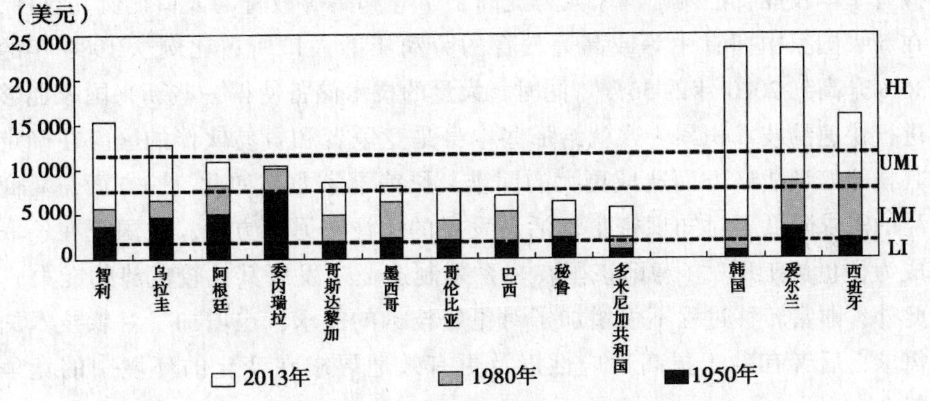

图 1.2　拉美和加勒比地区的中等收入陷阱

（人均 GDP，1990 年美元购买力平价）

注：以美元购买力平价计算的人均 GDP 以 1990 年价格为常数。LI 指低收入，LMI 指中低收入，UMI 指中高收入，HI 指高收入。

资料来源：作者基于世界银行（2014）《世界发展指标（数据库）》计算（http://data.worldbank.org）；基于 Felipe，Abdon and Kumar（2012）设计的方法："Tracking the middle-income trap：what is it，who is in it，and why?"，*Working Paper*，No. 715，Levy Economics Institute，April。

统计链接：http://dx.doi.org/10.1787/888933174168 .

改善教育和技能的储备和质量，加上稳定的宏观经济环境和有利于创新的环境，决定着国家将增长模式引导向高附加值活动的能力。对人力资本的投资推动经济长期发展，这是任何包容性发展战略的关键组成部分。因此，有必要通过弱化人们社会经济背景和非正规就业对其获得各层次高质量教育的影响来提高机会平等和社会流动性。

提高劳动技能以适应并受益于财富转移

向新兴国家的财富转移对于劳动技能的供需有着重要影响。

仅中国和印度融入全球经济就新增了 12 亿个就业岗位。起初，他们只拥有基本技能，但两个国家大力提高了中等和高等教育的人口比例。这样，在新兴国家中拥有中等或高等教育的劳动年龄人口所占比例从 1980 年的 36% 升高到 2010 年的 56% 。同时，大量的技术储备使得一些新兴国家能够进行快速的技术积累。这就给那些本身是竞争者和贸易伙伴的国家在确定其技能培训战略方面造成更大的困难，拉美国家尤其如此。一方面，对商品的需求降低了对知识密集性活动发展的关注；另一方面，中国正在争取成为“世界工厂”（意即该国在一系列制造业中发展其比较优势的能力）。此外，财富转移过程不仅增加了对更好技术的需求，也增加了对软技术的需求，后者有助于提高适应性以及更有效地寻求在变化的环境中的竞争机会。

拉美是技能供需差距最明显的地区，这导致很高的劳动非正规性。

在拉美和加勒比地区，在正规经济领域有 36% 的公司努力寻求经过适当培训的劳动力，而全球的平均数是 21% ，经合组织成员国的平均数为 15% （见图 1.3）。根据发布的分析报告，因为人力资本的缺失，拉美地区公司面对棘手的操作问题的概率是南亚地区公司的 3 倍，是亚太地区公司的 13 倍。

拉美的汽车和机械行业对技能的需求最为迫切。这些行业面临的挑战尤为艰巨，因为行业的复杂性使然，其连接性和复杂程度都较高。因此，它们有助于推动该地区面向知识密集型和技术密集型的发展模式的结构调整和转型。

除了在基本技能岗位上拥有高比例低技能的劳动力之外，接受再教育的人数也一直在下降。在拉美，以受教育层次（小学/中学/大学）和工作岗位对技能的要求（从机器操作到公司行政职位）来衡量的劳动者技能远远低于经合组织成员国的水平。更有甚者，通过比较一个具有一定程度教育背景的工人和一个未接受教育的工人（尤其是在中等教育之后接受高等教育和在小学教育之后接受中等教育）所得到的附加工资来看，自 2000 年以来，该地区接受再教育的人数不断下降。导致接受再教育人数下降的主要原因是一些暂时性因素，如高等教育的扩招。但是，更多的长期因素也对此发挥着作用，如教育体系提供的技能与劳动力市场的需求不相匹配。

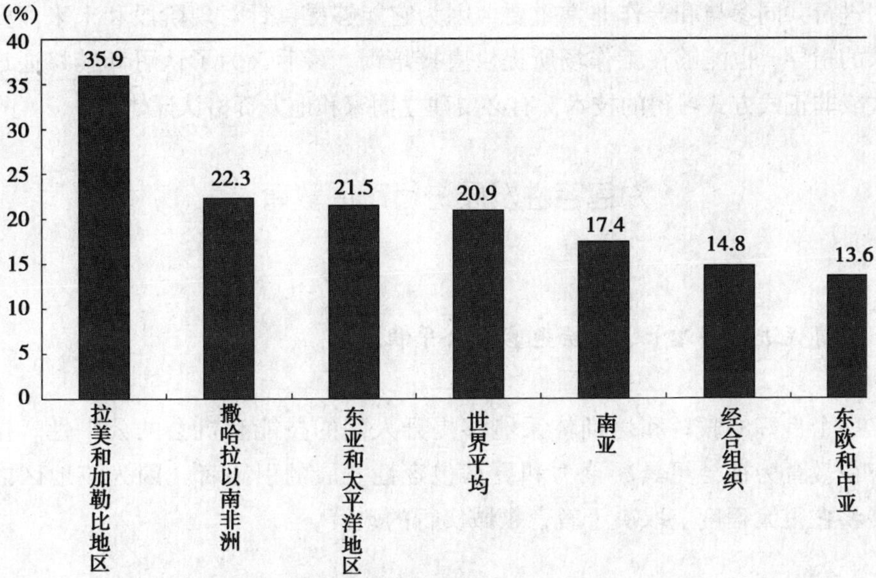

图 1.3　缺少受过正规培训的劳动力的公司比重

（正规公司的百分比，2010 年左右）

资料来源：世界银行：《企业调查》，华盛顿特区，2014 年 8 月数据。

统计链接：http：//dx. doi. org/10. 1787/888933174171.

非正规性高是影响工人和商界劳动力的另一因素。拉美劳动力的一半以上，包括中等收入工人（“新兴中产阶级”或“中等阶层”），在非正规行业工作。收入减少、由经济增长乏力导致的失业以及由于疾病、高龄带来的风险都会增加他们的脆弱性。有证据表明，从事相似工作和具有相同教育背景的工人在非正规经济领域获得的报酬低于正规经济领域。

在教育体系和技能培训项目中需要不同的行动方案以提高工作技能。公共部门与私有部门的合作是关键。

从短期来看，必须对教育项目和职业教育培训进行投资。普通技能和软技能尤其重要，因为它们有助于学员在培训后走向劳动力市场，也可以帮助在职的工人通过更新技能和优化其流动性来适应变化的劳动力市场。与私有部门进行共同参与和合作非常重要，因为它能够提供针对现阶段和未来商业需求的指导，也能够在工作场所提供直接培训。最后，为了认可和转移通过正式或非正式方式习得的技术，有必要建立国家和地方资格认证体系。

为包容性发展进行市民教育

教育促进经济增长、社会包容和公平程度。

一个良好的教育和培训体系能够提升人们的技能和机会的公平性。拉美应视教育为社会更具凝聚力和更具包容性发展的引路者，因为该地区的发展将在很大程度上取决于教育领域实行的政策。

拉美已经在教育投资和覆盖率方面取得重大进展，但是挑战依然存在，特别是在增加学前教育覆盖率和降低辍学率及复读率方面尤其如此。

近年来，拉美对教育的公共总投资有很大增长，现在已占 GDP 的 5%（2012 年经合组织成员国的平均水平 5.6%），现在小学教育基本普及（该地区潜在人口的 91%，经合组织成员国为 97%）。入学年限增长明显，从 1971 年的 8 年增加到 2012 年的 13 年（同期经合组织成员国的数据为从 11 年增加到 17 年）。但是，学前教育覆盖率仍然较低（2012 年占拉美学龄前儿童的 66%，经合组织为 83%）。这项数据非常重要，因为学前教育对于其他各阶段的教育年限具有重要影响：对于那些接受了学前教育的儿童来说，他们在中等教育阶段的表现几乎相当于比其他人多接受了一整年的学校教育。同样，高层次的教育入学率仍然偏低：只有 74% 接受过中等教育（经合组织成员国为 91%），只有 42% 接受过高等教育（经合组织成员国为 71%）。该地区在提高入学率方面获得的进展较一些亚洲国家更为缓慢。例如，中国的中等教育入学率在 2012 年都略高于拉美，这要归因于其自 1990 年以来 140% 的增幅，相比之下，同期拉美的增幅仅为 50%。

另外，拉美每个学生的政府支出相较于经合组织成员国的平均水平仍然较低。比如，中等教育的支出在拉美国家仅占人均 GDP 的 18%，而这一数据在经合组织成员国达 26%。但是，该地区对教育的资金支持很大一部分来自于私人（智利为 40%，哥伦比亚为 35%，经合组织成员国为 16%）。该地区的政策更倾向于降低中等教育与高等教育的辍学率与复读率。与此同时，该地区有 1/5 的学生无法完成小学教育；就其他新兴地区来说，这一比例仅为 1/10。

一个悬而未决的主要问题是需要提升教育投资对质量和效果的影响。

与突尼斯和土耳其一道，巴西和墨西哥在中等教育效果（15～16 岁年龄段）方面取得最大进展：自 2003 年以来，在经合组织的国际学生评估项目测试中，每年提高 3～4 分。尽管如此，拉美学生与经合组织成员国学生之间仍然存在巨大差距。据 2012 年国际学生评估项目测试，这个差距几乎达到 2 年的学校教育年限。该地区不尽如人意的表现不仅因为学生的经济社会背景，还由一些与学校活动相关的因素导致，如课堂学时和教师对学生表现的期待。这些因素在经合组织成员国中的相关性不强，在这些国家，教师素质对教学效果能产生重要影响。

主要挑战之二是需要降低在教育可获性方面的社会经济、性别和城乡的不公平性。

在拉美，学生和学校的社会经济背景对于教育的可获性、效果和完成情况有明显影响。在收入最低的 20% 人口中，只有 56% 接受了中等教育，9% 接受了高等教育；而在收入最高的 20% 人口中，这两项数据分别为 87% 和 46%。基于 2012 年国际学生评估项目的测试结果，在拉美，就学生在中学阶段表现的差异性而言，将近 30% 与社会经济因素有关，而经合组织成员国的平均水平为 26%（见图 1.4）。作为与社会经济和文化因素相关的差异性表现的结果，收入水平最低的 25% 学生相较于收入水平最高的 25% 学生来说，其受教育年限少了 2 年。

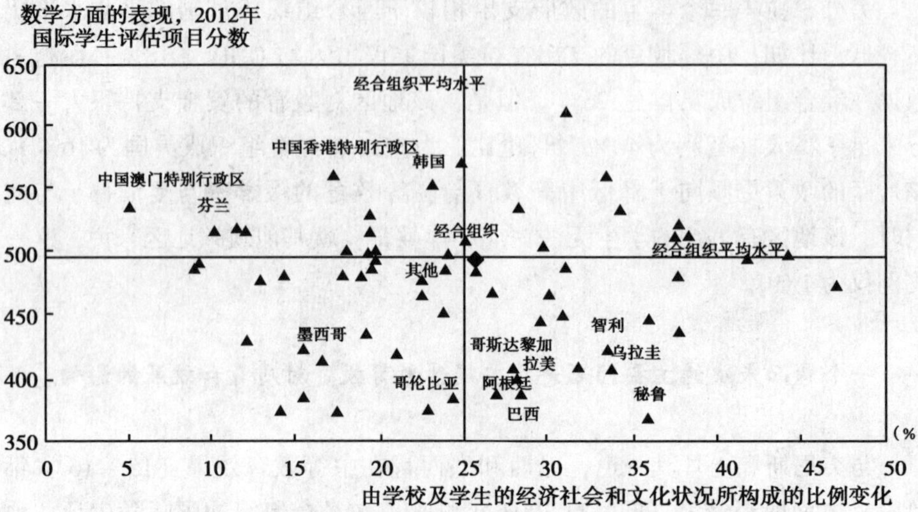

图 1.4　高中学生的表现和公平性

（2012 年国际学生评估项目）

注：拉美国家（LA）由阿根廷、巴西、智利、哥伦比亚、哥斯达黎加、墨西哥、秘鲁和乌拉圭组成。其他国家和地区由阿尔巴尼亚、保加利亚、克罗地亚、迪拜、中国香港、印度尼西亚、约旦、哈萨克斯坦、拉脱维亚、列支敦士登、立陶宛、中国澳门、马来西亚、黑山、卡塔尔、罗马尼亚、俄罗斯、塞尔维亚、中国上海、新加坡、中国台北、泰国、突尼斯、阿拉伯联合酋长国组成。由学生和学校的经济、社会与文化地位所解释的在数学方面表现的百分比变化来自于学生水平的回归，其中解释性变量为学生和所在学校的经济、社会和文化地位。

资料来源：作者基于 2012 年经合组织国际学生评估项目的计算。

统计链接：http：//dx. doi. org/10. 1787/888933174184.

公立和私立教育体现出的差异性表现是理解何以将平等提到国家议程重要位置的第二个原因。根据经合组织成员国的经验，提高公平性和改善受教育效果完全不冲突。教育决策者们还应解决城乡学生不平等的问题。由不平等所导致的后果往往超出学校表现和性别不平等的范围：男生的辍学率较高，而女生则动力不足，对数学比较缺乏信心。2012 年国际学生评估项目的结果显示，女生在数学方面的糟糕表现相当于半年的学校教育。

就覆盖率特别是表现而言，教育政策必须继续应对各教育阶段质量与公平的挑战。

政府应该为早期教育分配更多资源以扩大其覆盖率，还应该加紧改革幼儿关爱体系，包括改善健康中心以及培训医疗专家。在这些领域，尽早发展软技能，如人际交往技能和毅力，对于融入劳动力市场和整个社会都具有关键性意义。在中小学教育阶段，政府应该出台政策，通过严格管控招聘程序、采取激励措施挽留和鼓励高素质教师，以此提高教师培训的连续性，并确保教师所得报酬符合其接受的培训和经验。根据经合组织成员国如韩国和日本的经验，聚焦于教师素质较之于聚焦在减少班级人数上更具影响力。学校政策因其不会占有大量资源而显得比较有效，比如，营造一个有利于学生成长的纪律环境并给所有学生提供机会。在这些政策之中，建立更好的机制以鉴别最有可能因陷入困境而辍学的学生显得尤为重要。

一般而言，教育资源分配的目的是减少不平等，以来自贫困环境的学生作为重点扶持对象。在拉美国家，拥有来自较为富裕环境的学生的学校现在有较好的教育资源（书籍、教学资料和实验室）（见图 1.5）。一些在

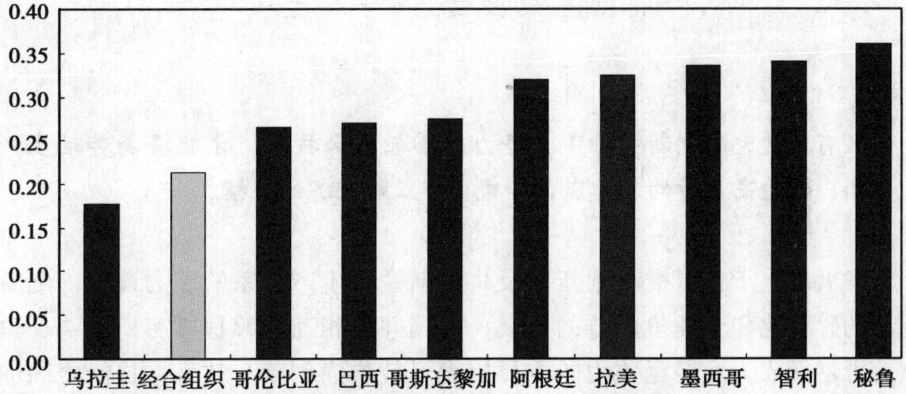

图 1.5　在部分拉美和经合组织国家中学校教育资源质量与学生社会经济背景的相关性

（2012 年的值介于 0～1，0＝无影响，1＝完全影响）

注：拉美（LA）由阿根廷、巴西、智利、哥伦比亚、哥斯达黎加、墨西哥、秘鲁和乌拉圭组成。“学校教育资源”指科学实验设备、教学资料、计算机、软件、互联网连接和图书馆资料等方面。

资料来源：作者基于 2012 年经合组织国际学生评估项目数据的成果。

统计链接：http：//dx. doi. org/10. 1787/888933174195.

国际学生评估项目测试中取得最好成绩的经合组织成员国，如爱沙尼亚、芬兰、德国、韩国和斯洛文尼亚，倾向于更为公平地分配教育资源。经合组织成功的学校系统寻求教师资源分配的平衡，以确保那些处于困境之中的学校拥有足够数量的高素质教师。

经合组织成员国如挪威和葡萄牙，包括一些拉美国家如智利和乌拉圭，已经极大地完善了内部和外部的学校评估政策。这些评估政策必须包括学生和教师，而且要用于培训目的。这些措施需要扩展到课堂以外，并扩展至测量技能和成人的体系。最后，在高等教育阶段，改进评估和认证体系以防止大学间的碎片化对于教育质量的提高至关重要。

只有当这些改变考虑到制度结构和利益相关者并且提供一个中长期方案以评估其影响的时候才能成功。在学校，围绕首席教师或一个关键教师群体建立领导体系，对于政策的成功贯彻执行具有重要意义。

创新是生产发展的要素和投入

只有在更大的创新支持下，努力改善教育和技术，才能提高劳动生产率、创造高质量的工作岗位和减少非正规经济的规模。

发展取决于各国推动创新以及将创新注入生产体系的能力建设。随着生产的碎片化和全球价值链的发展，各国间的相互依赖程度有所提高，这就使得创新成为发展竞争力的重要因素。就增强创新与教育、技能之间的互补性而言，拉美国家应该更新其关于科学、技术和创新的政策议程，培养地区性合作关系以巩固国家在这一领域所做的努力。

虽然对研发（R & D）的投资有所增长，但拉美另一项技术测量标准——创新资本总量远远低于经合组织成员国的水平。

包容性发展要求更多更好的创新。“创新资本”是另一项技术指标，用于衡量创新和普及创新的能力。拉美的创新资本总量（占 GDP 13%）远远低于经合组织成员国的水平（占 GDP 30%）。此外，在拉美该项指标主要由高等教育的总量构成，而在经合组织成员国主要由研发支出构成（见图 1.6）。这就说明，为什么有必要加强高等教育机构和私有部门在科技领域的联系以便更好地引导和推动研发活动。最重要的是强化对科技机构管理的改善，这有利于建立高效、全面的制度框架以普及技术和创新。拉美教育体系和创新能力之间的互补性需要得到更多关注。

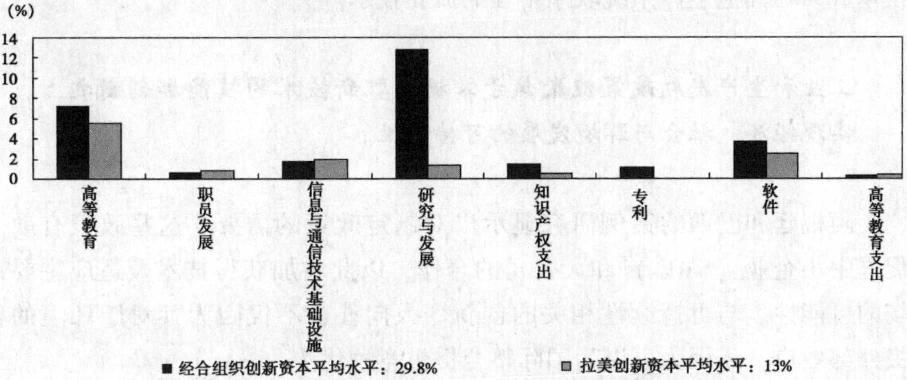

图 1.6　创新资本的水平和构成：拉美与经合组织成员国的对比（占 GDP 的比例，%）

资料来源：作者基于 De Groot（即将出版）的成果："Innovation capital in Latin America：A first attempt at analyzing the region's competitive strengths in innovative capacity"，*Working Paper*，ECLAC Division on Production，Productivity and Management.

统计链接：http：//dx. doi. org/10. 1787/888933174202.

相较于经合组织经济体的水平，拉美的研发投资水平仍然很低，而且根据经合组织对拉美的研究显示，很大一部分的投资来自于国家（Colombia，2014；Peru，2011；Mexico，2009；Chile，2007）。该地区商业领域用于研发的经费很少，这主要是由于投资回报率受限造成的。特别是 2010 年拉美研发支出总量占 GDP 的 0. 4% 左右，其中私人研发占总量的 1/4 左右。吸引外国直接投资为拉美推动技术和创新提供了机会，但前提是投资流能够更紧密地与创新及结构调整政策相结合。外国直接投资相当于创新的助推器，因为它有助于新技术的引进和潜在的技术外溢。此外，外国直接投资创造了与外部市场的联系，有助于推动技术的运用，因为就价格和质量而言，这些市场有着更为严苛的竞争要求。但是，要实现这诸多利好影响，投资需要进入技术最密集的部门，并且投资受益国也需要营造一种有利于产生积极外部效应的环境。所以，还必须努力设计出吸引更多研发密集型的外国直接投资的战略，继续强化现在的一些积极趋势。目前，相较于经合组织成员国 4% 的平均水平，拉美地区研发项目在新设施方面（全新投资项目）仅获得了 2% 的投资。另外，制度环境和政策必须防止新技术成为与其他生产系统联系不强的孤立技术。

工业和生产发展政策应聚焦于掌握获取新技术的技能和创新之上，以实现经济、社会与环境发展的可持续性。

阿根廷和巴西的案例研究显示出对制定政策的需要。这些政策有助于促进中小企业（SMEs）和大公司的合作，以此增加获得技术及适应主要市场的可能性。与可持续性相关的创新令人向往，不仅因为其对于环境的积极外部效应，还因为可以为国际整合提供竞争优势。

参考文献

1 De Groot，O. （forthcoming），“Innovation capital in Latin America：A first attempt at analysing the region’s competitive strengths in innovative capacity”，*Working paper*，Division of Production，Productivity and Management（DP-PM），Economic Commission for Latin America and the Caribbean，United Nations，Santiago，Chile.

2 Felipe，J.，A. Abdon and U. Kumar（2012），“Tracking the middle-income trap：What Is It，Who Is in It，and Why?”，*Levy Economics Institute Working Paper Collection*，No. 715，Levy Economics Institute，Annandale-on-Hudson，NY.

3 OECD（2014），*OECD Economic Outlook*，Vol. 2014/1，OECD Publishing，Paris. http：//dx. doi. org/10. 1787/eco_ outlook-v2014-1-en.

4 World Bank（2014），*World Development Indicators*，World Bank，Washington，DC.

第二章　拉美经济展望

拉美经济增速已从过去10年的高位放缓至较低的1.5%～3%。拉美地区能够在不经历任何危机的情况下处理日益恶劣的外部环境，这无疑是好消息。然而，不断下调的中期增长预期可能昭示着潜在的产出增长没有人们所期待的那么强劲，这可能对近来取得的社会成就构成风险。本章在更具挑战性的国际背景下评价拉美的增长前景，并探讨短期内国际环境所遭受的进一步打击会对该地区造成多大的影响。本章还分析了资源热潮（从大宗商品到资本流动）对经济周期及其趋势的影响。最后，本章提出了一些短期以及长期的经济政策建议。该地区必须大刀阔斧地提高生产力，同时继续减少不平等和贫困。为实现这一目标，该地区必须通过传统教育、技术和职业教育培训来提高当前和未来劳工的技术水平，这一主题也与本报告的其他部分相一致。

全球需求的下滑影响了拉美的经济发展。对该地区来说，过去10年的高经济增长率似已不见，取而代之的是较低的增长率。拉美地区能够在不经历任何危机的情况下处理日益恶劣的外部环境，这无疑是好消息。与过去不同的是，该地区没有发生剧烈的调整或危机。而坏消息是，增长预期仍不断被下调，该地区的潜在产出可能比之前所预期的要低。

这种状况还是有一定风险的。一方面，主要是伴随美国经济逐渐强化的复苏而带来的风险。它主要有利于墨西哥和中美的制造业出口，但利率的提高会比预期要早，且增长幅度大；考虑到它对流入该地区的资本流和流动性的影响，这可能会是一个下行风险。另一个下行风险是中国经济增速的放缓比预期的更加明显，这可能对拉美向中国出口大宗商品的价格和数量造成负面影响。[1]

因此，本章不仅评估拉美的增长前景，而且探讨短期内国际环境所遭受的进一步打击会对该地区造成多大的影响，并讨论应对这些挑战的政策。《拉美经济展望2014》（OECD/ECLAC/CAF，2013）所探讨的是对外贸易的减少和大宗商品价格的降低可能对该地区造成的影响（见专栏2.1）。

专栏2.1　2013年宏观经济展望和发展：预测和观察到的发展

《2014年拉美经济展望》（LEO 2014）所预测的外部环境比实际发生的情况更为恶劣。本专栏回顾2013年的增长、贸易和债务预测，并将这些预测与这些领域的实际情况进行对比。

对OECD地区的外部增长预期为2013年1.7%，2014年2.8%；而2013年的实际增长率为1.3%，目前对2014年的预测为2.2%（OECD，2014a）。然而，欧元区在2013年的实际增长率为-0.4%，与预测（-0.6%）相近。

在此环境下，影响拉美经济体的应有三个主要方面：外贸数量的下降、大宗商品价格的可能下滑、信贷可获性的融资条件的正常化。

与2012年相比，2013年的全球贸易量在2010年和2011年严重下滑（图2.1A左轴）的水平上略有恢复。2014年，预期出口额将仅在2013年1.3万亿美元的稳定基础上（图2.1A右轴）增长0.8%，而预计进口将下降0.6%（ECLAC，2014a）。虽然此后全球贸易量一直在提升，但预计该增长不会持续。拉美地区GDP增长与世界贸易之间的强相关性使得该地区在2013年取得了2.5%的增长。

正如LEO 2014所预期的，一些大宗商品的价格出现下降。尽管没有预测到它会出现大的变化，同上一个十年相比，均衡价格却趋于下降。与2012年相似，2013年出口价格小幅下降（图2.1 B），但进口价格保持平稳。这就造成国际收支恶化，经常账户赤字占GDP的比重从2012年的1.9%增加到2013年2.6%。

最终，预期的信贷条件正常化、融资成本逐步上升以及资本流减少都成为现实。2013年10月，美联储开始削减资产采购，预计在2014年年底全面终止。然而，私人资本流入平稳，维持在GDP 5%左右（IIF，2014）。

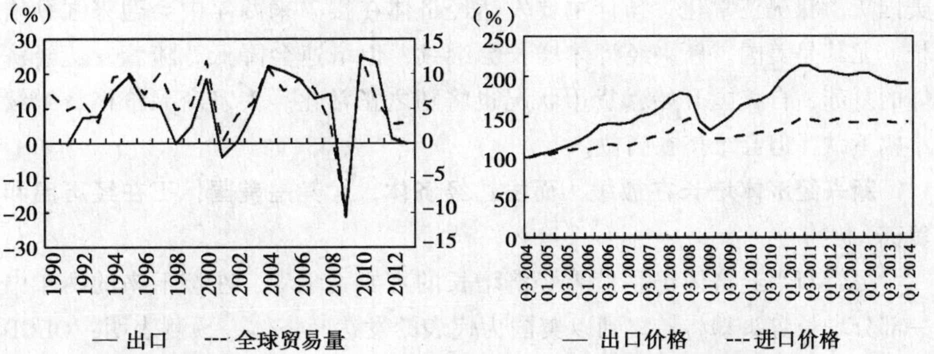

A. 国际货物和服务贸易量（变化量用百分数表示）

B. 进出口价格变化（2004年第三季度为100）

图 2.1　全球货物和服务贸易量及进出口价格变化

注：a，根据 CEPALSTAT，出口量单位为百万美元；b，进出口价格计算的是阿根廷、巴西、智利、墨西哥和秘鲁的进出口价格指数的平均值。

资料来源：CEPALSTAT，IMF 世界经济展望和汤普森金融数据库（Thompson Datastream）。

统计链接：http：//dx. doi. org/10. 1787/888933174219.

本章的第一部分主要阐述全球展望及其对该地区的影响。第二部分关注拉美在接下来两年中的核心情境以及外部条件对增长的影响，分析资源热潮对经济效益的历史影响（趋势和周期），并明确在当今产出差距弥合的情况下哪些国家最容易受到影响、有哪些可用的政策选项。最后，第三部分探讨该地区在短期和长期面临的挑战，思考教育和技术领域有哪些可用的政策选项，以此将本部分同报告的其他部分联系起来。

全球环境的挑战正在对拉美造成显著影响

2013 年全球经济继续放缓，增速艰难达到 3%，比 2010 年全球经济衰退时所记录的 5. 2% 低了很多。根据国际货币基金组织（IMF）10 月发布的预测，全球经济在 2014 年将增长 3. 3%，2015 年将增长 3. 8%（IMF, 2014）。而后来，这些预测已多次被下调，现在他们的预测是，在接下来的 5 年中任何一年的世界经济增长都不会超过 4%。全球环境的特征是大多数发达经济体经济复苏，新兴经济体走弱，一些大宗商品价格逐渐下跌以及美国货币状况正常化。预计主要发达经济体在接下来两年中会迎来强劲增长，尤其是美国。新兴经济体增长会继续，但增速会降低。随着发达经济体的复苏，自美国开始，货币状况也将随之正常化。大宗商品价格将继续小幅下跌，但会维持在高位。

新兴经济体增长在放缓，而发达经济体，尤其是美国，正在经历温和复苏

尽管新兴经济体仍是世界经济增长的主要贡献者，在接下来的两年中一部分增长势头却将转移到以美国为代表的发达经济体。预测表明，OECD 经济体的增速（2014 年，1.8%；2015 年，2.3%）将低于世界经济的增速（OECD，11 月）。

美国的复苏迹象最为明显，其增长率领先于其他发达经济体，这主要归功于自 2013 年中期以来美国逐步扩大内需和出口。失业率继续下降，其中部分原因是劳动参与率的降低，失业率已经回升到 2008 年金融危机爆发之前的水平。劳动力市场向好有利于消费发展，股价和房价的上涨带来了信贷增长和财富效应。投资者更加乐观的情绪和信贷复苏巩固了投资。OECD 预计，2014 年增长将达到 2.1%，2015 年会上升至 3.1%（OECD，2014b）。

从短期看，此种全球情境的风险平衡仍是趋于下降。风险包括外部环境比预期更加恶劣（欧洲或主要新兴经济体的增长更加疲软）以及货币政策正常化过程中的金融压力。然而，如果美国的劳动力市场恢复得比预期快，且能源领域的新动向带来更大的推动力，某些风险可能增加。中期来看，预期增长将稳定在 3% 左右，前提是财政调整能够顶住政治压力继续进行。

欧元区最终走出了 2014 年的衰退，这要归功于外部需求的小幅改善和财政负担的减轻。然而，OECD 预测，由于信贷增长受限、私营领域去杠杆化、就业率低，欧元区国家增长将继续疲软，2014 年为 0.8%，2015 年为 1.1%。中心国家增长放缓，外围经济体的增速也有所下降，因此国家间的差距依然存在。

此种情景对欧元区的风险也在降低，尤其是在通缩预期影响价格形成过程、长期阻碍经济活动的情况下。6 月，欧洲央行（ECB）采取了一系列措施来降低通缩风险，包括降低利率、吸收其货币向银行收费（负利率）

以及通过定向长期再融资操作（TLTRO）注入新的流动性。2014年10月，ECB启动了直接采购资产担保证券的计划，这些证券包括对欧元区内非金融企业的贷款和房屋抵押贷款。最后，各种地缘政治风险（中东、乌克兰）也威胁着该地区的发展，因为它们可能对贸易和能源安全造成影响。

受消费、净出口以及旨在摆脱负通缩的安倍经济计划中财政和货币刺激的驱动，2013年日本的增长回升到1.6%。该计划促进了经济活动，价格开始上升。该年度的通胀率为1.5%，工资下降停止。然而，第三季度，由于出口下降、能源进口上升，日本经济开始收缩。2014年4月，作为政府的财政调整措施之一，消费税提高，使消费对增长的贡献降低。这将会在一定程度上抵消财政和货币刺激所带来的影响。预计日本经济增长在2014年会放缓至0.9%左右。尤其是从中期来看，如果旨在保证债务可持续性和劳动力市场灵活性的结构性改革不能得到实施的话，这种情况下的风险平衡同样将降低。

在新兴经济体中，由于结构性因素，金砖国家（巴西、俄罗斯、印度、中国和南非）增速放缓最为明显，因此前几年的高增长率不太可能重现。这些经济体中，对拉美来说最重要的是中国。中国经济模式调整要求投资逐渐向消费转移以及更加严格的贷款条件。这些措施将会限制内需的扩张。在2013年实现7.7%的GDP增长率后，中国政府将2014年的增长目标设定为7.5%，2015年为7.3%。

2014年第一季度的工业生产和外贸数据显示，中国经济疲软比预想要严重，尽管在第二季度就稳定下来了。从结构角度看，尽管政府能够采取措施支持经济活动，其所提出的刺激措施，即放松贷款条件和加速推进投资项目，与经济增长模式重心向消费转移是背道而驰的。这些措施会积累过剩产能和住房库存，从而导致中期风险。而产能和住房的过剩可能影响金融系统的偿付能力，这是因为很多项目的资金来自于国内贷给企业和政府的信贷（见专栏2.2）。然而，大多数银行系统都由公立银行组成，这些银行有能力去帮助那些处于挣扎状态的银行，通过更加可靠的银行去转向信贷，避免信贷配给，尽管这样做会使公共部门承受很大的代价。

专栏2.2 在拉美的中资银行

20世纪90年代，中国主要的国有银行，尤其是中国开发银行（CDB）

和中国进出口银行，开始助力中国的宏观经济发展模式。这些银行在中国拓展海外的“走出去”战略中起到了核心作用。该战略鼓励中国企业进行国际化扩张，以保证它们能够获得能源和资源、巩固“国家领军企业”并取得先进技术。为支持这些活动，中资银行向外国政府发放了数千亿美元的融资，通常这些融资是以商品抵押贷款的形式提供的。

根据中国－拉美金融数据库数据，2005～2013年年末，主要由中国国有银行向拉美提供的融资总额达1 022亿美元。中国－拉美金融数据库由美洲对话和波士顿大学全球经济治理倡议中心（GEGI）联合建立。

中资银行的融资对象国家与世界银行和美洲开发银行（IDB）等国际金融机构（IFI）有很大差别。从2005年起，大多数中国向拉美的贷款发放给了委内瑞拉玻利瓦尔共和国（下称“委内瑞拉”）、巴西、阿根廷和厄瓜多尔，用于建设基础设施和重工业。然而，IFI和“西方”发展银行提供给拉美的融资主要用于政府、社会和环境项目。中资银行贷款的利率同IFI贷款的利率相近。实际上，中国进出口银行、中国国家开发银行和中国银行提供的贷款的非减让性利率通常更高。

2012年，中国为拉美提供的融资大幅缩水，中资银行仅发放了35亿美元的新贷款，这是2006年中国开始加大在该地区活动力度以来的最低数字。然而2013年出现强劲回升，中国向拉美政府和企业发放的贷款总额达201亿美元。这一数字仅次于中资银行向该地区贷出370亿美元的2010年（见图2.2）。2013年的融资总额中，中国国家开发银行提供了79%，中国进出口银行提供了9%。

同样在2013年，中国的中央银行（中国人民银行）向该地区发放了第一笔贷款，同IDB共同支持创立一项新的金融项目。中国国家开发银行和中国进出口银行继续将其融资重点放在国际资本市场衡量判定的高危国家。阿根廷和委内瑞拉政府是2013年中国贷款的主要接收方。厄瓜多尔和牙买加政府也从中国获得了超过5亿美元的贷款。

未来，中国仍将是拉美融资的主要来源，预计2014年向拉美发放的贷款额会更高。中国国家开发银行虽然在2013年的一项研究（http://finance.eastmoney.com/news/1377,20131022331007572.html）中发现了中国在拉美的偏好伙伴国存在政治和经济风险，但表现出该银行将继续在拉美地区进行投资并贷款给10个主要产业的兴趣，这些产业包括油气、矿业、农业加工产品、汽车、电信和基础设施。最近成立的金砖国家开发银行也体现了中国对外部融资的坚定性。

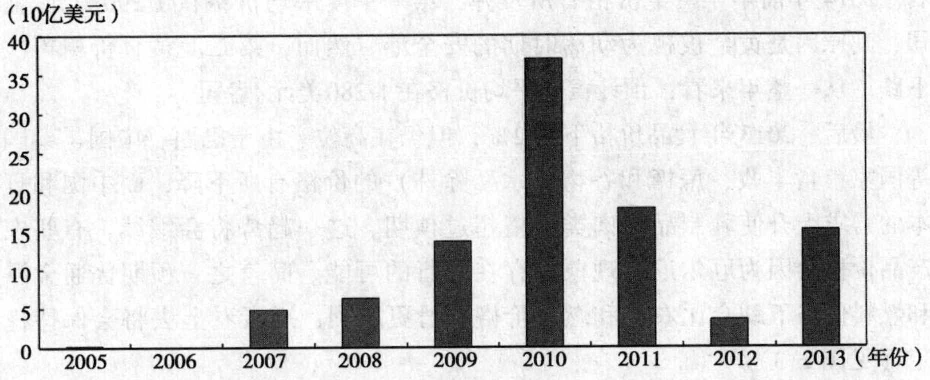

图 2.2　中资银行向拉美政府和企业提供的贷款（2005～2013 年）

资料来源：中国－拉美金融数据库，美洲对话，2014。

统计链接：http：//dx. doi. org/10. 1787/888933174228.

大宗商品价格继续下跌，矿业和金属产品尤甚

大宗商品价格正在下降，但应该不会崩盘。2013 年，全球供给疲软和供给冲击导致大多数大宗产品价格下跌。中国的表现对大宗商品价格的影响尤为强烈（OECD/ECLAC/CAF，2013）。预期 2015 年度大宗商品价格会稍事平稳，但可能会对该预期做出些许调整，尤其是金属价格和原油价格方面，前者同新兴经济体需求的缩水相一致，[2] 后者由市场供给增加引起。

2013 年布伦特原油价格以 111 美元/桶收盘，同比下降 1%，其原因是全球不稳定性、沙特阿拉伯增产以及美国原油高库存。2014 年年初，布伦特原油价格下跌 3% 左右，但随着俄罗斯和乌克兰之间局势紧张，下跌趋势扭转，价格回升。然而，8 月之后价格再次下跌。究其原因，虽然中东的地缘政治风险有一定作用，但主要还是一些生产者的供给得到恢复（如利比亚），加之美国页岩油产量增加，削弱了进口能源的需求。CAF－拉丁美洲开发银行预计原油价格将继续下滑，但 2014 年布伦特价格的平均值将在 105 美元/桶左右。

2013 年工业金属价格平均下跌 9%。CAF 预测，铜价格将在 2014 年进一步下跌12%。贵重金属的价格也有所下滑，其中部分原因是亚洲国家，也就是这些金属的主要进口国需求疲软。因为预期美联储会削减其货币刺激，2013年黄金价格下跌了28%，同年12月底维持在1 200美元/盎司左右。2014年前半年黄金价格有所反弹，第一季度平均价格在1 290美元/盎司，其原因是黄金被视为动荡时期的安全港。然而，第二度黄金价格再次下跌。从一整年来看，预计黄金平均价格在1 280美元/盎司。

最后，2013年食品价格下滑2%，但仍在高位。由于巴西、中国、泰国等国家粮食丰收，蔗糖和谷物（水稻除外）的价格有所下降，而中国和日本的需求上升使乳制品和肉类价格超过预期。这一趋势将会继续，有些农产品价格会因为厄尔尼诺现象而存在上行的可能。简言之，预期普通金属和燃料价格下跌会比农业和燃料价格下滑更剧烈，后者看上去将会保持稳定（见图2.3）。

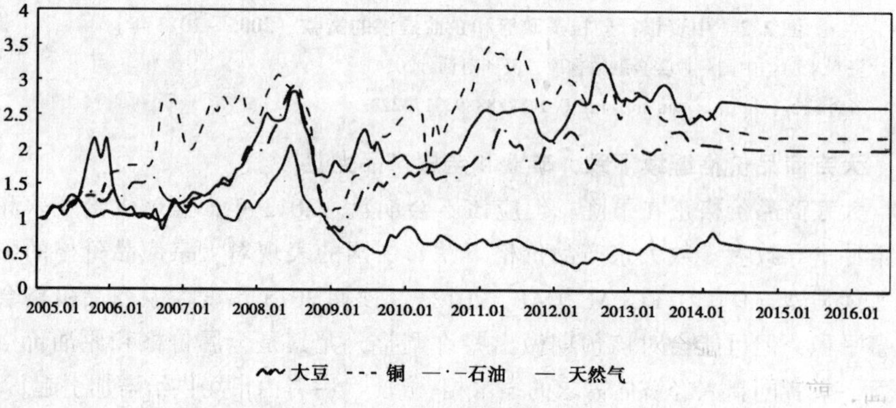

图2.3 特定大宗商品价格指数

注：以2005年为基线100。

资料来源：根据彭博和OECD数据编制（2005＝1）。

统计链接：http：//dx. doi. org/10. 1787/888933174233.

美国更加紧缩的货币状况所产生的影响是主要风险因素之一

第三个趋势是美国货币状况逐渐收紧，这将增加融资成本，削弱流向新兴经济体的资本（尤其是组合投资）的吸引力。2013年10月以来，美联储一直在削减其资产采购，以便能够随着经济恢复的步伐逐渐向金融系统注入流动性（见图2.4 A）。美联储已放缓其通过逐步削减资产采购来扩大资产负债表的速度，其资产采购到 2014 年 10 月已完全终止。仅仅是宣布减少采购就使市场发生了震动，而且可能会继续产生波动。

然而，由于美国利率的上升不会再像先前的周期中那样突然，预期全球流动性状况会保持松弛（见图 2.4 B），且日本银行仍保留扩张性的货币政策。另外，如上所及，2014 年 9 月欧洲央行将利率降至其有史以来的最低水平，并宣布通过从私营部门购买资产抵押债券向经济注入流动性。因此 ECB 的利率增长周期不太可能完全同美联储一致，毕竟美国经济正显示出更多的复苏迹象（见图 2.4 B）。

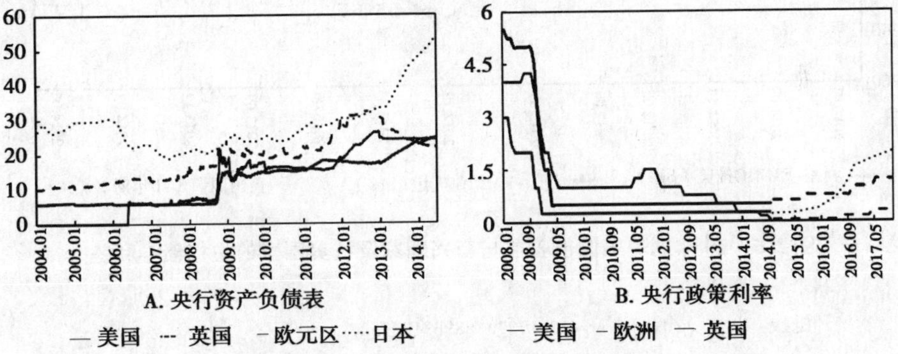

图 2.4　工业化经济体的货币政策

资料来源：汤森路透数据库（A）；IMF，CAF 和汤森路透数据库（B）。

统计链接：http：//dx. doi. org/10. 1787/888933174245.

近期数据显示，美联储的量化宽松已经对新兴市场的采购和资产价格产生了巨大影响（Fratzscher et al，2011）。量化宽松同样影响了流入新兴市场的总资本流（世界银行，2014；Olabbria，2014），[3] 并将许多资本流转化为证券投资流（Ahmed y Zlate，2013）。因此，量化宽松规模的缩减应该会减缓向新兴国家的证券投资流动。

预期利率的变化同量化调整一起影响了美国长期债券的表现，而这又进一步影响了流入新兴市场的非居民资本流（Koepke，2013；IDB，2014）。美国长期债券的收益变化，尤其是 10 年期债券的收益变化，会改变融资成本和新兴经济体资产的吸引力，从而影响它们的价格。

另外，这种影响似乎是不对称的：当市场预测美国利率上升时，证券投资流（尤其是固定收益工具）的下滑比市场预测美国利率下降时的下滑更加严重（Koepke，2014）。长期债券收益和新兴经济体主权债券利差之间存在相关关系（见图2.5）。

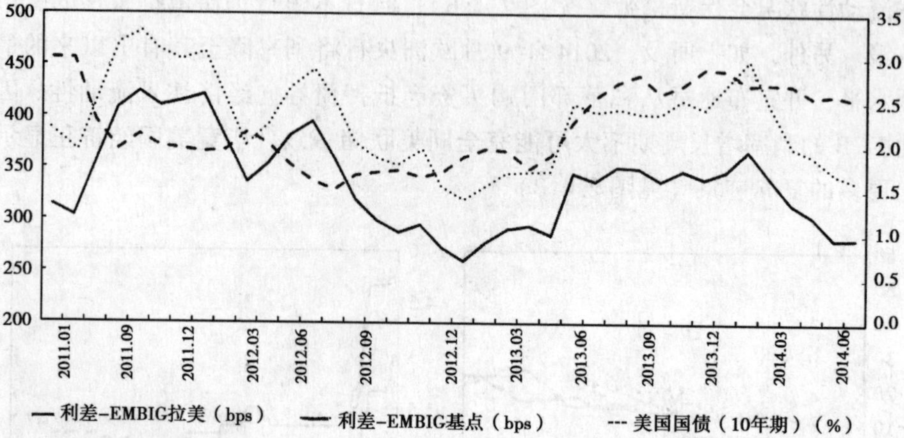

图2.5　10年期美国国债收益与新兴国家及拉美国家的主权债券利差

资料来源：彭博。

统计链接：http：//dx. doi. org/10. 1787/888933174252.

此外，货币正常化对资本流造成的影响在拉美各国大不相同。2013年年中的情况[4]表明，全球金融状况的变化，或者“推动效应”（发达经济体的借贷成本和风险偏好）可能盛行。但国内基本面，或者“拉动效应”，如增长预期和支付能力，也有影响（Csonto e Ivaschenko，2013；IIF，2014），2014年1月的情况就是如此。[5]看起来市场对不同国家是根据其基本面进行区别对待的。

2013年1月~2014年1月金融波动期间，基本面强健的新兴经济体的货币贬值和主权债券价差上升比较小（Mishra et al，2014；OECD/ECLAC/CAF，2013）。判断市场对美联储公告的反应，最重要的度量是国际储备与GDP之比、经常账户余额、增长前景、外债（包括企业债）、通胀率、股市市值和宏观审慎措施。

另外，增长预期同资产价值正相关。2014年增长前景良好的经济体的股市表现比包括巴西在内的增长前景恶化的经济体的股市表现更好（IIF，

2014）。

简言之，随着美国货币政策正常化的进行，调整利率的预期可能会导致新的波动。在这些波动中，市场很可能会区分不同类型的资产并排斥基本面弱的新兴经济体。例如，由于2014年第二季度以来美国利率预期回稳，风险偏好有所回升。因此，这些经济体的基本面改变非常小，8月证券投资流再次下降，之后在10月又一次出现了波动（见图2.6）。这些情况的发生，警示了随着货币政策正常化的进行，对风险态度的周期性变化的影响。对于近几年私营部门杠杆增加且外部融资需求较大的经济体来说，它们的融资可能会受到大量资本外流的影响。

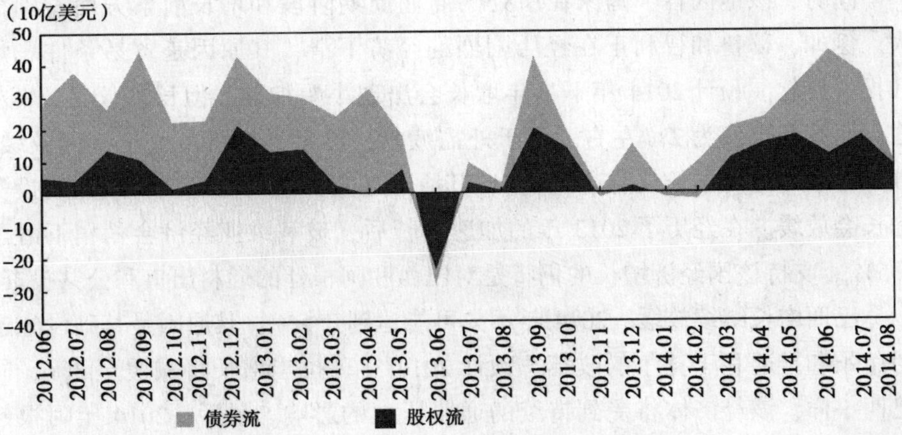

图2.6　流向新兴经济体的证券投资流

资料来源：IIF，对30个新兴经济体的预测。

统计链接：http：//dx. doi. org/10. 1787/888933174265.

拉美现状及展望

拉美增长继续放缓，尽管其放缓程度不均

2013年，该地区增长2.5%，比2012年的2.9%有所下降。这是由出口下降、国内需求增长放缓和一些供应瓶颈引起的。全球需求和大宗商品价格的低迷影响了出口。同时，投资者预期更加消极、国内信用势头减弱，

导致资本形成总额降低，从而引发了国内需求增长放缓。私人消费仍继续稳步增长，尽管由于劳动力市场状况稍有恶化、消费信贷增长放缓而导致私人消费增速有所下降。

CAF 预计该地区 2014 年的经济增长为 1.2%，而拉丁美洲和加勒比经济委员会（ECLAC）预计的数字为 1.1%。[6] 影响 2014 年增长的因素包括，大多数经济体投资疲软、美国需求较小和中国经济增速放缓。尽管预期美国的经济复苏会在接下来几个季度中驱动出口增长，中美洲和墨西哥从中的收益可能会多于南美洲，而南美洲将继续受到中国需求放缓和大宗商品价格下跌的负面影响。

同时，该地区各个国家在所处的商业周期阶段和增长前景方面差别很大。例如，秘鲁和智利正在经历剧烈的经济下滑，其原因是贸易条件恶化和投资疲软。预计 2014 年下半年增长会出现小幅加速，但秘鲁仅在 3% 左右，而智利也仅为 2% 左右。由于外需疲软，巴拿马经济增长也有所放缓。预计巴拿马经济增长仅能达到 6%，其原因是主要基础设施项目成熟后投资增长会放缓。在经历了 2013 年的加速增长后，玻利维亚经济会稍稍下滑至 5.5%。支持该国经济增长的仍将是对巴西和阿根廷的燃料出口和公共投资。

巴西增长继续放缓，2014 年不太可能达到 0.5%，其原因是基础设施遭遇瓶颈和推迟利于竞争的改革。预计 2014 年乌拉圭增长将减缓至 3%，同巴西一样，该经济体将受到持续的通胀压力的影响。最后，2014 年阿根廷和委内瑞拉经济将萎缩，其原因是经济不平衡日益严重以及两位数的通胀率。

得益于货币和财政刺激以及更加乐观的消费者情绪，哥伦比亚经济正在恢复，预计 2014 年增长近 5%，使产出缺口得以弥合。在墨西哥，预计财政刺激和美国经济复苏会将其 2014 年经济增长提高至 2.5%。最近通过的结构性改革，尤其是能源、电信、税收和教育领域的改革，能够在接下来的几年中促进投资、提高增长潜力。而尚未起草的次级立法对这一过程有着非常重要的推动作用。

中美洲各国也将受益于美国的新需求和更多游客流量。哥斯达黎加、尼加拉瓜和多米尼加共和国的增长将在 4% ~4.5%，而危地马拉和洪都拉斯的增长率略低，在 3% ~3.5%。最后，预计加勒比海各经济体的增长将从 2013 年的 1.2% 增加到 2014 年的 2%，这是由于英国和欧元区几个国家的经济复苏所带来的游客数量增加。

2015 年，预计该地区几乎所有国家的 GDP 增长都会略有回升，平均达到 2.5% 左右。该增长将由全球需求的恢复所支撑，尤其是因为美国商业周期进入更加有利的阶段以及有条件采取扩张性财政和货币政策的国家（如秘鲁和智利）采取了这些政策。这种前景的风险平衡仍旧向下，主要风险来自恶化的外部条件。除少数南美经济体外，因内部不平衡而调整需求的其他拉美国家不存在感知风险。尽管如此，外部条件的继续恶化会加速这种调整。

国际环境会怎样影响拉美的表现

要分析暂时性资源热潮的经济影响，可以从它们的历史入手。

发达经济体恢复增长时，拉美看起来能够应对逐渐上升的利率和大宗商品价格的小幅下降。然而这种情况是有潜在风险的。最明显的风险可能就在于，如果利率的上升比预期快，资本市场会更加不稳定，资本流会再次逆转。还有一种风险存在，即中国经济迅速放缓所导致的大宗商品价格大幅缩水。

过去，拉美和加勒比海各国经历了多次暂时性资源热潮，这些热潮对经济周期造成了极大的影响。资源热潮指的是大宗商品出口（粮食、矿物和燃料）、侨汇、短期资本流和外国直接投资（FDI）引起的外币流入，其数值比 GDP 增长的系列中位数至少要高一个中位差。[7]

所有拉美国家在过去的半个世纪中都经历过大宗商品热潮。平均来看，南美洲每个国家有过 3.3 次热潮，中美洲和加勒比海每个国家有过 1.4 次热潮（见表 2. A1. 1）；相比之下，高收入经济体只有过 1.5 次热潮，全球平均每个国家有过 1.6 次热潮（见表 2. A1. 1）。

另外，本分析中所包含的中美洲和加勒比海 16 个国家中的 15 个都在过去 50 年中经历了短期或长期资本流热潮或侨汇热潮，平均每个国家有过 2 次。在南美洲，12 个国家中有 11 个经历了热潮（除苏里南外），平均每个国家1.8次。同样，这两个案例的频率都高于高收入国家的平均频率（1.3次热潮），也高于任何其他新兴国家群体的平均频率。

表2.1展示了几个国家热潮的分类。智利和秘鲁经历了矿物热潮；厄瓜多尔、哥伦比亚和委内瑞拉经历了石油热潮；哥伦比亚和哥斯达黎加在20世纪70年代经历了咖啡热潮；阿根廷、乌拉圭和巴拉圭经历了谷物热潮。玻利维亚和智利是南美洲经历热潮次数最多的国家。玻利维亚目前正处于向邻国出口矿物和天然气的热潮中。值得注意的是智利，其大宗商品热潮是由资本流和投资热潮支撑起来的。

巴西的大宗商品热潮越来越少，这是因为其经济更加多样化、贸易透明度不高，大宗商品的出口仅占GDP的一小部分。因此大宗商品冲击对巴西造成的影响似乎比对其他南美洲经济体造成的影响要小，尽管巴西也经历过资本流热潮。

表2.1　拉美的暂时性热潮（特定国家）

	粮食		矿物		燃料		汇款		短期资本流		外国直接投资	
	开始	结束	开始	结束	开始	结束	开始	结束	开始	结束	开始	结束
阿根廷	1977	1983	—	—	—	—	—	—	1993	1994	1999	2000
	2007	2012	—	—	—	—	—	—	1997	1998	—	—
玻利维亚	1994	1998	1977	1981	1981	1986	2006	2010	—	—	1995	2002
	—	—	2008	2012	2005	2008	—	—	—	—	—	—
		—	—	—	2011	2012	—	—	—	—	—	—
巴西	1964	1965	—	—	—	—	—	—	1994	1996	—	—
智利	1994	1998	1979	1981	—	—	—	—	1992	1994	1996	1999
	—	—	1988	1989	—	—	—	—	1996	1997	—	—
	—	—	2006	2008	—	—	—	—	—	—	—	—
哥伦比亚	1964	1965	—	—	2008	2012	—	—	1981	1982	—	—
	1977	1980	—	—	—	—	—	—	1994	1996	—	—
哥斯达黎加	1976	1981	—	—	—	—	—	—	—	—	2006	2008
	1993	1998	—	—	—	—	—	—	—	—	—	—

续表

	粮食		矿物		燃料		汇款		短期资本流		外国直接投资	
	开始	结束	开始	结束	开始	结束	开始	结束	开始	结束	开始	结束
厄瓜多尔	1964	1965	—	—	1980	1985	2005	2008	1990	1992	—	—
	1994	1998	—	—	2005	2008	—	—	—	—	—	—
	2011	2012	—	—	2011	2012	—	—	—	—	—	—
墨西哥	—	—	—	—	1980	1985	—	—	1991	1993	—	—
	—	—	—	—	2006	2008	—	—	—	—	—	—
巴拉圭	1989	1990	—	—	2010	2012	1995	1997	1981	1982	—	—
	2001	2003	—	—	—	—	—	—	—	—	—	—
	2007	2008	—	—	—	—	—	—	—	—	—	—
秘鲁	1964	1966	1979	1983	—	—	—	—	—	—	1994	1997
	1994	1997	2005	2011	—	—	—	—	—	—	—	—
	2008	2012	—	—	—	—	—	—	—	—	—	—
乌拉圭	1980	1983	—	—	—	—	—	—	—	—	2006	2010
	1996	1998	—	—	—	—	—	—	—	—	—	—
	2008	2012	—	—	—	—	—	—	—	—	—	—
委内瑞拉玻利瓦尔共和国	—	—	—	—	1979	1984	—	—	—	—	1997	1998
	—	—	—	—	1996	1997	—	—	—	—	—	—
	—	—	—	—	2005	2008	—	—	—	—	—	—

注：巴拉圭的燃料热潮是由从玻利维亚的油气再出口驱动的。

资料来源：根据世界发展指标、世界银行数据和官方资料编制。

约有一半的粮食热潮发生在中美洲，另一半发生在南美洲。而燃料和矿物热潮则主要发生在南美洲和墨西哥。资本流热潮在南美洲和中美洲平均分布。最后，2/3 的直接投资和侨汇热潮发生在中美洲（特定国家数据见表 2. 2 和图 2. 7）。

平均来看，拉美热潮持续 3. 7 年，贡献了 5. 6% 的 GDP（计算方法是出口值占热潮年长期 GDP 的比重减去 25 年的系列中位数）。最大的热潮是投资流和短期资本（分别占 GDP 的 7. 1% 和 6. 9%），随后是燃料（占 GDP 的 6. 1%）、矿物（占 GDP 的 5. 6%）和粮食（占 GDP 的 4. 8%）。结果同南美洲相似。[8]

表 2.2　拉美的暂时性热潮与产出的缺口

LAC	热潮（次）	持续时间（年）	规模（占GDP百分比）	热潮前平均产出缺口	热潮中平均产出缺口	热潮后平均产出缺口	热潮中产出缺口变化	热潮后产出缺口变化	热潮前后产出缺口变化
农产品	36	3.9	4.8	-0.2	2.0	-2.1	2.9***	-4.5***	-2.2
矿物	9	4.2	5.6	-1.8	1.1	-3.2	3.9**	-4.7*	-1.1
燃料	15	4.0	6.1	0.0	0.7	-2.5	0.7	-4.1***	-3.5
自然资源	60	4.0	5.2	-0.4	1.5	-2.4	2.5	-4.4	-2.3
汇款	15	4.6	3.2	-0.4	0.8	-2.1	0.9	-2.9***	-2.1
短期资本流	17	2.4	6.9	0.4	3.5	0.7	2.6**	-2.9**	0.7
外国直接投资	25	3.3	7.1	-0.8	2.7	0.1	3.6***	-3.3***	-0.2
侨汇	57	3.4	6.0	-0.3	2.4	-0.3	2.6	-3.1	-0.5
暂时性热潮合计	117	3.7	5.6	-0.4	2.0	-1.4	2.5	-3.7	-1.4
南美洲	热潮（次）	持续时间（年）	规模（占GDP百分比）	热潮前平均产出缺口	热潮中平均产出缺口	热潮后平均产出缺口	热潮中产出缺口变化	热潮后产出缺口变化	热潮前后产出缺口变化
农产品	20	3.8	3.2	3.5	4.1	4.0	3.7	-4.6	-1.0
矿物	8	4.3	6.0	3.9	3.7	3.6	3.9	-5.4	-1.1
燃料	12	3.8	6.4	3.5	3.4	2.8	0.5	-3.4	-3.1
自然资源	40	3.9	4.7	3.6	3.8	3.6	2.8	-4.4	-1.7
侨汇	4	4.3	3.5	3.3	3.4	3.5	0.9	-2.9	-2.0
短期资本流	9	2.4	6.3	3.7	3.9	3.7	4.3	-3.0	2.6
外国直接投资	8	3.9	6.4	3.0	3.3	3.5	3.0	-4.2	-4.6
侨汇	21	3.3	5.8	3.4	3.5	3.6	3.2	-3.4	-1.0
暂时性热潮合计	61	3.7	5.1	3.5	3.7	3.6	2.9	-4.0	-1.4

注：* 代表显著程度10%，** 代表显著程度5%，*** 代表显著程度1%。南美洲的数据太少，不足以用来推断显著程度。平均缺口的变化与缺口差别不同，因为前者仅考虑减数与被减数。

资料来源：根据世界发展指标、世界银行数据和官方资料编制。

从历史上看，这些资源热潮与产出的周期性变化相联系，因此在热潮期间增长加速，而在热潮过后增长放缓十分明显。平均来说，每次热潮之前两年中产出低于或接近其潜力水平，随后在热潮过程中实际产出高于潜力水平，最后在热潮结束两年后跌回到潜力水平以下。另外，结果表明，短期资本流在热潮中的产出正差距会较大。大宗商品热潮，尤其是矿物热潮之后产出缺口会更快弥合。

资本流和直接投资的热潮所导致的产出缺口比热潮前水平高出最多，随后是粮食热潮。其他大宗商品和汇款热潮所导致的缺口差别并不显著。南美洲各国的变化类似，但由于热潮次数要少得多，无法判断其产出缺口的差别在数据上是否显著。在所有案例中，热潮结束后两年的平均产出缺口低于热潮中的平均缺口。这说明热潮一旦结束，增长就下滑到潜力水平以下。除此之外，大宗商品热潮通常比资本热潮有更强的负面周期效应(见图 2.7，该图展示的是一些特定拉美国家的结果)。

抛开类型不谈，这些资源热潮看起来并没有提高拉美国家的增长潜力。实证分析证明，资源热潮不会明显增加这些经济体的增长趋势（见表 2.3）。直接投资热潮也是如此。然而，这并不否定直接投资可能有助于提高增长潜力，但它说明超过历史水平的产出与高增长潜力并无关系。

表 2.3　资源热潮和产出增长趋势

LAC	热潮中产出增长趋势的变化	热潮后产出增长趋势的变化	热潮前后产出增长趋势的变化
农产品	-0.2 *	-0.2 ***	-0.4
矿物	0.0	0.2 *	-0.1
燃料	-0.2	-0.1 ***	-0.4
汇款	-0.1	-0.2 **	-0.2
FDKCP	-0.1 *	-0.2 **	-0.3
FDI	-0.1 **	-0.2 *	-0.3
暂时性热潮合计	-0.1 **	-0.1	-0.3

注：* 代表显著程度 10%，** 代表显著程度 5%，*** 代表显著程度 1%。南美洲的数据太少，不足以用来推断显著程度。

资料来源：根据世界发展指标、世界银行数据和官方资料编制。

大宗商品热潮通常是由资本热潮和 FDI 热潮支撑的。智利、玻利维亚和乌拉圭的粮食热潮以及玻利维亚和智利的矿物热潮都证明了这一点（根据 1980 ~ 2011 年的数据，这段时间的资本流数据可用）。[9] 如果对大宗商品的

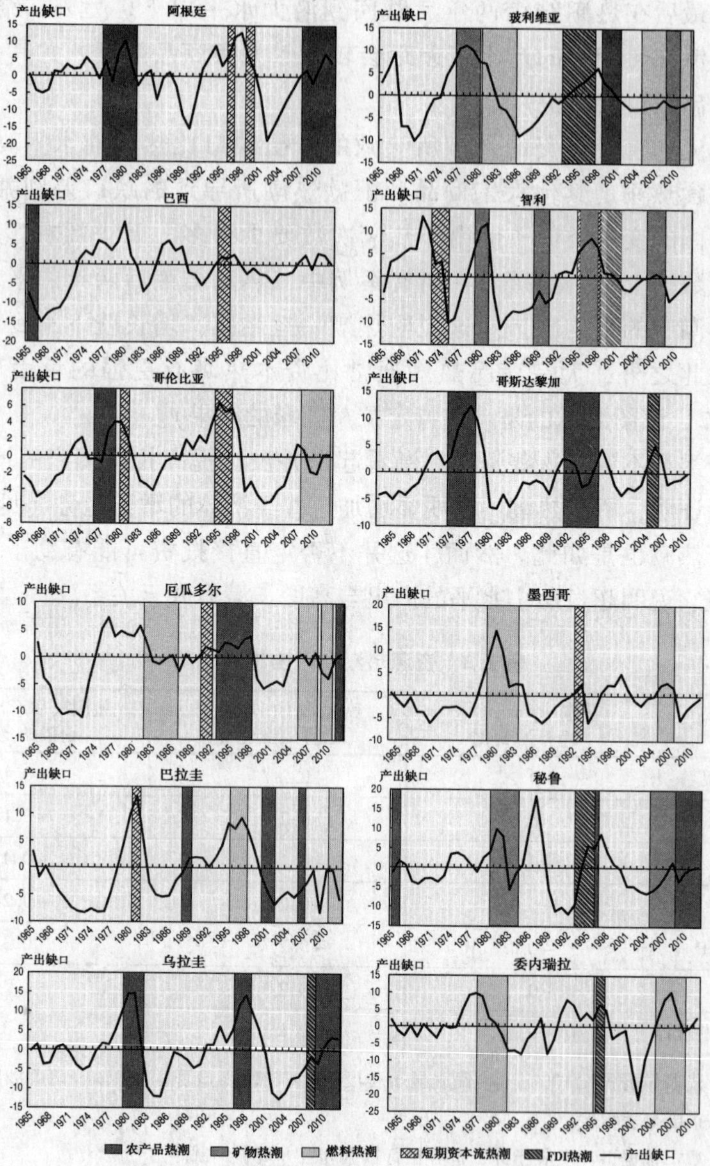

图 2.7　资源热潮和产出缺口

资料来源：根据世界发展指标、世界银行数据和官方资料编制。

统计链接：http：//dx. doi. org/10. 1787/888933174275.

直接投资仅限制了对其他领域的溢出效应，则其对经济的潜在产出的提振作用也可能被限制，这与之前的调查结果是一致的。

关于大宗商品热潮对拉美经济周期的影响，不同方法所得出的结论是相同的。先前的分析有启示作用，因为它展示了整体趋势和各国的趋势，并指出其相关性。但是，它在证明热潮对产出缺口的作用方面仍有不足。例如，资本流有可能被国家的高增长率所吸引。

为解决这一困难，我们提出了两个面板向量自回归模型（VAR）来评估变量冲击[10]对产出缺口造成的影响。尽管该模型中所包含的变量可能是内生变量，可以通过一定的识别假设将外生冲击分离出来（见专栏 2.3），其结果却与之前的发现是一致的。外部资源可及性的变化对拉美的产出缺口具有重大影响。如果将这些效果定义为对大宗商品出口和资本流或者对贸易条件及美国长期利率的标准差的冲击，就会发现这些效果的持续时间为2年。

专栏 2.3　用面板向量自回归模型评估资源热潮对产出缺口的影响

数据来自世界银行从 1980～2012 年每年发布的针对 12 个拉美国家的"世界发展指数"，这些国家包括：阿根廷、玻利维亚、巴西、智利、哥伦比亚、哥斯达黎加、厄瓜多尔、墨西哥、巴拉圭、秘鲁、乌拉圭和委内瑞拉。产出缺口用当地货币按固定价格的 GDP 计算，同之前的操作相一致。大宗商品出口和资本流按美元计作 GDP 趋势的比例。

分析重点是冲击反应，即一个变量发生的标准差冲击对其他变量产生的影响。使用乔列斯基分解得出的冲击反应结果是正交的。外生程度由大宗商品、资本流和产出缺口（YGAP）决定。大宗商品系列外生程度最高，这一点从其他变量发生的冲击对大宗商品未造成暂时性影响即可看出。从图 2.8 中可推断出大宗商品冲击和资本流冲击对产出缺口具有积极影响。

模型计算时对每个变量使用了两个滞后值，根据 Pesaran（2007）设计的单位根检验的结果使用了一阶差分。固定效应估计量不一致，因此，由于变量的滞后同误差相关，我们从每个国家各变量平均值中取偏差。估值使用的是广义矩方法（GMM），利用变量的滞后值计算。因此这些滞后变量成了使用 GMM 估值模型的工具。每幅图分析的都是 6 年中对其他变量的影响。

冲击对大宗商品出口和资本流具有积极作用，且稳定地趋近于零（见图2.8）。

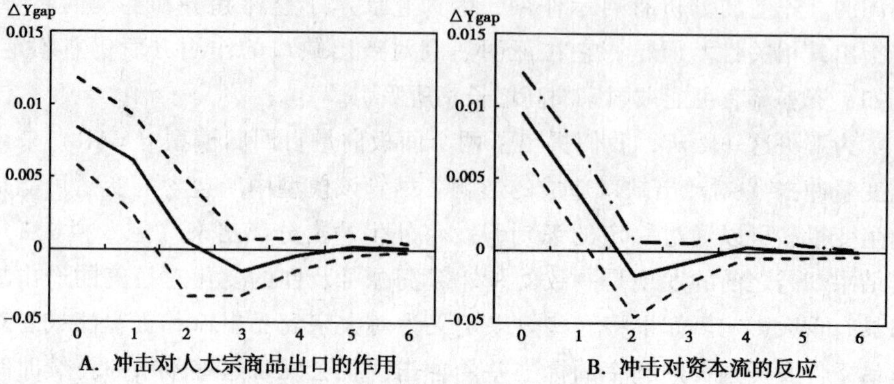

图2.8　冲击对大宗商品出口和短期资本流的作用：冲击反应函数

注：YGAP指产出缺口。

资料来源：作者根据世界发展指标、世界银行数据和官方资料编制。

统计链接：http：//dx. doi. org/10. 1787/888933174280.

对产出缺口采用了类似做法，只是用贸易条件代替了大宗商品出口，用美国长期国债利率代替了资本流。这些新的变量外生性更强。另外，计算时受到了美国增长的影响，而这一因素被普遍认为是通过反周期货币政策同美国利率反向相关的。在这个新模型中，美国增长率被认为是外生性最强的变量，其次是美国长期国债利率，之后是贸易条件，产出缺口排在最后。

外部冲击还会影响拉美的周期性产出波动（见图2.9）。该图分析了三种外部冲击的作用：美国GDP增长、美国长期国债利率和贸易条件。从数据上看，贸易条件冲击能够产生为期两年的正面作用，而美国长期国债利率的冲击对产出缺口具有负面作用，其持续时间更短。另外，美国GDP增长的冲击对拉美具有积极作用。这个结果同IDB（2014）的发现不符，IDB的发现指出，美国经济的恢复能够部分抵消中期利率的上升。

总之，与增长潜力不同，拉美的商业周期受外部资源波动的影响很大，无论是资本流还是大宗商品出口。粮食热潮在整个地区都很常见，而矿物和燃料热潮在南美洲更为典型。FDI 和侨汇热潮在中美洲和加勒比地区更具影响力，而短期资本流在南美洲同样具有影响力。暂时性的资源热潮，尤其是矿物、燃料和短期资本流，通常对 GDP 缺口具有周期性影响。这些热潮结束后，受影响的国家会回到热潮前的经济周期，这也就意味着他们未能利用这些热潮去推动该地区的长期增长。

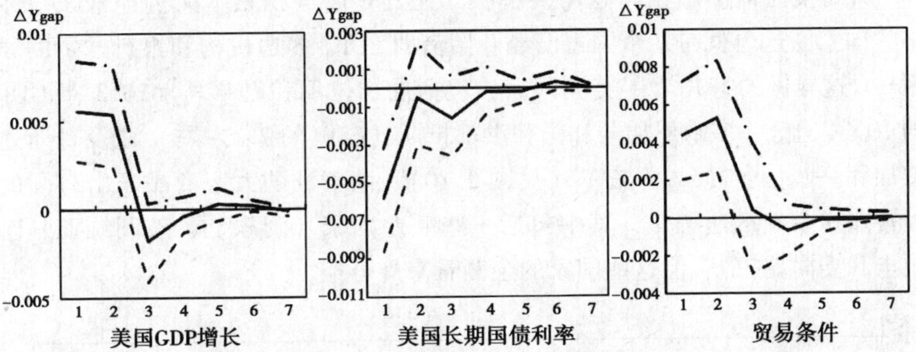

图 2.9　美国 GDP 增长、美国长期利率和贸易条件冲击的作用：冲击反应函数

注：YGAP 指产出缺口。贸易条件数据来自世界银行的净易货贸易条件指数。

资料来源：根据世界银行和官方资料进行统计。

统计链接：http：//dx. doi. org/10. 1787/888933174297.

外部融资的重要性提醒我们，拉美内部存在多样性。

尽管这一地区整体将迎来外部状况的恶化，恶化的影响以及缓解该影响的能力在这一地区内都是分布不均的。风险最大的将会是那些外部融资需求较大的国家（经常账户赤字大）、那些大部分融资来自于证券投资资本的国家（一旦外部条件改变，证券投资资本流更容易逆转）以及那些外部流动负债最多且外部流动资产最少的国家。另外，在所有国家，能够中和外部冲击的财政和货币空间近年来一直在萎缩，尽管有些国家的回旋余地比其他国家要大。其他重要的因素有汇率制度和经济经营者的货币错配。

自 2010 年起，拉美的经常账户赤字一直在扩大，使得这一地区更容易受到外部融资减少的影响。出口增长普遍放缓，其原因是外需疲软、非初级产品出口竞争力下降（墨西哥除外），加之进口继续与内需同步增长。南美洲的大宗商品净出口国也经历了贸易条件的恶化，尤其是两个普通金属出口国：智利和秘鲁。巴西的制造业出口也受到了影响。在中美洲，能源价格的适度下降巩固了各国的外部账户，但由于劳工汇款和近几年美国需求的表现不佳，抵消了部分影响。阿根廷和委内瑞拉的当前资金流直线下跌，一大原因是汇率体系导致的货币大幅升值。[11]

外部资金流的恶化问题需要解决，尤其是已经积累了大量经常账户赤字的国家，这也就是几个国家已经开始借助 FDI、多边机构和银行融资的原因。[12]这样做的有几个中美洲国家，包括尼加拉瓜和巴拿马（2013 年 GDP 的 10% 以上）、多米尼加共和国和洪都拉斯（GDP 的 7% 左右）以及哥斯达黎加和萨尔瓦多（5% 左右）（见图 2.10）。南美洲的大宗商品净出口国的经常账户余额迅速恶化，其中包括一些顺差国家（阿根廷、玻利维亚、巴拉圭和委内瑞拉），但这些国家的余额看来尚可控。

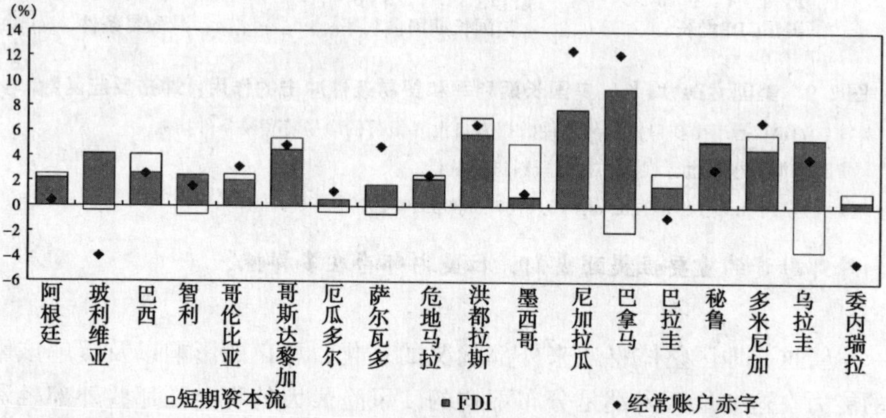

图 2.10　经常账户赤字和资本流

资料来源：根据中央银行、CAF 和 ECLAC 数据编制。

统计链接：http：//dx. doi. org/10. 1787/888933174303.

大多数国家的经常账户资金都来自于直接投资，这至少在短期来说带来一些稳定性。金属生产国智利和秘鲁可能会遭受最严重的经常账户恶化，尽管国外投资足够抵消它们的赤字。[13]然而，预期的大宗商品价格下降可能会增强对短期资本流的依赖。2013 年巴西的情况就是如此。那时直接投资未能覆盖经常账户赤字，是当时10年以来的第一次。厄瓜多尔的经常账户赤字保持在低水平，但其外部融资资源同样有限，外国投资少，从金融市场融资的渠道也少。因此厄瓜多尔最近转而获取了双边融资，这些融资主要来自中国。

其他南美洲经济体的外部状况更容易受到大宗商品价格进一步下降的影响。这些经济体包括阿根廷和委内瑞拉。在这两个国家，随着经常账户余额的恶化，外债还本付息和私营部门的净资本流出已使外部资本流变为负值，导致两国近年的国外资产大幅下降，尤其是阿根廷，已经无法从国际市场上获得融资。[14]

中美洲的一些国家为高额的外部赤字所累，如果信贷条件比预期更为紧缩，它们融资将会很艰难。尼加拉瓜的经常账户赤字在该地区最高，国外投资不能覆盖。直接投资覆盖巴拿马经常账户赤字的近80%，但剩余20%要依赖银行融资，而银行融资容易受方向改变的影响，2008年的危机就是这种情况。多米尼加共和国的赤字也不能被直接投资或证券投资流所覆盖，但赤字规模尚在可控范围。管理外部融资也取决于借款能力和市场渠道。

公共债务水平攀升，尽管在整个区域内分布不均。从整个地区来说，外部主权债务从2007年GDP的24%减少到了2013年GDP的20%，而各国的数字差别很大（见图2.11A）。举例来说，在这一时期乌拉圭将其主权债务从GDP的近50%降低到了30%多一点，而墨西哥的债务从GDP的10%增加到了21%，仍然可控。尼加拉瓜将其外债削减了GDP的5个百分点左右，但仍然在40%的高位，占税收的比重更高，限制了该国获得更多外部融资的能力。

一些债务水平比较低的国家同样容易受到经常账户恶化的影响，因为它们不能通过市场融资。阿根廷和厄瓜多尔就是例证。阿根廷已经动用了储备金来供给其不断增长的外部融资需求，而厄瓜多尔已获得了主要来自中国的双边融资。借贷成本高昂使这两个国家难以回归市场去寻求融资，也会使得双边贷款更为昂贵。另一个2013年债务水平较2007年有所上升的国家是委内瑞拉。尽管委内瑞拉能够在市场上获得融资，其债务在6年间从GDP的17%上升至28%，且债券价格大幅上涨，价差超过了1 000个基点，限制了该国以合理价格获得更多融资的可能性。

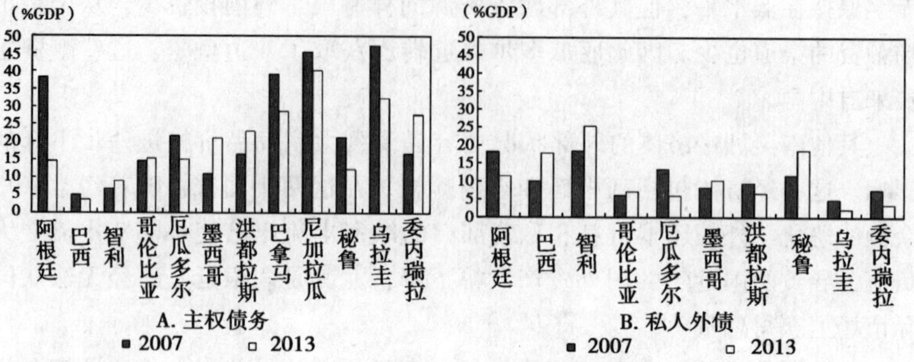

图 2.11　拉美：外债

资料来源：各国央行。

统计链接：http：//dx. doi. org/10. 1787/888933174315.

该地区的平均私营部门债务相对稳定，但每个国家的趋势差别较大。没有融资渠道或有融资渠道但利率很高的经济体削减了它们的外债。在金融领域综合程度高的经济体，企业债务有所上升，原因是过去三年中融资条件良好，尤其是在巴西、智利和秘鲁，这三个国家的外债占 GDP 之比从 2007 ~2013 年增长了 6 个百分点以上。同该地区其他国家不同，这三个经济体的私人债务比主权债务的 2 倍还要高，尽管政府债务占比较低。

举例来说，智利的私人外债为 GDP 的 25%，但政府债务还不到 GDP 的 10%（见图 2. 11B）。因此，尽管主权债务评级和价差的改善促使私人债务价格更低、规模更大，企业的借债能力和市场对企业的看法能够对借贷成本造成严重影响，这主要是因为包销费用（Avendaño y Nieto Parra，即将发表）。例如，在金融领域综合程度较高的经济体，初级企业债券的发行量从 2012 年的 1 120亿美元增加到 2013 年的 1 300亿美元。

尽管私人债务水平仍然较低，但一些国家私人债务增加的速度值得担忧，因为风险可能会随之积累起来。例如，如果信贷条件收紧，有些企业可能会想尽办法获得融资，而如果货币贬值，这就可能产生资产负债表风险，尤其是对那些没有外汇避险安排的企业来说。虽然我们已经很努力地试图确定债务的水平和来源，但尚不清楚那些增加了债务的企业是否采取了它们将会需要的额外措施，不论这些措施是目的明确的，还是由于它们本来就生产并出口可交易商品而自然形成的（IDB，2014）。这对于那些经济体来说无疑是一个风险之源（见图 2. 12A）。

可以缓解这些风险的一个因素就是国外资产的积累。实际上，有些增加了外债的经济体也同样增加了其外部资产，比如智利、哥伦比亚、墨西哥和秘鲁（见图 2. 12B）。然而，企业所积累的外部资产中有多少比例是出于为其增加的债务避险的目的，尚不得而知。巴西已经采取了宏观审慎的措施来减少外汇衍生品对私营部门造成的影响，从而缓和这些风险。

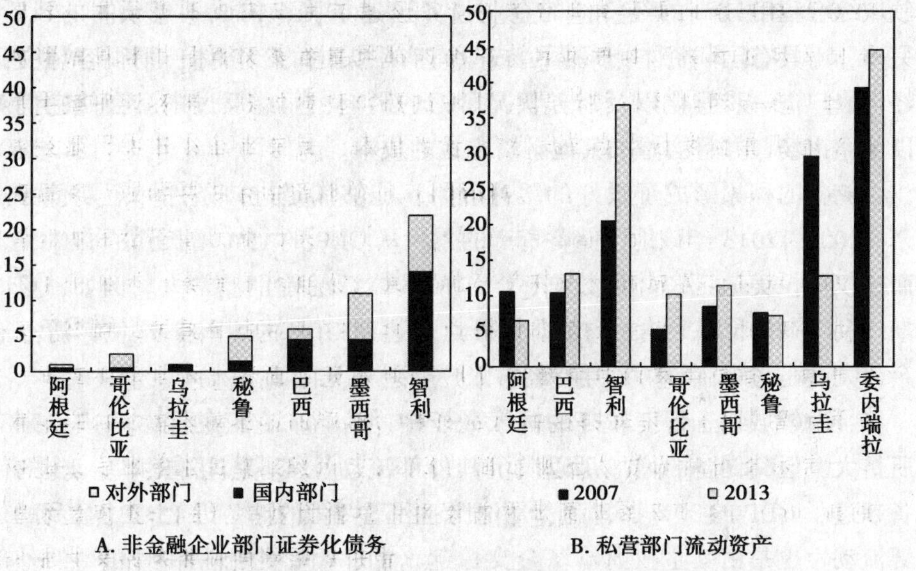

图 2. 12　私营部门国外资产和债务积累（GDP 百分比）

资料来源：根据各国央行数据编制。

统计链接：http：//dx. doi. org/10. 1787/888933174329.

当地货币的企业债务问题也在扩大。国内资本市场在金融领域综合程度较高的经济体更为发达，而国内资本市场的存在有助于缓和 2009 年资本流逆转的影响（Jara，Moreno y Tovar，2009）。然而，国内企业债务市场中有当地投资者，也有对这些资产感兴趣的非当地居民。因此市场也容易受到外部市场的敏感变化的影响，尤其是套利交易活动。该地区不同企业在当地债券市场的渠道大不相同（CAF，2011）。相对于 GDP 来说，智利的债券市场最大（GDP 的 15%），其次是巴西和墨西哥（各为 GDP 的 5%）；该地区其他国家的债券市场都要小很多。

然而，由哥伦比亚、智利和秘鲁组成的拉美一体化市场（MILA）等组织能够通过为更多的发行商和投资者降低成本、提供多样化选择来扩大市场。MILA 使这三国证券市场上的股票和债券能够通过当地中介机构以当地货币交易，从而促进国际交易。2014 年年底墨西哥加入后，MILA 超过巴西证券交易所，成为拉美地区最大的证券交易所，市值超过 1 万亿美元，发行商超过 700 家。

简言之，尽管该地区的大多数国家都能够获得外部融资，然一些金融领域综合程度较高的经济体的企业债务迅速扩张，构成不可预测的风险。另外，不具有国际资本市场渠道或只有有限渠道的经济体，则很容易受到经常账户进一步恶化以及财务状况紧缩的影响，而这反过来又会使它们难以重回市场，并且会增加其他融资方式的成本。

储备的积累形成了很好的缓冲效果，能够满足进口条件和短期债务承诺。2007 ~2013 年该地区储备资产的累积从 GDP 的 15% 增长到了 17%。然而这仅是拉美地区整体的数据，各国的具体情况差别非常大。例如，该时期玻利维亚的储备增长了 10 个百分点，达到 GDP 的 50%，这使其游刃有余，尤其是考虑到该国还拥有经常账户顺差（见图 2. 13A）。

金融领域综合程度较高的国家处于中间位置。它们的经常账户赤字有所扩大，但其储备的增加足以满足其外部流动性需求。秘鲁和乌拉圭的储备超过了 GDP 的 30%，智利、哥伦比亚和墨西哥的储备近 15%。智利的外部流动性也是由其主权财富基金支撑起来的，而哥伦比亚和墨西哥的外部流动性由 IMF 的特殊信贷安排覆盖。几个中美洲国家的储备有所下滑，维持在 10%，但考虑到他们庞大的经常账户赤字，这些储备留给他们的余地非常小，并且使他们更容易受到影响。

同样容易受到影响的还有阿根廷、厄瓜多尔和委内瑞拉，这些国家的储备几乎减半，分别降至 GDP 的 7%、6% 和 8%，处于该地区最低水平。[15] 若没有更加大范围的汇率调整，[16] 就不会有经常账户调整，考虑到他们获取资本的能力有限，这将导致其储备降至临界水平。从储备所能覆盖的进口月份数看，中美洲国家的情况也比较紧张。尽管所有国家都有足够的储备来覆盖短期的到期债券（储备、债务比率大于 1），有些国家的比率大于10（玻利维亚和秘鲁），而有些国家的比率（中美洲国家、乌拉圭和委内瑞拉）接近1（见图2.13B）。[17]

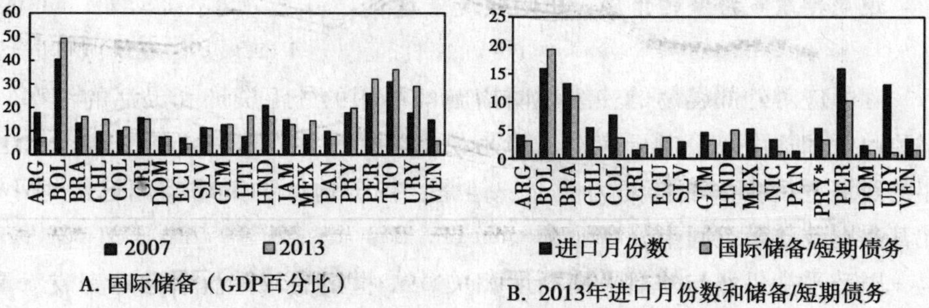

图2.13　拉美的国际储备

图例：ARG，阿根廷；BOL，玻利维亚；BRA，巴西；CHL，智利；COL，哥伦比亚；CRI，哥斯达黎加；DOM，多米尼加；ECU，厄瓜多尔；SLV，萨尔瓦多；GTM，危地马拉；HTI，海地；HND，洪都拉斯；JAM，牙买加；MEX，墨西哥；PAN，巴拿马；PRY，巴拉圭；PER，秘鲁；TTO，特立尼达和多巴哥；URY，乌拉圭；VEN，委内瑞拉；NIC，尼加拉瓜。

注：*表示2012年的国际储备数据。

资料来源：根据各国央行数据编制。

统计链接：http：//dx. doi. org/10. 1787/888933174336.

汇率灵活性给各经济体带来更大的空间，使它们能够通过调整价格而非吸收程度来应对外部冲击。外部资本流恶化所导致的货币贬值值得关注，因为它可能抬升通胀。然而，除极少数通胀压力已经存在的情况下（原因是该经济体已接近充分就业并且有工资指数化，比如巴西和乌拉圭；或者是出现供给瓶颈和过剩流动性，比如阿根廷和委内瑞拉），汇率的变化似乎对通胀影响不大。这可能是因为这些变化发生的同时，还伴随着某些大宗商品价格（粮食和能源）的下跌，从而抵消了较低汇率的影响。央行信誉的提高也可提供帮助。实际上在该地区，大多数国家的通胀预期都稳定在央行所设定的目标附近，从而带来价格的稳定性。

主要的通货膨胀也得以控制。但是有些国家体制不灵活，例如，厄瓜多尔、萨瓦多和巴拿马美元化，阿根廷和委内瑞拉则实行汇率管制，因此手中并没有这种调整机制可供使用。它们将不得不使用外部资产来应对外部账户的恶化。同时，因为货币错配会带来很高的资产—负债风险，这些国家消除汇率冲击的能力可能会被削弱。

逆周期政策扮演的角色：跟随还是重建。

除了应对外部震荡的一线预防措施（可用的外汇资产和灵活的汇率），财政政策和货币政策对于应对逆境来说也至关重要。这一点在2008～2009年的经济危机中表现得尤为明显。但是，拉美地区的策略空间已经缩小，尤其是财政政策空间十分有限。

财政平衡仍然与外部平衡高度相关。21世纪的双重盈余已经变成双重赤字。由于出口的大宗商品价格持续上升，财政收入也跟着增长，因此产生了额外的所得税、专利税、消费税和公共企业的直接转移。但是，自2011年开始，商品价格下降、货币升值、支出增加，导致盈余变成赤字，该地区的结构性失衡也因此恶化（见图2.14）。

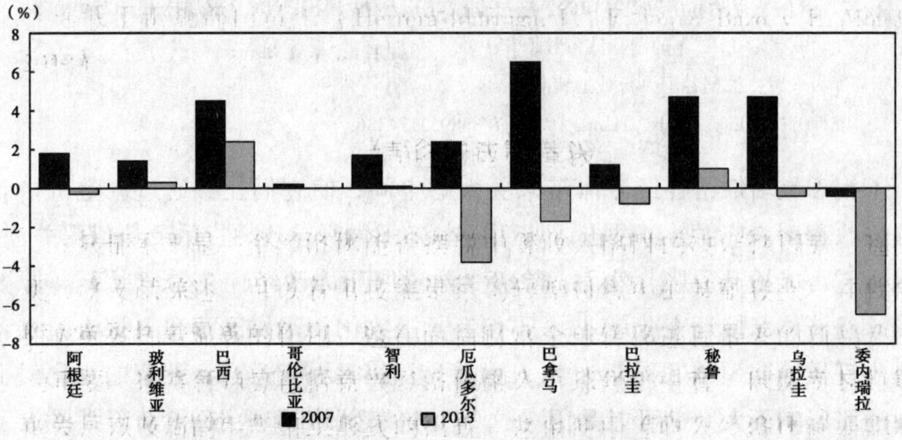

图2.14　结构性基本财政收支平衡（GDP百分比）

注：厄瓜多尔的最新数据截至2012年。

a，智利的数据包括公共企业和社会福利。

b，秘鲁经济财政部最新的宏观经济框架中数据显示，2007年结构性基本财政收支平衡占GDP比例为2.9%，2013年为0.7%。因为研究方法不同，数据也有差异。

资料来源：根据中央政府数据编制。

统计链接：http：//dx. doi. org/10. 1787/888933174341.

这说明该地区出现了财务约束和宏观经济风险。虽然有国别差异，但是15个拉美国家和10个加勒比国家（包括伯利兹、圭亚那和苏里南）都同时面临着财政失衡和外部失衡恶化的状况（ECLAC，2014b）。2013年，中美洲国家的经常账户平均赤字占GDP的比例大概为6%，而其财政赤字占GDP的平均比重为3%。加勒比国家的赤字普遍更高：经常账户占GDP比例为10%，财政赤字为5%。因此这两个次区域是最脆弱的。

2014年拉美国家的平均财政赤字占GDP比重预计将上升0.1个百分点，提高至2.6%（ECLAC，2014b）。该地区的赤字数据表明公共财政出现结构性恶化，在长期的财政和外部失衡情况下，这种恶化将更难应对。公共支出在上升，同时税收收入占GDP的比重维持平稳。这并不代表出现了系统性宏观经济风险，但中期看反而形成了相反的趋势。在加勒比国家，2013年的财政赤字上升至3.6%，预计2014年会降至3.2%。公共债务（主要是外部债务）占GDP的比重维持在77%左右。

在经济放缓期间，拉美国家普遍在新改革后的财政机构中采取同在经济增长强劲的后危机时代中一样的宽松财政政策。例如，哥伦比亚、墨西哥和秘鲁的税收政策将中期目标与经济周期及商品价格挂钩，其采用的结构性财政平衡计算方法是智利在2001年设定结构性平衡目标时引进的。同时，巴西放松了主要盈余目标，在经济放缓期间允许增加公共支出。这种做法影响了政策的公信力。

这种政策偏差是因为在财务评估（尤其是利率再创历史新低）时出现了异常状况而导致的。虽然拉美各国平均债务占GDP比例在2013年有小幅上升，从31.5%涨到32.4%，但总体保持稳定，且就其构成而言，外部公共债务只占15%，而国内债务则占17%。

玻利维亚、智利、厄瓜多尔、危地马拉、海地、巴拉圭及秘鲁的债务低于平均水平；哥伦比亚、尼加拉瓜和委内瑞拉接近平均水平；阿根廷、巴西、哥斯达黎加、多米尼加共和国、萨尔瓦多、洪都拉斯、墨西哥、巴拿马和乌拉圭高于平均水平。这种债务水平的差异性在加勒比地区表现得更加悬殊，且2012年各国平均债务占GDP比重为76%，而牙买加则超过了100%。大部分国家的利息偿还能力严重下降。这种趋势与支出构成及公共财政的管理展望息息相关，因为它为加大投资和社会支出提供了空间。

2014 年政府预算和最新的数据表明，近年来该地区的中央政府支出保持上升趋势。2014 年上半年的数据（季节变化也算在内）警示，有些国家支出显著增加，尤其是政府消费大幅上涨。涨幅最大的国家包括阿根廷、哥斯达黎加、多米尼加共和国、厄瓜多尔、危地马拉、尼加拉瓜和秘鲁（ECLAC，2014b）。根据 2014 年的预算数据，拉美各国中央政府的经常性支出占 GDP 的比例将上升，而资本支出则减少。不过，也有些国家宣布未来将进行大型基建项目，公私合作项目数量也正在攀升。其他国家的公共投资则聚焦于公共企业上（这在中央政府预算中通常并无记录）。

简而言之，可以观察到拉美国家及加勒比国家政府由于财政政策存在脆弱性，导致它们在稳定方面的努力空间受限。然而，在货币政策方面，央行还有空间来采取行动。在最近几个月中，尽管各国所处经济周期阶段不同，通胀压力各异，但该地区大部分国家的货币状况良好（见图 2.15）。

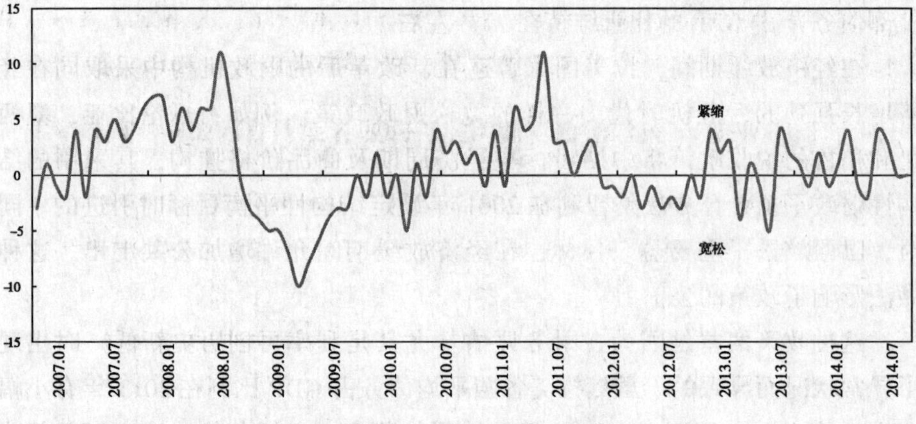

图 2.15　拉美货币政策指标

注：包括的国家：阿根廷、玻利维亚、巴西、智利、哥伦比亚、哥斯达黎加、多米尼加共和国、萨尔瓦多、危地马拉、洪都拉斯、墨西哥、尼加拉瓜、巴拉圭、秘鲁、乌拉圭和委内瑞拉。本指标是将一个月内提高利率的国家数量减去降低利率的国家数量得到的。

资料来源：根据《资本经济学》、ECLAC 和央行的数据编制。

统计链接：http：//dx. doi. org/10. 1787/888933174352.

例如，巴西和乌拉圭已经实施紧缩政策来应对累积性通胀压力（巴西提高利率，乌拉圭则控制总量）。但是，巴西国有银行却加速发放信贷，削弱了政府政策的影响力。实际上巴西央行自身也在 2014 年年中就暂停了政策，削减了准备金要求，放松了一些审慎性规定来加速信贷发放。[18]哥伦比亚则由于经济形势改善，产出鸿沟消除，从2014年开始提高利率来稳定通胀预期。阿根廷也允许利率上浮，以防止货币的进一步贬值。这将会给通胀带来连锁反应，因为利率是形成预期的重要标杆。另一方面，智利与秘鲁则已经降低了利率来应对急剧的经济放缓。

除了应对国内经济周期外，各国央行还需应对美联储及英格兰银行2015年可能的利率上调预期。目前各国经济相互融合，建立了通货膨胀目标制，央行应该愿意忍受更大程度的货币贬值，并利用干涉手段来控制波动。但是，在一定程度上各国要么面临更大的通胀压力，要么因为货币错配而面临风险，因此央行可能需要提高利率来控制因进一步贬值而带来的通胀和金融风险。同时，继续加强宏观审慎政策，加强私营部门债务快速增长的各国之间政策交流也至关重要，因为这有助于避免利率风险和货币错配的累积。

汇率不太灵活、资本流动性较强的国家可能会被迫允许国内利率上升，以应对国外利率的上调。那些正在形成通胀压力的国家，除了需要出台货币政策外，还需要改善储蓄和投资条件。扩大财政空间、改善公信力也将有助于货币部门跳出可能会面对的窘境，降低经济体对外部融资在应对日益恶化的外部平衡方面的依赖性。

虽然货币政策在稳定产出差距方面发挥了关键作用，但是该地区的问题已经远远超出了经济周期管理的范畴。各国似乎对此已做好了充分准备，不过在脆弱程度和行动空间方面则情况各异。该地区必须解决低增长潜力的根源问题，着重加强教育和创新技能的培养。本报告其余部分将涉及此问题。

结论及建议

短期内，该地区将会比21世纪初期迎来更温和的增长，但是不太可能会陷入危机。各国政府必须努力确保经济可以应对更糟糕的情况。该地区需要扩大财政空间来重建金融防御体系。同时还必须维持和加强央行的公信力，借鉴危机爆发前的应对方式，采取货币政策的逆周期管理。

用来扩大财政空间的措施取决于每个国家的国情。包括一些中美洲国家、安第斯地区和墨西哥在内的各国政府，应当努力加强税收措施（OECD/ECLAC/CIAT，2014）。有些南美国家政府收入结构相对稳定，应该侧重限制当前公共支出和培育自动稳定器。同时，加勒比国家需要先解决反复出现的公共债务可持续性问题，然后再扩大财政空间。另外，他们还需要加强交流，探讨在何种情况下应该采用宏观审慎框架和稳定器。

然而，主要的挑战还在长期。目前的经济放缓到底是暂时的，还是增长会很快回归潜能速率，即传统上估计的 3% ~4% 呢？如果温和增长继续，那么无论是要消除与 OECD 国家的收入差距，还是要按照当前的速度来减贫、消除不平等，都非易事。

面对这种不确定性，是开始进行雄心勃勃、大刀阔斧地改革的时候了。该地区所有国家的问题雷同，且各国均已意识到这一点。目前这个地区是世界上发展最不均衡的地区。它们亟须能够实施公共政策的机制来创建和加强基于“人人平等”原则的社会体系。然而，单靠社会政策是不足以带来可持续、公平的税收增长的。

改善生产力、加强创新、多样化生产、缩减基础设施差距、投资人力建设、创造就业机会等都至关重要。拉美国家近年来的生产力水平同 OECD 国家与新兴国家相比比较让人失望。提高生产力会带来更具包容性的增长，可以进一步减少贫困和不平等现象。2013 年拉美 28% 的人口（人口总数为 1.64 亿）生活在贫困线以下（ECLAC，2013）。

各国政府都应该起草自己的改革计划，并考虑到同时改善生产力和减少不公平现象是有难度的。改革必须确保能提高劳动力技能，这可以通过改善教育与劳动力市场的关系、提供更好的大学之外的技术培训、更新基础设施（尤其是能源和交通）及物流（OECD/ECLAC/CAF，2013）或者促进就业等方式来实现。2013 ~2014 年进行了 14 场总统选举，这样的政治背景也提供了极好的机会之窗。该地区人民的福祉，尤其是长期的福祉将有赖于政府是否能最大程度地利用好这个机会。本报告剩余部分将着重分析这些挑战。

附录 2. A1. 辨别临时性资源繁荣的方法

本报告采用世界银行为 144 国制定的“世界发展指标”（WDI，1962 ~ 2012）来辨别资源繁荣。出口占 GDP 的比例适用于以下三大商品类别：农产品（食品与原材料）、矿产品和燃料。本方法采用的是以下标准：

(1) 各类别商品出口的价值必须高于 GDP 趋势 4 个点（Sachs &Warner, 1999）。这就意味着，只有那些对国家经济比较重要的繁荣才会入选。

(2) 一种商品类别的出口占 GDP 的比例必须至少比一个 25 年时间序列的中值高至少一个绝对中位差。这就排除了有些国家的传统自然资源生产商，也排除了那些不会对出口资源带来临时改变的结构性变化。

(3) 繁荣必须持续至少连续 3 年；如果比该领域平均繁荣规模大，那么需要持续至少连续 2 年。

本方法是 Fernandez 和 Villar（2013）提出方法的新版本，只是在原来的基础上增加了一个 25 年的时间序列，并且是基于出口占 GDP 趋势的比例来进行计算，因而可以避免将长时间的产出下降也算作繁荣。这里的趋势是用 lambda =400 时的 HP 滤波来计算的。为防止序列首尾出现扭曲，该序列应用了世界货币基金组织（IMF）的预测数据，而且前三个观察结果已被移除。

同样的方法也用于计算侨汇、短期资金流和投资流。计算个人汇款所使用的数据库是“世界发展指标”，计算短期资本流动是用 Bluedorn（Bluedorn et al. 2013）的方法。大多数国家的数据只回溯到 1980 年。

相比最近的一些出版物，如 Cespedes 和 Velasco（2011）及 Adler 和 Magud（2013）著作中所使用的方法，这个方法除了辨别由价格攀升而带来的繁荣外，还鉴别由出口数量上升而带来的资源繁荣。在发现了新的自然资源或由于勘探方面加大了投资而导致产量提升（如燃料）时，这种临时的资源繁荣是可能发生的。

表 2. A1. 1 分别说明的是商品、资金流和汇款方面的繁荣结果。

表 2. A1. 1 临时资源繁荣

	自然资源			侨汇与资金流		
	样本国家数量（个）	有繁荣的国家（个）	每国繁荣数量（平均）（次）	样本国家数量（个）	有繁荣的国家（个）	每国繁荣数量（平均）（次）
世界	144	97	1.6	144	120	1.6
拉美	26	22	2.3	28	27	2
南美	12	11	3.3	12	11	1.8
中美	14	11	1.4	16	16	2.3
撒哈拉以南的非洲	34	23	1.4	34	25	1.3
南亚	6	2	0.7	6	5	1.7
东亚及太平洋地区	11	8	2	15	11	1.4
欧洲及中亚	17	10	1.1	18	14	1.7
中东及北非	8	5	2	10	7	1.9
高收入国家	42	27	1.5	38	31	1.3

资料来源：基于“世界发展指标”、世界银行及官方数据编制。

【注 释】

[1] 额外风险包括美国恢复页岩油生产带来的风险：减少美国对某些原来要从拉美进口的燃料的需求，如哥伦比亚煤炭等。

[2] 美国利率上升也可能会使大宗商品投资失去吸引力，从而引起商品价格下降。不过仍然不清楚利率的具体影响究竟有多大。

[3] 根据来自1990~2012年新兴国家样本数据，本研究得出结论：美国利率上升会影响资金总流量，不会影响净资金流入量。另外，对国际国内风险的认知提升会带来更大的影响。

[4] 在2013年中期，当市场预测美国利率可能会比预期更早上浮时，十年期的国债价格攀升，同时新兴经济体与所有拉美国家主权债券发行者的主权风险溢价水平也有上升。

[5] 在本章中，诸如中国经济下行、阿根廷和土耳其货币贬值等新兴经济体的信息对市场有反作用力。

[6] ECLAC的预测于2014年6月发表，CAF预测发表于2014年9月。

[7] 本分析是基于 Fernandez 和 Villar 2013 年的研究得出的。更多定义与计算方法细节详见附件 2. A1。

[8] 本章将会使用由 Cespedes 与 Velasco（2011）提出的方法，运用完整国家样本来分析临时资源繁荣如何掌舵经济周期。平均产出缺口在每次繁荣前两年、繁荣时期、繁荣结束后两年计算。它是作为周期比例来计算的，其中各个国家本币中的产出趋势为常数项。产出趋势和周期是用 HP 滤波计算，同时根据 Correia 等（Correia, Neves & Rebelo, 1992）及 Cooley（Cooley & Ohanian, 1991）所提出的方法，平滑参数设为 400。另外，首尾四项观察结果均已去除，以免扭曲。

[9] 在碳氢化合物领域开放对外投资一般会违反价格周期，因为当价格上升时，许多国家倾向于提高税收或者修改合同以获得更大比例的收入，从而使得投资吸引力下降。反之，当价格下降，各国能够满足领域内投资需要的资源减少，因此会倾向于允许外国资金流入。但是也有例外，比如 20 世纪初在碳氢化合物领域的开放即是良证（参见 CAF, 2012）。最近，墨西哥也改变此前拒绝任何形式外资投资的做法，开始对外开放。

[10] 向量自回归（VAR）是一种计量经济学模型，用于衡量一系列随时间变化的变量之间的关系（假定各变量之间没有任何因果关系）。面板 VAR 是 VAR 的延伸，它包含跨领域的数据。本章节运用面板 VAR 来分析各国在不同时期数据之间的关系。

[11] 近年来，委内瑞拉的现金流也因原油及其衍生品出口总量的下降而受到冲击，因为该出口占总出口的 96%。因此，鼓励加快进口增长只会让持续的货币增值产生更大影响力。阿根廷的现金流也因该国能源赤字攀升而遭受影响。

[12] 过去 5 年，银行融资大大增加，尤其是在哥斯达黎加、危地马拉和多米尼加共和国表现明显。

[13] 未来几年，随着新的采矿项目开始启动，金属出口数量上升，可以部分抵消价格下降所带来的损失。另外，这也会减少因采矿项目到期而导致的任何外资投资流减少带来的损失。

[14] 这一点可以从阿根廷储备迅速下降、委内瑞拉储备下降、主权财富基金资产缩水找到证据。但是，如果阿根廷能够解决其 6 月 30 日因无法与债券持有人达成协议而造成的选择性违约的问题，那么，该国是可以重新进入市场，且有能力在兑现外部承诺的同时控制储备下降的。

[15] 厄瓜多尔为了减缓现金流和准备金情况的恶化，已经设置了一些进口壁垒。

[16] 阿根廷和委内瑞拉的调整还包括减少汇率限制。

[17] 委内瑞拉除了外汇储备外也有一些外部资产基金，但是这些基金到底规模如何，

多大比例可供满足流动性需求等仍然缺乏透明度。

[18] 巴西央行将机动车的信贷业务风险权重因子减半，提高了中小企业贷款的上限，批准将所有零售借贷业务的风险权重因子与国际规范保持一致，并减少对大公司的担保要求。

参考文献

1 Adler, G. and N. Magud (2013), "Four decades of terms-of-trade booms: Saving-investment patterns and a new metric of income windfall", *IMF Working Paper*, No. 13/103, International Monetary Fund, Washington, DC.

2 Ahmed, S. and A. Zlate (2013), "Capital flows to emerging market economies: A brave new world?", *International Finance Discussion Papers*, No. 1081, Board of Governors of the Federal Reserve System.

3 Avendaño R. and S. Nieto-Parra (forthcoming), "The costs of going public in the emerging corporate bond market: The role of bank reputation and rating agencies", *OECD Development Centre Working Papers*, OECD, Paris.

4 Bluedorn J. et al. (2013), "Capital flows are fickle: Anytime, anywhere", *IMF Working Paper*, No. 13/183, International Monetary Fund, Washington, DC.

5 CAF (2012), *Reporte de Economía y Desarrollo 2012: Finanzas Públicas para el Desarrollo: Fortaleciendo la conexión entre ingresos y gastos*, co-ordinator: Pablo Sanguinetti, CAF-Development Bank of Latin America, Bogotá, Colombia.

6 CAF (2011), *Reporte de Economía y Desarrollo 2011: Servicios Financieros para el Desarrollo: Promoviendo el Acceso en América Latina*, co-ordinator: Pablo Sanguinetti, CAF-Development Bank of Latin America, Bogotá, Colombia.

7 Céspedes, L. F. and A. Velasco (2011), "Macroeconomic performance during commodity price booms and busts", *NBER Working Paper Series*, No. 18569, National Bureau of Economic Research, Cambridge, MA.

8 Cooley, T. and L. Ohanian (1991), "The cyclical behavior of prices",

Journal of Monetary Economics, No. 28, pp. 25 – 60.

9 Correia, I., J. Neves and S. Rebelo (1992), "Business cycles in Portugal: Theory and evidence", *The Portuguese economy towards 1992*, Springer US, pp. 1 – 64.

10 Csonto, B. and I. Ivaschenko (2013), "Determinants of sovereign bond spreads in emerging markets: Local fundamentals and global factors vs. ever-changing misalignments", *IMF Working Paper*, International Monetary Fund, Washington, DC.

11 ECLAC (2014a), *Latin America and the Caribbean in the World Economy 2014*, Economic Commission for Latin America and the Caribbean, Santiago, Chile.

12 ECLAC (2014b), *Economic Survey of Latin America and the Caribbean 2014: Challenges to Sustainable Growth in a New External Context*, Economic Commission for Latin America and the Caribbean, Santiago, Chile.

13 Fernández, C. and L. Villar (2013), "Bonanzas temporales de recursos: una perspectiva global", *Working Paper*, No. 60, Fedesarrollo and CAF.

14 Fratzscher, M., M. Lo Duca and R. Straub (2013), "On the international spillovers of US quantitative easing", *Working Paper Series*, No. 1557, European Central Bank, Frankfurt.

15 IDB (2014), "Global recovery and monetary normalization: Escaping a chronicle foretold?", *Annual report IDB-AR-109*, Inter-American Development Bank, Washington, DC, March.

16 IIF (2014), *Capital Flows to Emerging Markets*, Institute of International Finance, Washington, DC, May, pp. 53 – 68.

17 IMF (2014), *World Economic Outlook Update: An Update of the Key WEO Projections*, International Monetary Fund, Washington, DC, July.

18 Jara, A., R. Moreno and C. Tovar (2009), "The global crisis and Latin America: Financial impact and policy responses", *BIS Quarterly Review*, June.

19 Koepke, R. (2014), "Fed policy expectations and portfolio flows to emerging markets", *IFF Working Paper*, Institute of International Finance, Washington, DC.

20 Koepke, R. (2013), "Quantifying the Fed's impact on capital flows to EMs", *IIF Research Note*, Institute of International Finance, Washington, DC.

21 Mishra, P. et al. (2014), "Impact of Fed tapering announcements on emerging markets", *IMF Working Paper*, No. 14/109, International Monetary Fund, Washington, DC. OECD (2014a).

22 OECD (2014a) *OECD Economic Outlook*, Vol. 2014/1, OECD Publishing, Paris. http://dx. doi. org/10. 1787/eco_ outlook - v2014 - 1 - en.

23 OECD (2014b), *OECD Interim Economic Assessment*, *September*, OECD Publishing, Paris. http://www. oecd. org/eco/outlook/Interim-Assessment-Handout-Sep-2014. pdf.

24 OECD/ECLAC/CAF (2013), *Latin American Economic Outlook 2014*: *Logistics and Competitivene for Development*, OECD Publishing, Paris, http://dx. doi. org/10. 1787/leo - 2014 - en.

25 OECD/ECLAC/CIAT (2014), *Revenue Statistics in Latin America*: *1990 ~ 2012*, OECD Publishing, Paris http://dx. doi. org/10. 1787/9789264207943-en-fr.

26 Sachs, J. D. and A. M. Warner (1999), "The big rush, natural resource booms and growth", *Jour nal of Development Economics*, 59 (1), pp. 43 - 76.

27 World Bank (2014), "International flows to Latin America: Rocking the boat?", *Semi-annual report*, Office of the Regional Chief Economist, April.

第三章　拉美和加勒比在世界财富转移过程中的生产技能

本章将就世界财富转移进程对拉美劳动技能和生产力发展带来的影响进行分析。我们认为，劳动技能禀赋方面的不足（包括数量和质量）限制了其在拉美经济发展模式中所应发挥的作用。这也导致拉美地区大部分国家陷入中等收入陷阱。在当前背景下，由于财富转移过程使得必要技能的确认和积累变得更为困难，走出陷阱便显得尤为艰难。与此同时，与其他新兴地区相比，拉美企业对技能的需求程度无法令人满意。这一情形也和拉美地区教育回报的降低形成呼应，反映出积累经济发展所需的生产技能的复杂程度。此外，本章还对不同技能水平的劳动力分布情况进行了分析，指出技术和职业培训在促进就业方面能够发挥积极作用。

注：有关以色列的统计数据由以色列有关部门提供和负责。OECD 对于有关数据的使用并不影响戈兰高地、东耶路撒冷和约旦河西岸以色列定居点在国际法上的地位。

世界财富转移进程[1]对于拉美的劳动技能[2]和生产力发展具有直接影响。劳动技能在增长模式中发挥的作用有限是拉美地区的特点，也是导致该地区陷入所谓“中等收入陷阱”[3]的因素之一。全球财富向新兴经济体转移的过程也在世界范围、特别是拉美地区给劳动技能的供给和需求带来了重大变化。

本章由以下几部分组成。第一部分阐述劳动技能与中等收入陷阱之间的关系，特别关注拉美的情况。第二部分详述全球财富转移的过程如何通过显著改变劳动技能的供需影响上述关系。第三部分深入研究拉美劳动技能的需求情况，并通过实证分析证明拉美地区有关需求并未得到很好满足。由于拉美的这一情况在新兴发展中地区最为严峻，第四部分分析劳动技能供求关系变化情况，研究近来教育回报下降的决定因素，关注技术和职业培训教育在连接教育体系和生产部门方面发挥的重要作用。第五部分总结本章的主要结论，并提出相应的政策建议。

劳动技能在拉美地区发挥的有限作用解释了该地区为何长期陷入中等收入陷阱

一段时间以来，经济发展文献提出了中等收入陷阱的存在。[4]这一现象的最显著表现是当一个国家的人均收入达到中等水平后，经济增长率会长期地停滞不前。但在界定一个国家是否进入中等收入陷阱方面，存在不同的方法和收入衡量区间。

形成中等收入陷阱的一个基本原因是缺乏向知识型和技能型经济模式转型的能力。经济发展初始阶段的特点是生产要素在能够大幅提高生产率的经济活动之间的再分配（Kuznets，1955）。理论上无尽劳动力供给的存在避免了生产率的增加完全转化为工资水平的提升，从而保持经济体的价格竞争优势。在这一机制的框架下，随着要素再分配过程的发展，经济活动通常在外国技术的推动下不断向成本敏感型、技能粗放型活动专业化发展（Agénor，Canuto y Jelenic，2012）。

当人均收入达到某一中等水平后，这种经济发展模式的可持续性受到影响。一方面，劳动市场的压力因素开始显现。这需要通过与生产率提升不相对称的工资增长水平加以解决，因为主导发展初期生产率提升的部门活力不断衰竭（Agénor，Canuto y Jelenic，2012）。价格优势的丧失，导致从劳动力成本优势向提升产品质量、生产更为贴近消费者偏好的产品的经济模式的转型（Kharas y Kohli，2011）。这就要求生产结构转向知识、技术密集型的高附加值部门（Spence，2011；Foxley y Sossdorf，2011；OECD，2014）。对中等收入国家而言，这一转型过程尤为复杂，如果未能实现，就会导致结构转型陷入停滞。

生产技能是克服中等收入陷阱所需的基本投入之一

一个国家经济发展模式向高附加值、技术和知识密集型产业转型的能力取决于一系列互为补充的变量，既包括稳定的宏观经济环境，也涉及有利于创新的商业环境（世界银行，2010）。

在上述要素中，生产技能在各类文献中始终被认为是最重要的条件之一。首先，生产技能与知识和创新密集型部门和产业的关系十分密切，而在达到中等收入水平之后，这些部门和产业将引领经济发展（参见第五章）。其次，劳动技能存量的增加将对提高效率发挥积极作用，而随着要素扩张作用的减弱，提高效率不断成为经济增长的主要支撑（Kharas y Kohli，2011）。生产技能应逐步提升层次和复杂性，既包括认知技能，也包含社会技能，特别是与生产领域科技和创造性有关的技能。总而言之，能够积累更多高质量人力资本的国家更有可能避免陷入中等收入陷阱（Eichengreen，Park y Shin，2013）。

中等收入陷阱是长期困扰拉美和加勒比地区的现象，摆脱陷阱的仅有特立尼达和多巴哥及最近的智利和乌拉圭

拉美和加勒比地区是受中等收入陷阱影响特别显著的地区。尽管该地区在20世纪中期就达到了相对较高的收入水平，但各国在收入向发达经济体趋同的进程中并未取得显著进展。近60年来，成功实现从中等收入国家挤入高收入国家行列的大多数是欧洲和亚洲国家。仅有智利、乌拉圭、特立尼达和多巴哥及一些加勒比国家跻身高收入经济体行列（根据世界银行针对2015年的排名）[5]。

中等收入陷阱在拉美尤为根深蒂固。一些研究指出，巴西、哥伦比亚、秘鲁或委内瑞拉落入中等收入陷阱已经长达60余年（Felipe，Abdon y Kumar，2012）。通过使用界定各收入组别的同一序列和标准[6]，我们用图表显示了中等收入陷阱在各时间段对拉美的影响（见图3.1A、B）。

一般而言，拉美人均GDP的上升趋势在20世纪70年代末突然中断。许多国家陷入了经济停滞或衰退的迷途。随着20世纪80年代债务危机的爆发，这一现象不断加剧，仅在最近一个十年的扩张周期中有所改观。上述模式在阿根廷和委内瑞拉等国表现得尤为典型。这些国家在1950年前后就已经达到相对较高的人均收入水平。此外，该模式对一些最初处于中低收入区间的国家也同样适用（如哥伦比亚、墨西哥和秘鲁）。这一发展趋势与亚洲或欧洲等地区形成了对比。这些地区的许多国家不仅避免了落入中等收入陷阱，反而在长达几十年的时间里一直保持不间断的经济增长（有关这些国家的情况参见图3.1C）。

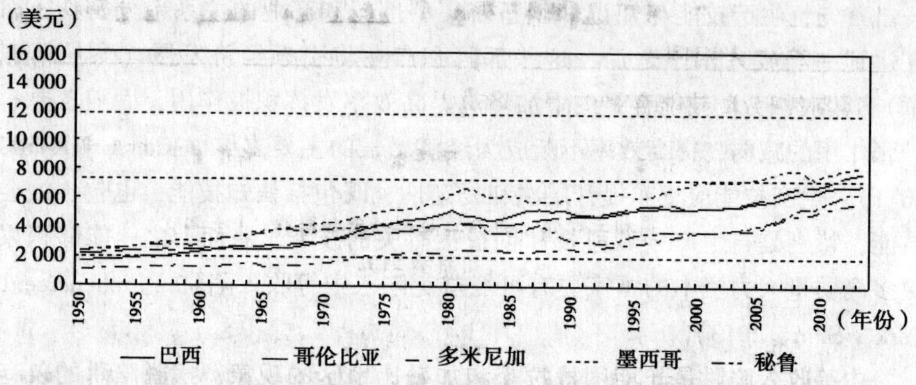

A

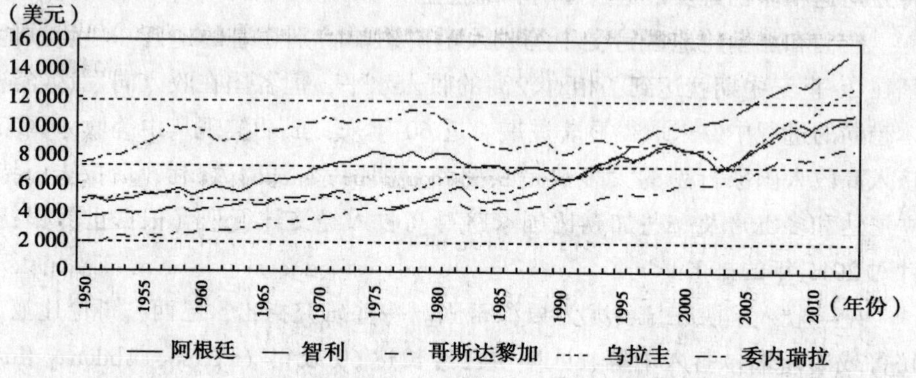

B

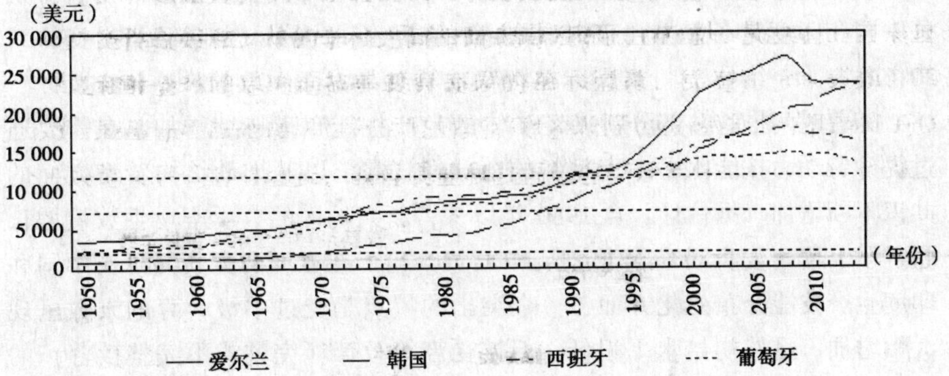

C

图 3.1　中等收入陷阱对拉美和部分 OECD 国家的影响情况

（根据 1990 年美元购买力平价的不变价格计算，1950～2012 年）

注：表中水平虚线从下至上依次为低收入、中低收入、中高收入和高收入分界线

资料来源：根据 2014 年 1 月查询的 Board Total Economy Database™ 数据编制，http：//www. conference-board. org/data/economydatabase/.

统计链接：http：//dx. doi. org/10. 1787/888933162624.

中等收入陷阱的特点是当达到中等收入水平后，一个国家难以实现增长战略的转型（Kharas y Kohli，2011）。这一情况在拉美十分显著，该地区国家未能实现向知识密集型经济的转型。这与教育指标存在关联性。正如本章和第四章所指出的，相比那些成功找到摆脱中等收入陷阱路径的国家，拉美国家在教育指标方面存在长期的显著差距，特别是在培训质量方面。上述情况与低效的资源配置一起导致拉美国家的生产率水平远远低于发达经济体（Busso，Madrigal y Pagés，2013；Loser，2013）。实际上，这种生产率差距也是中等收入陷阱对拉美地区影响的主要表现形式（OECD，2010a）。

全球财富转移过程通过不同形式对生产技能的供需产生影响

全球财富向新兴地区转移进程给生产技能存量及其特点带来深刻变化。

最显著的变化之一是新兴大国融入全球经济产生的积极的供给冲击。特别是中国和印度具备基本生产技能的 12 亿新劳动力融入全球经济（OECD, 2010a）。

随着时间推移，部分新兴经济体的生产技能存量持续增加。在需要通过提升劳动力技能水平、满足新的全球经济需求以及推动结构转型方面的共识不断增加。据估计，自 1980 年以来，新兴地区的大学毕业生数量增长超过了 1 倍（麦肯锡全球研究所 MGI，2012）。在亚洲两大新兴巨头中国和印度生产技能分布变化方面，一个突出的特点是受过中级教育的人数呈现大幅增加。虽然初始水平很低，但接受高等教育（完整或不完整教育）的人口比例也出现大幅增加（见图 3. 2）。

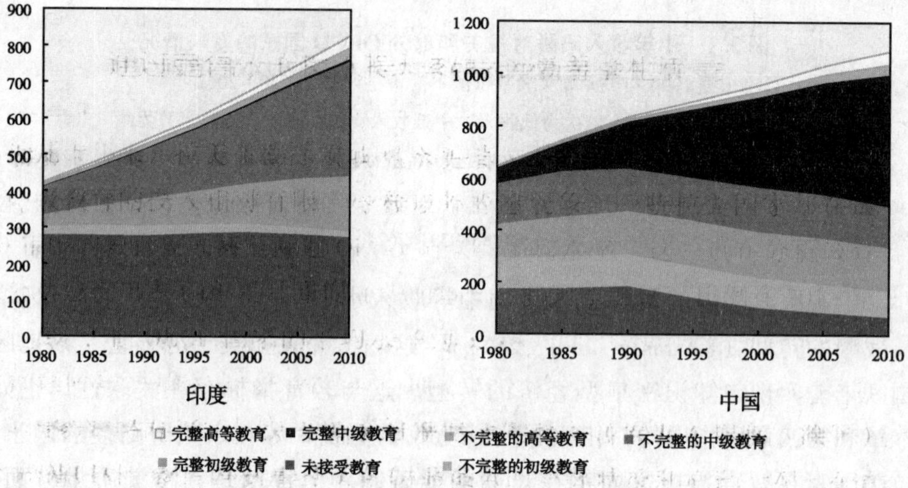

图 3. 2　按教育程度划分的人口分布

（百万人，1980 ~ 2010 年）

资料来源：WDI（2014），世界发展指标，世界银行，华盛顿。

统计链接：http：//dx. doi. org/10. 1787/888933162636.

拉美的生产技能供给也出现了增加，特别是受过中等和高等教育的人口比例在上升（参见第四章）。相关努力显著降低了拉美国家在与 OECD 经济体教育覆盖率方面的差距。此外，拉美地区中产阶级的崛起也为技能积累提供了支撑，这部分人口在与教育有关的服务需求方面具有更强的倾向（BBVA，2013）。然而，在利用上述趋势进行分析时需要谨慎。因为针对不同教育体系的主要比较分析显示，拉美与发达经济体之间的差距仍然存在。

在需求方面，财富转移进程以及与原材料有关的伴生需求往往是引导拉美转向复杂化程度较低的技能的因素之一。中国和其他新兴经济体对于原材料的需求相对地对发展知识密集型产业构成逆向激励，促进高自然资源禀赋国家充当原材料供应者的角色，并鼓励与之有关的劳动技能需求（Aedo y Walker，2012）。非初级产品专业化生产国也面临着充满挑战的局面：作为“世界工厂”的中国使这些国家难以在制造业领域保持或发展比较优势。

根据上述逻辑，拉美的特点是结构转型不完整，生产模式的技术密集型程度低。在拉美的经济结构中，以飞地形式运作、创造就业或产业链延伸能力不足的原材料部门，规模有限且面临激烈外部竞争的制造业部门以及以非正规性和人力资本素质较低为特征的服务业部门同时存在（McMillan y Rodrik，2011；Cimoli y Correa，2002）。

然而，全球技术变革推动着基于更高熟练程度的技能的需求增长。近几十年技术创新的浪潮通过两个渠道促进对于熟练劳动力的相对需求的增长：第一，针对熟练劳动者需求的绝对量出现增长。因为这些劳动者更契合新技术，具备使用新技术的技能。第二，一些技术创新的结果是使用新技术完成之前由非熟练工承担的日常工作，从而减少了对非熟练工的相对需求[7]（Acemoglu，2002；Autor，Katz and Krueger，1998）。

全球化是启动技能需求的又一引擎。近几十年的贸易自由化和投资便利化，有助于使生产技能成为经济竞争力的重要源泉（Lall，2000）。上述进程促进了新的企业组织模式的形成，特别是将生产过程分配在不同国家和地区的模式。以扁平化、灵活性和适应能力强为特点的新的劳动组织形式也随之产生。这些特点也促进产生了对各类不同技能的额外需求，既包括与数码科技有关的技术知识，也包括“软技能”，如多场景应对能力（思维敏捷性，agile thinking）、人际沟通或多文化背景和跨地理区域运作能力（Oxford Economics，2012）。

这一新型生产组织模式的典型例证就是所谓的全球价值链。全球价值链瞄准各个十分具体的竞争力环节，每一环节均与产业链中的一项专门分工相关联。因此，对生产技能的确定和调整纠正就成为一项更为艰巨的任务。因为这些技能不再直接取决于整个行业，也是生产过程中的某一具体环节。此外，链条上的价值分布情况及其变化，使技能成为更为重要的创造附加值的决定性因素。产业链中知识密集型活动（如研发、市场营销等），在所创造附加值中所占有的比重也在不断提高（OECD，2013c）。

作为结论，需要注意一些决定生产技能供需平衡的不同质的因素。新兴大国融入全球经济决定性地增加了全球劳动供给。进一步看，其中一些新兴大国在加强教育的努力，也在全球范围带来了生产技能供应的显著变化。从需求上看，技术和组织变革决定着技能需求更加复杂化和分段化。

因此，各国国内劳动市场的供需互动变得更为复杂，既受到生产技能全球供给增加的影响，也是更为具体的技术知识的重要性不断增加、专业技能和软技能之间互动平衡、持续培训和职业循环需要上升，或生产碎片化影响需求的结果。

相比其他新兴地区，拉美在满足技能需求方面问题更多

拉美是受生产技能供需缺口影响较大的地区之一。教育体系提供的培养与生产体系所需的技能之间严重脱节。此外，拉美是生产部门最难以找到合适技能的地区（根据世界银行企业调查数据[8]）。具体而言，35.9% 的企业宣称难以找到受过所需培训的工人（见图 3.3）。

从国际水平看，满足技能需求方面的困难集中出现在中等收入国家。可以观察到一种“倒 U 字”形结构，即低收入国家和高收入国家中宣称熟练工招工难的企业所占比例较小，而中等收入国家，特别是拉美国家的这一比例则较大。这也是其发展的障碍（见图 3.4）。

通过实证分析解释拉美相比其他新兴地区在生产技能方面的需求问题[9]

接下来，我们将分析相比其他新兴地区，拉美企业是否在满足人力资本需求方面面临更大的障碍。为此，我们将考虑拉美地区经济体生产过程中所需的技能强度、发展水平以及企业所在的行业等情况。

我们采用了一个变量来衡量企业寻找具有适当技能的工人的困难程度（根据世界银行企业调查数据）。这一变量有助于界定企业在寻找熟练工方

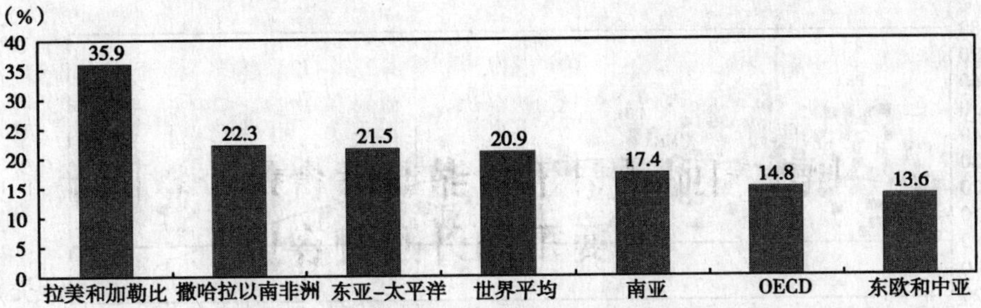

图 3.3　各地区认为缺乏合适劳动力是发展障碍的企业所占比例

注：采用各国最新调查获得数据编制。样本包含国家或地区按地区分布包括撒哈拉以南非洲：安哥拉、贝宁、博茨瓦纳、布基纳法索、布隆迪、喀麦隆、科特迪瓦、佛得角、乍得、厄立特里亚、埃塞俄比亚、加蓬、冈比亚、加纳、几内亚、几内亚比绍、肯尼亚、利比里亚、莱索托、马达加斯加、马里、毛里塔利亚、毛里求斯、马拉维、莫桑比克、纳米比亚、尼日尔、尼日利亚、中非、刚果共和国、卢旺达、塞内加尔、塞拉利昂、南非、斯威士兰、坦桑尼亚、多哥、乌干达、赞比亚和津巴布韦；拉美和加勒比：阿根廷、巴西、智利、哥伦比亚、哥斯达黎加、厄瓜多尔、萨尔瓦多、格林纳达、危地马拉、圭亚那、洪都拉斯、牙买加、墨西哥、尼加拉瓜、巴拿马、巴拉圭、秘鲁、多米尼加、圣卢西亚、苏里南、特立尼达和多巴哥、乌拉圭和委内瑞拉；东亚和太平洋：柬埔寨、中国、斐济、菲律宾、印度尼西亚、老挝、密克罗尼西亚、马来西亚、缅甸、蒙古、泰国、萨摩亚、东帝汶、汤加、瓦努阿图和越南；南亚：阿富汗、孟加拉国、不丹、印度、尼泊尔、巴基斯坦和斯里兰卡；东欧和中亚：阿尔巴尼亚、亚美尼亚、阿塞拜疆、白俄罗斯、波黑、保加利亚、格鲁吉亚、匈牙利、哈萨克斯坦、吉尔吉斯斯坦、科索沃、马其顿、摩尔多瓦、黑山、罗马尼亚、塞尔维亚、塔吉克斯坦、土耳其、乌克兰和乌兹别克斯坦；OECD 国家：德国、智利、斯洛文尼亚、西班牙、爱沙尼亚、希腊、爱尔兰、以色列、波兰、葡萄牙、捷克、韩国和斯洛伐克共和国。

资料来源：企业调查数据（2012），世界银行，华盛顿。

统计链接：http：//dx. doi. org/10. 1787/888933162641.

面的困难，变量取 0 ~ 4 的整数值（0 代表毫无困难，4 代表困难“非常大”）。采用样本为新兴发展中经济体，使用 2006 ~ 2010 年的数据，通过两种类型的次序性 Logit 模型进行计量经济分析。首先，使用因变量的崩溃值，对宣称在满足技能需求方面遇到较少障碍的企业（值为 0 和 1）和较大障碍的企业（值为 3 和 4[10]）进行划分。其次，引入普遍次序性 Logit 模型，以纳入上述所有值。[11]

拉美是正规部门企业宣称因缺乏生产技能遇到严重经营困难比例最高的地区。[12]将带有崩溃水平的因变量的样本作为参照，可以发现拉美被调查

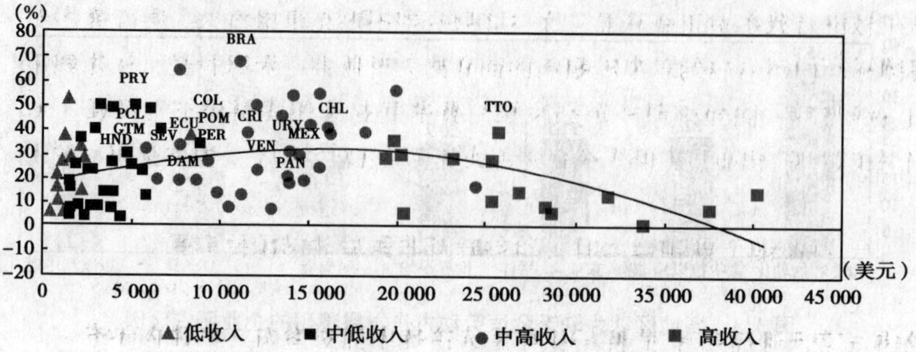

图 3.4　根据国别和人均收入水平排列的认为缺乏合适劳动力是发展障碍的企业所占比例

注：横轴为根据购买力平价计算的人均 GDP（据当前美元价格计算）

图例：BOL，玻利维亚；BRA，巴西；CHL，智利；COL，哥伦比亚；CRI，哥斯达黎加；ECU，厄瓜多尔；GTM，危地马拉；HND，洪都拉斯；JAM，牙买加；PAN，巴拿马；PER，秘鲁；PRY，巴拉圭；SLV，萨尔瓦多；TTO，特立尼达和多巴哥；VEN，委内瑞拉。

资料来源：根据企业调查数据（2012）、世界发展指标（2014），世界银行（华盛顿）编制。

统计链接：http：//dx. doi. org/10. 1787/888933162657.

企业中的53%[13]因缺乏适当的人力资本而出现严重经营困难，而这方面困难较小的企业占47%。仅有欧洲和中亚地区几年前曾接近这一水平。在世界其他地区，在这方面遇到严重困难的企业所占比例低得多。[14]

为了对上述困难进行适当评估，需要考虑企业生产技能的使用强度(用与生产无关员工和生产员工之间的商数进行衡量)、企业所在国的发展水平（用经购买力平价调整的美元计价的人均 GDP 水平衡量）和两类分别与地区和行业有关的虚拟变量。此外，还对包括区域虚拟变量和技能强度变量相互作用项的部分参数进行了分析。

实证分析证明，相比其他地区的企业，拉美企业在寻找生产技能的过程中遇到障碍的概率更大。就相对概率的比率（让步比）而言，拉美企业在满足技能需求方面的问题比对照组（南亚）高 2. 9 倍，比率也高出其他新兴地区。此外，就拉美本身而论，生产技能密集型企业在满足技能需求方面的困难超过其他企业。

分行业研究结果显示，汽车工业和机械业在满足生产技能需求方面遇到的问题更为严重。为此，我们采用了代表各个行业的12个虚拟变量。这些行业变量的加入并未改变根据地理区域变量得出的结论。拉美仍然是问题最多的地区。机械制造和汽车工业是在满足人力资本需求方面遇到最多困难的部门。这与化学品工业和服务业的情况形成对比，这些行业的系数为负值，且具有统计学显著性。原材料开采部门也不存在显著的技能缺口。无论针对包括所有新兴地区的样本，还是仅纳入拉美企业，相关结果均保持不变。

汽车和机械工业面临的困难带来了巨大的挑战。因为这些行业是实现结构转型的关键部门。其特点是在全部贸易品部门中技术含量、连接性和复杂程度更高。一些学者通过三个“产品空间”变量针对这两个部门和其他行业部门进行了实证比较（Hausmann，Hwang y Rodrik，2007；Hidalgo et al.，2007）。通过联合国COMTRADE数据库获得的贸易数据和Hausmann等（2011）编制的产品复杂度指数，对上述一些变量进行了构建。

这一方法的优点是可以通过组成出口部门的贸易品工业的某些特点对结构转型过程进行评估。特别是这些部门与其他行业之间的复杂程度和“相似度”比较接近（见专栏3.1）。在产品空间结构的所有变量中，汽车和机械行业的平均值最高。在与其他各行业，特别是那些与原材料有关的部门（食品和基本金属部门[5]）加总比较时，这一优势仍然得以保持。

此外，基于产品空间的分析也有一些局限性。这主要源自最终贸易数据的使用。因此，需要对此前的结论加以谨慎对待。首先，与其他指标相比（如各行业对GDP的贡献率），贸易分工对经济体生产结构的描述并不完整。其次，最终贸易数据的使用会导致对经济体产生附加值情况的错误描述，对那些高度融入全球价值链的行业尤为如此（OECD，2013c）。最后，分析使用的数据库不包括服务业部门，而这一部门是包括拉美在内的新兴发展地区发展战略的重要支柱（OECD，2013a）。

专栏3.1　那些生产技能得不到满足的部门对结构转型过程是否重要

本专栏介绍了根据产品空间结构各变量进行的行业分析结果。既然前文的计量经济分析指出汽车和机械行业是面临最为严重的人力资本不足的部门，接下来的任务是研究这一情况是否与拉美深化结构转型进程的问题有关。

分析对通过产品空间理论得到的三个变量的平均值进行了比较（Prody，潜在 Prody 和产品复杂度指数，见图 3.5 注释）。分析包括 5 个行业部门：汽车、机械、食品、基础金属和除汽车和机械外的总样本（“其他”）。由此可见，比较分析包括拉美满足劳动力需求问题突出的部门（汽车和机械）、其他部门（“其他”）以及食品和基础金属等原材料部门。而原料部门也正是与世界财富转移进程对拉美的“再次初级产品化”影响关系密切的部门。

通过分析，对技术含量指标（Prody）、在产品空间结构中的关联度（潜在 Prody）和产品复杂度指数（ICP）的平均值进行了比较（见图 3.5）。结果显示，汽车和机械行业的 Prody、潜在 Prody 和 ICP 指标的平均值更高。这一结论无论是与产品空间结构中的所有其他行业对比，还是与和原材料密切相关的部门比较均成立。由此可见，满足生产技能方面困难更大的部门，也正是那些更有条件推动拉美地区经济结构向知识和技术密集型模式转型的重要部门。

劳动力市场上生产技能供需关系可以通过劳动者分布或教育回报率加以分析

近期的研究证明拉美存在生产技能需求得不到满足的现象。2014 年，拉美地区 56% 的企业主宣称在寻找所需的劳动力方面面临问题（Manpower，2014）。此外，2010 年该比例为 42%，此后就一直不断增长。按国家分，秘鲁（67%）、巴西（63%）和阿根廷（63%）的困难更多。在被问及涉及何种技能时，根据上述同一来源，企业主认为他们在寻找技术技能方面遇到的困难更大。

拉美企业还需要一系列“软技能”，而这也恰恰是该地区特别缺乏的。除了认知技能以外，还有一系列非认知技能，如敏捷思考、劳动责任、团队作业、解决复杂局面能力、口头或书面沟通能力等。这些技能对于职业表现而言十分重要。这些“软技能”也恰恰是拉美地区那些宣称遇到困难的企业主所需要的劳动技能（IBD，2012）。

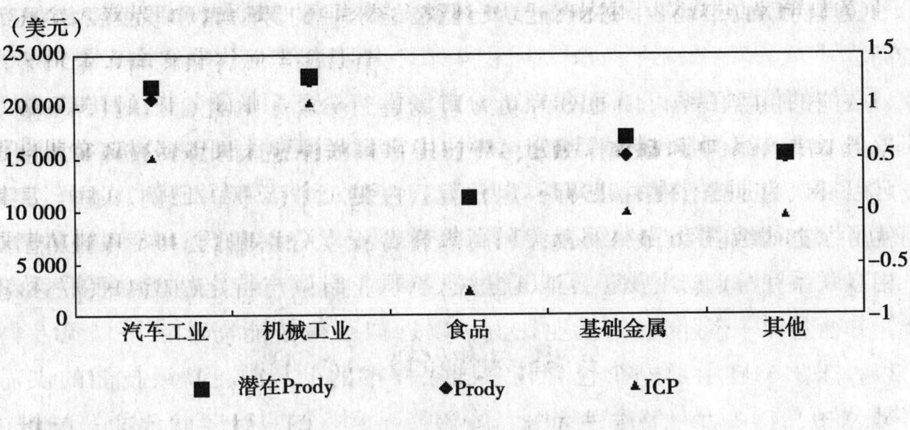

图 3.5　产品空间结构变量的平均值

注：左侧轴为 Prody 和潜在 Prody（美元），右侧轴为产品复杂度指数（ICP）。

Prody：产品技术复杂度指数，根据出口具有显性比较优势的某种产品（RCA > 1）的国家的加权人均 GDP，并以 RCA 为权重编制。这样，Prody 就成为能够反映产品技术先进程度的指数，该值越高就说明该产品是由人均收入更高的国家出口的（Hausmann，Hwang y Rodrik，2007）。我们使用了 2000 ~ 2005 年该变量的平均值，因为这一期间的数据包含更多的行业和部门。

产品复杂度指数（ICP）：Hausmann et al.（2011）通过“对应方法”编制的指数。该方法使用一个国家产品出口多样化数据和出口产品普遍化程度，构建了衡量一种产品生产过程中所使用技能的指标。具体而言，该指标根据某种具有显性比较优势产品的出口国平均出口多样化水平以及这些国家所出口的其他产品的普及程度加以计算。该指数赋值越高，说明该产品生产需要更多或更为复杂的生产技能。

潜在 Prody：我们根据 Prody 指数和行业间近似度变量（Hidalgo et al.，2007）构建的一个变量。该变量旨在衡量某种产品与产品空间中的其他部分的相关度。该指数是与某一产品行业相关联的行业部门的 Prody 指数的加权平均，权数为两者之间的距离（根据概率衡量）。潜在 Prody 指数值越大，说明该产品在产品空间结构中所处的位置越有利。而位置有利与否则由是否接近尽可能多的行业或技术复杂度高的行业（Prody）决定的。

资料来源：根据联合国统计局数据（2013）（http：//comtrade. un. org/）和 Hausmann et al.（2011），《经济复杂性图集》（*The Atlas of Economic Complexity*），Puritan 出版社，2014 年 5 月编制。

统计链接：http：//dx. doi. org/10. 1787/888933162663.

拉美劳动力市场供需关系显示出低技能水平的劳动者和职业密集程度较高

技能的供需关系可以通过劳动力市场进行分析。为此，我们接下来将根据低、中、高的技能水平划分，对技能供需关系进行比较分析。技能供应可以被认为是经济体中具有一定教育程度的就业者所占比例。这样，我们就可以把初级教育、中级教育和高等教育程度分别和低、中、高技能水平相互联系在一起。另外，可以通过把各职业岗位与特定技能水平联系起来，并衡量某一岗位上的就业比例，以近似获得技能需求水平（见专栏3.2）。图 3.6 显示了一个包含较多国家样本的低、中、高级技能的供需情况。

专栏 3.2　技能的需求：按职业和技能水平对就业进行分类

为确定劳动力市场的技能需求水平，需要考虑某一特定职业的从业比例，并使其与某种技能水平相互关联。这样，就能够在技能需求与供给之间进行比较。图 3.6 的横轴为技能供给情况，通过从业者的受教育程度得到的近似值。

为了把职业和技能水平联系起来，在分析中使用了国际标准职业分类 ISCO－88（见表 3.1）。我们把该分类标准的十大类职业均与某种特定的技能水平相关联，从而创造出三种新的类别：高等技能水平职业、中等技能水平职业和低等技能水平职业。

低技能水平职业类别包括非熟练工和武装部队人员（技能水平 1）。中等技能水平职业包括办公室文员、服务业从业者、贸易人员和市场商贩、农民和农牧业及渔业熟练工、机械行业和其他行业中层管理人员、操作员和工人以及机械设施和装卸设备操作人员（技能水平 2）。最后一组高技能水平组包括政府官员、立法机构人员、公共部门和企业管理人员、科研人员、知识分子、中级技术和专业人员（技能水平 3 和 4）。

表 3.1　根据 ISCO－88 编制的职业分类

	职业分类（ISCO－88）	ISCO 技能水平
1	政府官员、立法机构人员、公共部门和企业管理人员	—
2	科研人员、知识分子	4
3	中级技术和专业人员	3
4	办公室文员	2
5	服务业从业者、贸易人员和市场商贩	2
6	农民和农牧业和渔业熟练工	2
7	机械行业和其他行业中层管理人员、操作员和工人	2
8	机械设施和装卸设备操作人员	2
9	非熟练工	1
0	武装部队人员	—

注：ISCO 第一级技能基于国际教育标准分类 ISCED 类别 1 编制。根据该标准，初级教育的起始年龄为 5、6 或 7 岁，持续时间约 5 年。ISCO 第二级技能基于 ISCED 类别 2 和 3 编制，包括中级教育的第一和第二阶段：第一阶段的起始年龄为 11～12 岁，持续时间为 3 年；第二阶段的起始年龄为 14～15 岁，持续时间也为 3 年。

拉美国家往往有更大比例的低教育水平劳动者，从事低技能要求职业。这与 OECD 国家的情况形成鲜明对比。在中等技能水平方面，拉美国家与 OECD 国家的供需状况更加接近（见图 3.6B）。最后，两组国家在高等技能供需方面的情况较为相似（见图 3.6C）。然而，这种相似度是在 OECD 国家供需水平均较高而拉美国家供需水平皆较低的情况下出现的。

技术和职业培训是推动教育为就业服务的关键。

在拉美这样劳动技能水平较低的地区，职业技术教育培训具有特别重要的意义。职业技术培训通常与就业市场所需的知识和技能密切相关。因此，在根据劳动力市场需求补充，甚至是更新教育体系传授内容方面发挥着十分显著的作用。

职业技术培训能够在职业生涯的各个阶段，通过不同渠道提供获得直接与就业相关的知识和技能的学习途径。一般而言，职业技术培训的形式

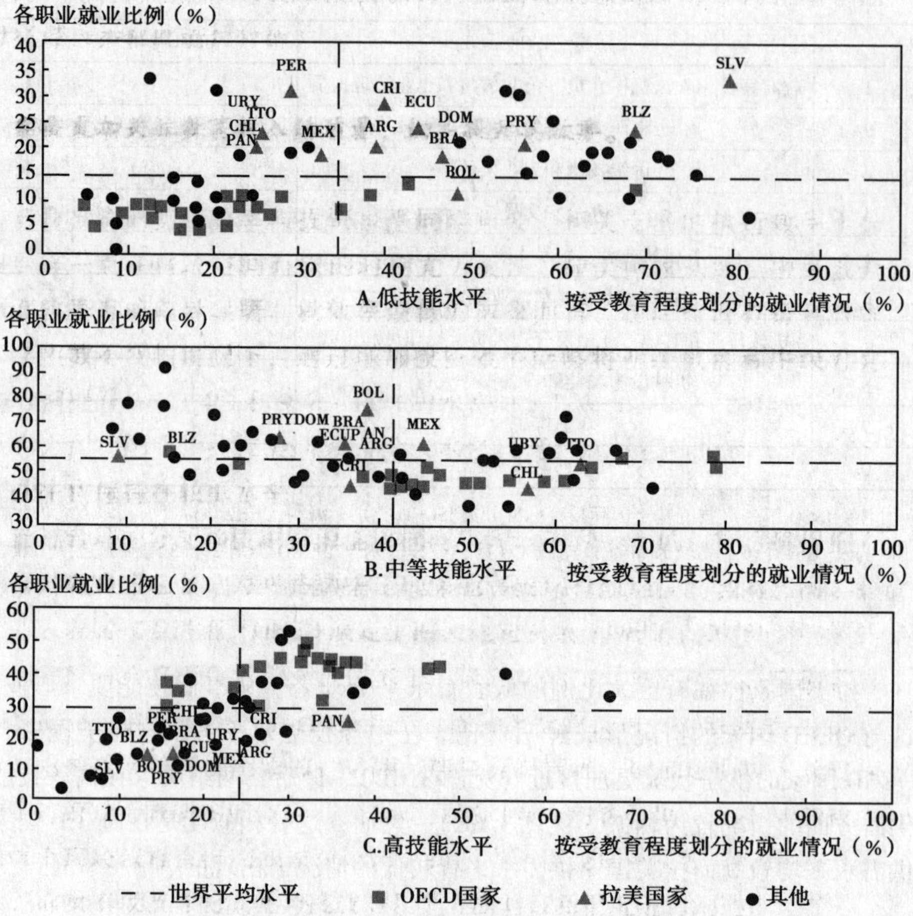

图 3.6　根据技能水平划分的劳动者受教育程度和从事职业类别情况

（近年来数据，占总就业比例）

图例：ARG，阿根廷；BLZ，伯利兹；BOL，玻利维亚；BRA，巴西；CHL，智利；COL，哥伦比亚；CRI，哥斯达黎加；ECU，厄瓜多尔；GTM，危地马拉；HND，洪都拉斯；JAM，牙买加；PAN，巴拿马；PER，秘鲁；PRY，巴拉圭；SLV，萨尔瓦多；TTO，特立尼达和多巴哥；URY，乌拉圭。

注：大部分情况下数据采集期间为2008～2012年。

资料来源：根据国际劳工组织（2014）：《劳动力市场关键指标（第八版）》编制。

统计链接：http：//dx. doi. org/10. 1787/888933162674.

包括：（1）正规途径，即通过教育体系和/或能够提供证书的渠道进行培训；（2）半正规形式，即不能获得教育体系认可的正规证书的培训，如企业内部培训（无证书）；（3）非正规形式，即在与他人交往或个人成长环境中自然习得技能的方式（UNESCO，2013a）。职业技术培训的突出特点之一是能够在整个职业生涯周期持续进行。职业技术培训有助于劳动者适应职业生涯，无论在职业生涯的初始阶段还是各个时期均发挥着重要作用（UNESCO，2013b）。

接下来的分析聚焦于正规途径，即与教育体系、企业内部培训或证书类培训相关的培训形式（专栏 3.3 介绍了拉美和加勒比一些国家在岗培训的情况）。然而，拉美国家的两个突出特点应该在对职业技术培训进行总体分析的过程中加以考虑。首先，拉美无论是劳动者还是企业，其非正规性很高。因此，部分在非正规环境中获得的职业技能今后难以获得任何正式认可。其次，通过半正规、特别是非正规形式获得的技能，与劳动者个人的经济社会条件、性别或从业区域密切相关，而在这些方面存在明显的不平等现象。

专栏 3.3　拉美和加勒比地区在岗培训方面的最新进展

拉美各经济体当今面临的主要挑战之一是如何提高劳动生产率水平。为实现这一目标，雇主提供的培训能够通过显著增加最新技能供给发挥重要作用。

在最近的分析中，一项研究使用了企业调查数据。参与调查的正规部门企业提供了拉美地区各国的在岗培训信息，从而有助于评估这些培训项目在提高生产率方面发挥的作用（Flores et al.，即将出版）。

该项研究通过对拉美和加勒比地区仅有的两项企业调查项目，丰富了有关文献资料。这两项调查包含了不同国家在岗培训实践的情况。第一项名为企业调查项目，包含拉美地区 12 个国家的在岗培训数据以及带有纵向数据的子系列。第二项是在美洲开发银行支持下，在拉美地区部分国家进行的生产率和人力资源培养调查项目（EPF）。该横向调查包含企业调查计划和其他传统调查未涉及的有关在岗培训的详细问题，如在岗培训项目参与者的技能水平、雇主所看重的能力类型、雇佣决策以及培训资金来源等。

2011~2013年进行的调查提供了来自巴哈马、哥伦比亚、洪都拉斯、巴拿马和乌拉圭的横向数据。在除哥伦比亚以外的所有国家中，调查搜集了全国的代表性数据。哥伦比亚的样本则包含制造业、贸易和服务业的分行业代表性数据。对于拉美地区的大部分国家而言，30%~50%的企业通常为员工提供短期培训项目。拉美和加勒比地区为数众多的中小企业则较少提供培训项目。培训内容主要为与岗位有关的专门技能培训，这与大部分培训资金来自企业本身的情况相一致。

此外，培训主要针对高技能水平的员工进行。这也意味着进入职场的员工之间的技能差异，可能因为雇主进行的人力资本投资而加剧。这一结论凸显了提高拉美地区教育体系质量、发展终身职业培训体系，对于缩小员工技能差距的重要性。

在分析推动在岗培训项目的公共政策支持时，研究显示，拉美和加勒比地区的企业很少在获得职业培训投资方面寻求公共部门的补贴或资助。企业规模越小，公共资金的使用也越少，尽管小企业往往在培训资金方面面临更大的制约。

上述结论说明，拉美各国应该审视在岗培训公共补贴的导向和覆盖面等问题。各国应该加强针对影响在岗培训资金分配的市场缺陷与不足的研究，并进一步制定适当的公共政策。

在岗培训项目似乎能够提升劳动生产率，但这一结论仅对大企业成立。在研究中，设定效果既定，以避免企业的不同质性影响控制变量，并引入了一系列不同的时间变量。结果显示，对员工数量超过100人的企业而言，接受培训的员工比例每增加1个百分点，生产率增加0.8%。但培训对规模更小的企业没有显著效果。因此，只有企业拥有大企业才具备的一些特点时，在岗培训才有助于提高生产率。需要进一步确定的是，哪些是保证职业培训效率所需的补充投资，例如人员管理实践等。

总而言之，研究结果显示，技能需求在培训决策方面发挥着决定性作用。培训决策主要取决于企业的技能要求，而这一要求又与创新和更先进市场技术的采用相互关联。根据这一结论，需要对有关公共政策进行整体设计，推动在岗培训的政策措施应该是一系列推动科技改革和创新政策的组成部分。

职业技术培训体系可以在拉美地区发挥十分重要的作用，但目前尚未得到重视和承认。

高非正规率、失业率特别是青年失业率水平以及生产部门的需求与教育体系的供给相脱节等现象使拉美地区面临复杂的局面。教育体系的实用性需要改进，使其成为获得就业的机制，而职业技术培训体系能够在这方面发挥核心作用（OECD，2013d）。然而，职业教育在拉美地区并未得到充分重视。主要由于社会更加看重普通学校教育和两种教育经历带来的回报率差异、职业教育与劳动力市场分离和脱节产生的不足（OECD，2010b）。需要指出的是，有关发展中国家职业教育回报的数据并未构成明显不利于职业教育而有利于普通学校教育的证明。国别和不同时期结果的差异性，意味着职业技术培训的回报十分直接地取决于各国的体制机制、职业培训项目适应劳动力需求的能力以及私人企业部门在员工培训方面进行投入的意愿（Eichhorst et al.，2012）。

近年来，拉美地区的职业技术培训发展不足，仍面临一系列严峻挑战。近 10 年来，拉美地区的职业教育中学入学率平均增长 18%，与普通中学教育入学率增长持平。因此，中级职业教育在整个中级教育体系中的比重基本保持不变。拉美各国回应不断增加的教育需求的努力集中在普通中学教育领域，这也是通向高等教育，而并非职业教育的途径。许多国家在普通中学教育中增加了专门知识课程，但并未推动职业教育的扩张（UNESCO，2013a）。在高级职业技术教育方面，近 10 年的入学率出现显著增长，其幅度达全部高等教育入学量的 15% ~19%。然而，拉美各国关于高级职业技术教育的不同定义，特别是在项目持续时间和性质上的差异，导致很难在地区层面得出可以比较的整体情况（UNESCO，2013a）。

随着职业技术教育体系的发展，各国之间甚至一国之内教育组织形式的不同质性日益凸显。许多推进职业教育的做法是增设一些职业教育课程。这些课程与正规职业教育体系脱节，明确为就业目的服务，与完成相应水平的教育课程无关，也无法得到教育体系认可的证书。这样，主要的激励措施集中在推广此类期限更短、目标更明确的项目的入学率，而非中级或高级职业技术教育的入学率（UNESCO，2013a）。

虽然许多职业技术教育课程集中在后中级教育阶段，但中级职业技术教育在个体进入劳动力市场方面仍可以发挥积极影响。职业技术教育一般开始于中级教育的基础阶段，一直延伸至后中级教育和高等教育阶段。但大多数有关项目和改革措施均集中针对高级阶段。更好地理解开设职业教育课程学校的特点以及参与课程学生的特征，有助于解释其日后进入劳动力市场后的表现，也有利于改进针对这些机构的政策。

拉美一些国家职业技术学校学生的表现甚至强于普通学校。可以运用OECD编制的PISA研究的微数据，对两种教育类型的学生表现进行国际比较。拉美在这方面的情况与其他国家形成了对比（Altinok，2011；Avendaño et al.，即将出版）。拉美地区职业技术学校学生的表现强于普通学校学生。通过分析包括近1.5万名来自阿根廷、哥伦比亚、哥斯达黎加、智利和墨西哥职业学校学生的样本，职业学校学生的表现超过普通学校在校生15分，相当于4个月的学时。而在OECD国家，普通学校在校生则高出职业学校学生60分（Avendaño et al.，即将出版，见专栏3.4）。

专栏3.4　中级教育技能表现的背后因素：普通学校vs职业学校

拉美职业学校学生的表现强于普通学校在校生（Avendaño et al.，即将出版）。一些因素可以用来解释为何拉美国家出现不同于OECD国家的这一职业学校学生表现更佳的现象。

第一，职业学校学生的样本选择有偏差，高估了平均表现。在拉美，学生在职业教育和普通教育之间进行选择的年龄为15~16岁（乌拉圭除外），而OECD国家则是14岁。然而，PISA样本数据基于年龄在15.3~16.2岁的学生。这意味着拉美国家大部分留级生并不包含在结果之内。这种选择偏差解释了为什么在样本中33%的普通学校在校生至少留过一级，而职业学校学生的这一比例仅为10%。因此，需要将样本区分为适龄学生（年龄与所处教育阶段相符的学生）和超龄学生（留级生）。就非留级生而言，拉美职业学校学生的表现有所下降（见图3.7），OECD国家普通学校在校生的表现仍相对强于职业学校学生（按照5级百分位计算平均为75分）。

第二，农村地区职业学校学生和普通学校在校生之间的成绩差异比城

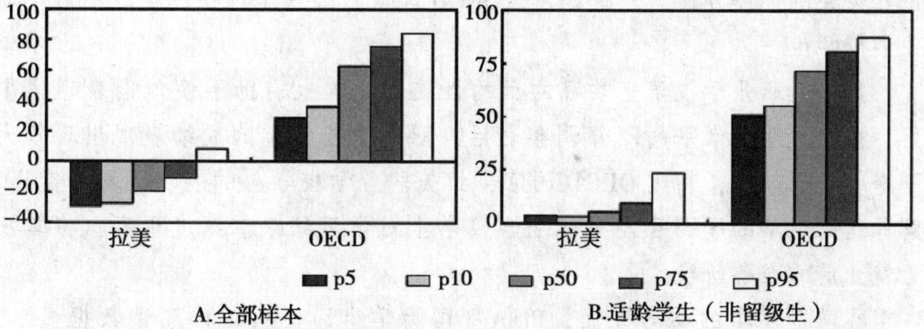

图 3.7 普通学校在校生与职业学校学生表现对比

注：拉美国家包括阿根廷、巴西、智利、哥伦比亚、哥斯达黎加、墨西哥、秘鲁和乌拉圭。各百分位组与学生成绩表现相对应（根据 PISA 测试得分）。在完整样本和普通学校适龄学生方面，拉美国家数据包括阿根廷、巴西、智利、哥伦比亚、哥斯达黎加、墨西哥、秘鲁和乌拉圭。职业学校适龄生数据不含秘鲁和巴西。全样本数据包括 OECD 除加拿大以外的 34 个成员国。在适龄生方面，不含加拿大普通学校在校生数据，不包括加拿大、丹麦、西班牙、爱沙尼亚、芬兰、冰岛、挪威、新西兰、波兰和美国职业学校学生数据。

资料来源：Avedaño et al. （即将出版）：《拉美的职业教育：能否说出不同的故事?》，OECD 发展中心工作文件，巴黎。

统计链接：http：//dx. doi. org/10. 1787/888933162680.

市明显。在对阿根廷、哥伦比亚、哥斯达黎加、智利和墨西哥的近 1 000 所农村地区职业学校（约占职业学校总数的 7%）进行分析之后发现，相比城市而言，农村地区职业学校学生成绩超出普通学校在校生的幅度更大（超出 42 分），而城市地区的这一差距仅为 13 分。这一情况与地区发展不平衡的现象有关。

在社会向上流动艰难的大背景下，普通教育可能会缺乏实用性，从而提不起农村地区学生的兴趣（对低收入家庭学生也是如此）。相反，职业教育更加接近社会现实和就业需要，对这些学生的吸引力更大。这也许解释了拉美国家农村地区职业学校学生（和来自低收入家庭学生）成绩相对更好的现象。从地区政策的层面看，职业教育可以成为改善农村学生表现的有效选择，也可以成为他们向劳动力市场过渡的缓冲。

第三，拉美地区经济社会条件较差的学生在职业学校中的表现比普通学校更好，但这一差距并未在更高收入水平的学生群体中出现。相反，无论社会经济条件方面的差距如何，OECD国家的普通学校在校生成绩好于职业学校学生。

第四，职业学校学生学习的目的性更强，这也有助于使他们表现得更好。在经过适龄水平的测算调整之后，职业学校学生的成绩表现出现较大下降。尽管如此，相比OECD国家，拉美职业学校学生的表现仍更为突出。解释这一现象的原因可能是职业学校学生对学习结果满意度更高，将其视为就业前的准备阶段。

在学习数学的动力方面，PISA（国际学生评估项目）测试数据显示，职业学校学生的就业和接受更高层次教育机遇意识相比普通学校在校生更强。这一趋势可能是职业教育能够更好地连接教育体系和生产体系，帮助学生更有效地实现向就业市场过渡的结果。

资料来源：Avedaño et al.（即将出版）：《拉美的职业教育：能否说出不同的故事?》，OECD发展中心工作文件，巴黎。

拉美地区和OECD国家的一些好的经验有助于改善职业技术教育的效果。

尽管拉美地区对职业技术教育的关注度不高，但智利、墨西哥等国近年来积累了一些好的做法。近10年来，职业技术教育开始在拉美地区的教育政策中占有一席之地，出现了一些加强教育与就业联系的机制（OEI，2010）。另一方面，在国别层面上也进行了一些强化职业教育的努力，使其在教育体系中占据更为重要的地位。

如智利2005年成立国家竞争力创新理事会，2009年成立职业技术教育委员会，并提出推动建立国家素质评价架构（OECD，2009；OECD，2010b）。另一个例子是墨西哥。该国成立了劳动力观测站，搜集了大量有关职业教育毕业生在就业市场表现状况的详细数据。在此基础上，墨西哥采取了许多促进教育体系内部流动性、推动职业教育机构与雇主开展对话的措施。此外，墨西哥还鼓励职业教育机构的教师在所负责的教学领域具有实际从业经验，并继续在该行业从事兼职，以保持技能更新（OECD，2009）。一般来说，OECD国家在职业教育领域也积累了一些成功的做法（见专栏3.5）。

专栏3.5　一些保证成功的关键：构建符合要求、高质量职业教育体系的要素

能否成功构建高质量、符合要求的职业教育体系取决于多种因素。韩国、智利、德国和英国等国在推动职业教育发展方面积累了成功的实践经验，显著提升了劳动力的技能水平。

在长达几十年的时间中，韩国一直将技能发展体系纳入经济增长战略。国家在发展职业技术教育时，集中力量关注发展计划中的优先部门和职业。这使得技能开发贴近劳动力市场需求，从而使企业通过雇佣高质量的劳动力不断增强自身出口高技术含量产品的能力。与此同时，政府也积极制定鼓励员工培训的政策。政府通过征收培训税、提供培训补贴的方式，扶持某些战略部门的中小企业发展。韩国政府的这一成功计划受到墨西哥之前案例的启发，即劳动力全面培训项目（CIMO）。

智利则在经济重点部门实现了生产部门对职业教育作用的机制化。智利建立了矿业部门素质评价框架，具体规定了对矿业领域各岗位职业的技能要求，从而促使教育活动更加贴近生产部门的技能需求。智利的经验显示出，通过加强与企业沟通能够做到：（1）向教育部门发出信号，使得职业教育贴近行业需求最迫切的领域，满足生产活动的要求；（2）增强有关行业对相关专业学生的就业吸引力；（3）通过规范人力资源管理标准，降低行业交易成本；（4）为政府通过市场安置就业提供解决方案；（5）通过支持技能开发的政策协调劳动力供需。

此外，德国和英国等主要聚焦于双重培训体制的发展，特别重视学徒制。有关制度安排提供了在岗学习的机会，保证职业教育符合需求。两国均通过政府和企业共同融资机制实现了生产部门的高度参与，从而保证职业教育符合需求以及更高的学生就业率。

英国政府承担了在工作单位实习的费用：实习人员在16～18岁的，政府承担100%的费用；在19～23岁的，政府负担直至50%的费用；学徒年龄超过24岁的，政府最多承担40%的费用。雇主则承担剩余成本，并负责为学徒提供工资。德国政府则为技术学校提供资助，包括技能发展领域的研究活动以及培训项目推广等。企业则承担与培训相关的成本，包括学徒

工资、教员费用和材料费等。

此外，韩国和英国负责技能发展的机构还定期对项目的实施效果进行评估，推动机构间协调，并为实现政府达成的发展目标以及寻求和实施最佳实践提供激励。

总之，这些国家的经验在于将人力资本开发战略与经济增长战略相结合，积极推动生产部门参与职业教育体系，并为在岗接受不间断培训提供机会，从而实现劳动生产率不断提高，经济获得长足发展。此外，这些国家还建立了后续审查和评估机制，确保有关措施得到不断改进。

教育回报率下降与技能需求得不到满足的现象形成对比

在发达国家和相当一部分发展中国家，近几十年以来，工资溢价水平呈持续增长趋势。许多研究显示，近30年来，具有一定教育水平的劳动者相对于教育水平不及自己的劳动者（高等教育水平相对于中级教育水平，中级教育水平相对于初级教育水平）的额外收入不断增加（Anderson，2005；Goldberg y Pavcnik，2007）。

然而，自2000年起拉美地区的工资溢价水平出现持续下降趋势。正如近期的一些研究（Aedo and Walker，2011；Lopez-Calva y Lustig，2010）所指出的那样，在所有教育水平上均出现了工资溢价水平下降的现象（见图3.8），影响了拉美年轻人和劳动者从较低技能水平向上学习提高的积极性。

拉美受教育劳动者工资溢价水平降低的状况与技能需求得不到满足的现象形成对比。为了试图更好地协调两者之间的关系，应该对近期文献中提出的一些替代性方案加以研究。

从供给方面看，拉美地区教育体系的入学率增长十分强劲，具有较高教育程度的劳动者供应也随之增加。劳动力供给的增长应该导致与教育有关的收益率出现下降（Lopez-Calva y Lustig，2010；Azevedo et al. 2013；De la Torre，Levy Yeyati y Pienknagura，2013；Cornia，2014）。教育回报下降首先影响中级教育（20世纪90年代），并随后波及高等教育（21世纪头10年），这与更低收入的学生逐步进入教育体系的趋势一致。

供给变化不仅出现在量的方面，也涉及质的改变。一个可能用来解释

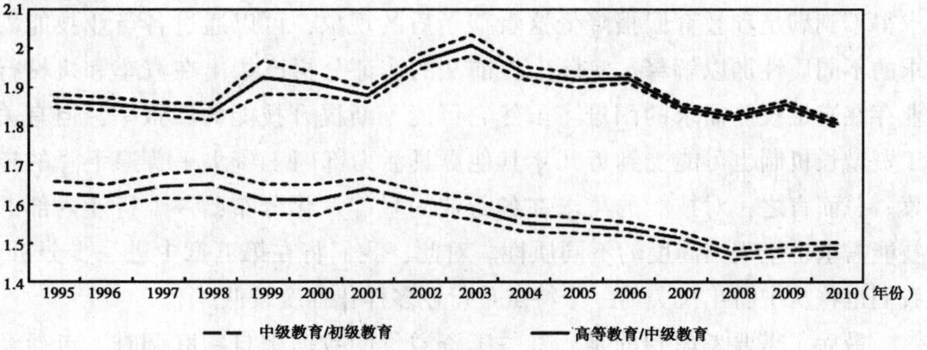

图 3.8　拉美工资溢价水平变化

注：虚线代表置信区间。拉美国家水平指阿根廷、巴西、智利、哥伦比亚、墨西哥、秘鲁和乌拉圭的平均水平。

资料来源：De la Torre，A.，E. Levy Yeyati y S. Pienknagura（2013）：《顺风消退之际的拉美和加勒比：寻找更快的增长》（拉美半年度报告），世界银行（华盛顿），基于拉美和加勒比社会经济数据库（CEDLAS 和世界银行，2014）。

统计链接：http：//dx. doi. org/10. 1787/888933162697.

教育质量下降的原因是劳动力供给结构的变化。社会经济条件不佳、拥有较少社会和文化资本的学生逐步进入教育体系，可能降低了每一教育阶段的平均表现。另一些研究人员则认为，教育质量下降是教学和课程设计陈旧落伍、教育体系提供的技能养成与劳动力市场需求脱节所导致的。

从需求方面看，近 10 年来教育回报率的下降可能源于对技能需求的减少。财富全球转移进程导致对技能在数量和复杂程度方面的减少。这样，拉美地区的技能需求可能受到技术密集型劳动被非技术密集型劳动替代进程的影响。而这一过程则可能是新兴经济体需求增长导致拉美地区原材料出口部门扩张的结果（Gasparini et al.，2011），同时也可能是拉美经济第三产业化所导致的（De la Torre，Levy Yeyati y Pienknagura，2013）。

从劳动力经济学角度看，工资溢价水平的降低和工资差异的缩小也可能受劳动力市场运行和劳动力体制改革的影响。正规部门就业的扩张和劳动制度的强化（特别是最低工资水平的提升和集体协商制度有效性的加强），可能是工资差异缩小背后的原因（Casanova y Alejo，2014；Maurizio，2014）。

进一步看，需要分行业对工资溢价水平变化进行评估。这样，技能需求得不到满足和教育回报降低这看似矛盾的现象，可以通过各行业技能需求的不同质性加以解释。实际上，前文的实证分析已指出在汽车和机械行业存在满足技能需求的困难。虽然它可能不断提升技能的回报率，但有关工资增长机制也可能受到近几年其他更具活力部门工资水平普遍下降的拖累。总而言之，对技能的需求在各行业间呈碎片化分布，一个行业内部的技能需求也呈现出高度的不同质性。对此，我们将在第五章中进一步分析。我们也将从中看出拉美的一个特点是行业多样化程度较低。

最后，需要考虑到的是，有关工资溢价的数据来自家庭调查，包括经济体的非正规部门。而世界银行和万宝盛华（Manpower）进行的调查仅包含正规部门私人企业的信息，且大部分为较大规模的制造业企业，这就将拉美等新兴地区的大部分企业组织形式排除在外。实际上，针对哥伦比亚进行的一些研究表明，具有同等教育程度的非正规部门劳动者的薪资水平远远低于正规部门员工（Herrera-Idarraga, P., E. Lopez-Bazo y E. Motellon, 2013）。

结论和政策建议

技能水平是一个经济体能否摆脱中等收入陷阱的决定性因素。通过各类经济文献综述，可以看出技能是结构转型过程中的基础投入，在摆脱陷阱方面发挥着显著的作用。这在面临财富全球转移进程带来的新趋势时尤为重要。这些新趋势包括新兴经济体融入全球经济进程、国际贸易自由化的发展以及新的生产组织形式的出现。这也使中等收入经济体确定和积累向知识和技术型增长模式转型所需的技能变得更加复杂。

拉美是在满足技能需求方面面临更大困难的新兴地区。仅就经济体的正规部门而言，在拉美地区，36%的企业宣称遇到了此类障碍。而这一比例在撒哈拉以南非洲和东亚－太平洋地区为22%，在南亚为17%，在OECD国家为15%，在东欧和中亚仅为14%。具体而言，满足技术技能和软技能的需求难度更大。

实证分析也证明拉美存在技能需求得不到满足的情况，这主要集中在一些关键部门，如汽车和机械制造业。这一挑战对技术密集型企业以及一些更有助于深化结构转型进程的贸易品部门影响更大，如上述汽车和机械制造业。这样，实证分析也使得认为全球财富转移过程强化了拉美地区在原料产品上的专业分工、从而降低拉美对技能需求的观点站不住脚。

在根据教育水平和职业分类确定的技能供需方面，拉美与OECD国家相比在两方面均处于较低水平。因此，职业技术教育和培训能够在灵活、快速培养符合就业市场需求的技能方面发挥关键作用。然而，这并未在拉美地区有关政策中得到应有的重视。这既是高估普通学校教育的结果，也是职业教育回报较低且与就业现实脱节的感受所导致的。另一方面，拉美地区的职业技术教育机构根据劳动力市场需求，提供相应类型和质量的技能的能力有限。在许多拉美国家，职业教育由几十年前设立的公立机构承担，并不总能具备根据技能需求不断实现自我发展的能力（CAF，2014）。上述情况也解释了，为什么如同本研究采用数据库显示的那样，拉美企业更多倾向于直接承担员工培训的任务。

拉美地区教育回报率下降的现象也与OECD国家的情况形成反差。回报率下降可能是教育体系过快扩张从而导致质量下降的结果，也可能是经济体中某些部门技能供应过剩造成的。此外，所提供的技能可能并不合适，导致企业表现欠佳，从而降低了技能的收益水平。

根据上述结论，似可得出以下一些政策建议。第一，拉美地区似乎尚未具备在不断变化、要求日益复杂的全球经济环境中展开竞争所需的技能水平和技能类型。这要求各国加大在一般技能领域的投入，以适应不断变化的劳动力市场。拉美的教育体系应该把技能养成纳入培养计划，不仅要加强从学校走向职场的劳动力的可雇佣性，而且重视在职人员技能的不断更新，推动在整个职业生涯周期中的不断学习。

在整个过程中，教育部门应该建立评价体系，确保对通过正规和非正规渠道获得技能的认可和适用。需要特别重视与具体就业任务直接相关的培训，如职业技术教育和培训。

第二，本章强调了技能供应需要与生产结构相适应。拉美生产企业的技能需求得不到满足，与该地区近几十年来在发展教育方面的大规模投入形成了反差。将相关投入转化为具备更高质量和可雇佣性的劳动力，要求各国进一步加强技能投入的针对性。

准确界定哪些是所需发展的技能是推动政策转变不可或缺的前提条件。而相关界定工作在全球经济舞台新竞争者不断涌现、产业链日益分割的背景下显得尤为复杂。为此，政府和教育部门要加强与私人部门的配合，共同确定目前和今后需要培养的技能，鼓励在岗培训，并探讨共同提供融资的可能性。

第三，需要对既有培训项目的有效性开展进一步评估。大部分调查仅针对经济体中的正规部门。而正规部门在拉美只占到企业和劳动力的一半左右。因此，需要针对企业面向非正规部门劳动者的技术培训项目，加强统计数据编制。更为重要的是对这些培训项目的影响进行更多的严谨评估。时至今日，相关评估研究不仅数量不足，而且在很多情况下仅限于描述性分析，从而影响研究结果针对不同场景的可比性和适用性（Aedo y Walker, 2012）。与此同时，相关评估应采用更为广泛的标准，如可雇佣性、工资、生产率，甚至平等性等。

【注　释】

[1] 世界财富转移过程指的是新兴地区在全球经济中不断获得更大代表性的过程。这一进程源于 20 世纪 90 年代大型新兴经济体（中国、印度和俄罗斯）的经济开放，并在 21 世纪初得到加速发展。这些经济体的规模巨大，保持快速的持续增长，对自然资源产品的需求旺盛。这也为一大批新兴发展中经济体的增长提供了支撑。因此，世界经济重要性的中心开始向新兴地区，特别是亚洲转移（OECD, 2010a; OECD, 2013a; Quah, 2011）。

[2] 根据 OECD 的"技能战略"（OECD, 2013c），技能"被定义为一组能够通过学习获得并保障个人成功，持续地完成一项工作和任务的知识、特征和能力。技能可以通过学习构建和传播。一个经济体在某一特定时刻拥有的技能总和就构成该国的人力资本"。

[3] 简单来说，这一陷阱表现为当人均收入达到中等水平时，出现增长率长期下降的情况。

[4] 关于中等收入陷阱的文献综述参见 Im y Rosenblatt（2013）。

[5] 该分类标准通过不同的人均国民收入水平划分收入类别。人均国民收入水平根据三年汇率平均法（Atlas 方法）计算。2015 年，人均收入低于 1 045 美元为低收入国

家，1 045～12 746美元为中等收入国家，12 746美元以上为高收入国家。与此同时，中低收入国家以4 125美元为线，分为中低收入国家和中高收入国家两组。http：//data. worldbank. org/about/country-and-lending-groups.

[6] Felipe et al.（2012）使用了一组1990年美元不变价格计算的人均GDP，从而构建了保持固定水平的收入组划分。中等收入国家为按1990年美元计价，收入在2 000～11 750美元的国家，而7 250美元则成为划分中低收入和中高收入国家的标准。

[7] 有关“劳动力市场两极化”的文献指出，出现中等技能劳动者被替代的现象（Acemoglu，1999；Autor，Katz y Kearney，2006）。该理论描述了中等技能劳动的就业份额被高低两端技能劳动替代的趋势。中等技能劳动被替代是因为它所从事的日常工作更易为技术改进所替代（Jaimovich y Siu，2012）。

[8] 该数据库系世界银行建立，包含与营商环境有关的各方面内容（信贷可获性、腐败、基础设施、犯罪、竞争和企业表现等）。该数据库包含自2002年开始针对135个国家13万户企业调查的结果。http：//www. enterprisesurvey. org/.

[9] 本段内容基于Melguizo y Perea（即将出版）。

[10] 为增强因变量的区分度，排除了与轻微障碍有关的观察结果（因变量水平为2）。

[11] 该方法的主要优点在于能够反映标准次序性Logit的部分假设前提，因此能够充分利用初始因变量包含的全部信息。

[12] 在计算过程中，将缺乏受过适当培训的劳动力等同于技能稀缺。

[13] 拉美企业包括阿根廷、巴西、智利、哥伦比亚、哥斯达黎加、厄瓜多尔、萨尔瓦多、危地马拉、洪都拉斯、牙买加、墨西哥、尼加拉瓜、巴拿马、巴拉圭、秘鲁、多米尼加、特立尼达和多巴哥、乌拉圭和委内瑞拉等国企业。

[14] 数据库包括中东地区企业，但由于该地区企业的观察数量（878）和国别覆盖显著低于其他地区，因此在样本中予以排除。

[15] 企业调查（Enterprise Surveys）样本并不包括某些对于拉美地区具有关键意义的原材料生产部门，如油气部门，因此无法就该问题进行更为深入的分析。

参考文献

1 Acemoglu, D.（1999）, “Changes in unemployment and wage inequality: An alternative theory and some evidence”, *American Economic Review*, Vol. 89/5, pp. 1259～1278.

2 Acemoglu, D. and F. Zilibotti（2001）, “Productivity differences”, *The Quar-*

terly Journal of Economics, Vol. 116/2, pp. 563 ~ 606.

3 Aedo, C. and I. Walker (2012), *Skills for the 21st Century in Latin America and the Caribbean*, World Bank, Washington, DC.

4 Agénor, P. -R., O. Canuto and M. Jelenic (2012), "Avoiding middle-income growth traps", *Economic Premise*, Vol. 98, World Bank, Washington, DC.

5 Altinok, N. (2011), "General versus vocational education: Some new evidence from PISA 2009", Background paper prepared for the *Education for All Global Monitoring Report* 2012: *Youth and Skills*: *Putting Education to Work*, United Nations Educational, Scientific And Cultural Organization, 2012/ED/EFA/MRT/PI/18.

6 Anderson, E. (2005): "Openness and inequality in developing countries: A review of theory andrecent evidence", *World Development*, Vol. 33/7, pp. 1045 ~ 1063.

7 Avendaño, R. et al. (forthcoming), "Vocational education in Latin America: Is the story different?", *Working Papers*, OECD Development Centre, Paris.

8 Autor, D. H., L. F. Katz and M. S. Kearney (2006), "The polarization of the U. S. labor market", *American Economic Review*: *Papers & Proceedings*, Vol. 96/2, pp. 189 ~ 194.

9 Autor, D. H., L. F. Katz y A. B. Krueger (1998), "Computing inequality: Have computers changed the labor market?", *Quarterly Journal of Economics*, Vol. 113/4, pp. 1169 ~ 1214.

10 Azevedo J. P. et al. (2013), "Fifteen years of inequality in Latin America: How have labor markets helped?" *Policy Research Working Paper*, No. 6384, World Bank, Washington, DC.

11 BBVA (2013), "Emerging middle class in 'fast-track' mode", *Economic Watch*, January, Banco Bilbao Vizcaya Argentaria, Madrid.

12 Bosch, M., A. Melguizo and C. Pagés (2013), *Better Pensions*, *Better Jobs*: *Towards Universal Coverage in Latin America and the Caribbean*, Inter-American Development Bank, Washington, DC.

13 Busso, M., L. Madrigal and C. Pagés (2013), "Productivity and resource

misallocation in Latin America", *B. E. Journal of Macroeconomics*, Vol. 13/1, pp. 903 ~932.

14 CAF (2014): "Educación técnica y formación profesional en América Latina: El reto de la productividad", *Serie Políticas Públicas y Transformación Productiva*, No. 13, Corporación Andina de Fomento.

15 Casanova, L. and L. Alejo (2014), "El rol de la negociación colectiva y el salario mínimo en la distribución de los ingresos laborales: Evidencia empírica para Argentina en los 2000s", Mimeo.

16 Cimoli, M. and N. Correa (2002), "Trade openness and technological gaps in Latin America: A 'low growth trap'", *LEM Working Paper Series*, 2002/14.

17 Conference Board (2014), *Board Total Economy Database*, www.conference-board.org/data/economydatabase/, (accessed in January 2014).

18 Cornia, G. A. (2014), "Income inequality in Latin America: Recent decline and prospects for its further reduction", *Macroeconomics of Development Series*, No. 149, ECLAC and German Co-operation.

19 De la Torre, A., E. Levy Yeyati and S. Pienknagura (2013), "Latin America and the Caribbean as Tailwinds Recede: In Search of Higher Growth", *LAC Semiannual report*, World Bank, Washington, DC, http://siteresources.worldbank.org/LACINSPANISHEXT/Resources/SM Report LatinAmerica as Tailwinds Recede complete text April17 2013concover.pdf.

20 Eichengreen, B., D. Park and K. Shin (2013), "Growth slowdowns redux: New evidence on the middleincome trap", *National Bureau of Economic Research Working Paper*, No. 18673, Washington, DC.

21 Eichhorst W. et al. (2012), "A roadmap to vocational education and training systems around the world", *IZA Discussion Paper Series*, No. 7110, Institute for the Study of Labor.

22 Felipe, J., A. Abdon and U. Kumar (2012), "Tracking the middle-income trap: What is it, who is in it, and why?", *Levy Economics Institute Working Paper Collection*, No. 715, Levy Economics Institute, Annandale-on-Hudson, NY.

23 Flores, R., C. González-Velosa and R. Shady (forthcoming), "On-the-job training in Latin America and the Caribbean: Recent evidence", *Determinants of Firm Performance in Latin America and the Caribbean: What Does the Micro Evidence Tell Us?*, Inter-American Development Bank, Washington, DC.

24 Foxley, A. and F. Sossdorf (2011), "Making the transition: From middle-income to advanced economies", *International Economics*, The Carnegie Papers, Washington, DC, http://carnegieendowment.org/files/making the transition.pdf.

25 Gasparini L. et al. (2011), "Educational upgrading and returns to skills in Latin America: Evidence from a supply-demand framework, 1990 ~ 2010", *Policy Research Working Paper*, No. 5921, World Bank, Washington, DC.

26 Goldberg P. K. and N. Pavcnik (2007): "Distributional Effects of Globalization in Developing Countries", *NBER Working Paper*, No. 12855, National Bureau of Economic Research, Cambridge, MA.

27 Hausmann, R., J. Hwang and D. Rodrik (2007), "What you export matters", *Journal of Economic Growth*, Vol. 12/1, pp. 1 ~ 25.

28 Hausmann, R. et al. (2011), *The Atlas of Economic Complexity: Mapping Paths to Prosperity*, Puritan Press, Hollis, NH.

29 Herrera-Idárraga, P., E. López-Bazo and E. Motellón (2013): "Double penalty in returns to education: Informality and educational mismatch in the Colombian labour market", *Working Paper*, No. 2013/07, *Research Institute of Applied Economics*, University of Barcelona.

30 Hidalgo, C. A. et al. (2007), "The product space conditions the development of nations", *Science*, Vol. 317/5837, pp. 482 ~ 487.

31 IDB (2012), *Disconnected: Skills, Education and Employment in Latin America*, Inter-American Development Bank, Washington, DC.

32 ILO (2014), *Key Indicators of the Labour Market*, eighth edition, International Labour Organization, Geneva.

33 Im, F. and D. Rosenblatt (2013): "Middle-income traps: A conceptual and empirical survey", *Policy Research Working Paper*, No. 6594, World Bank, Washington, DC.

34 Jaimovich, N. and H. Siu (2012), "The trend is the cycle: Job polarization and jobless recoveries", *NBER Working Paper*, No. 18334, National Bureau of Economic Research, Cambridge, MA.

35 Kharas, H. and H. Kohli (2011), "What is the middle income trap, why do countries fall into it, and how can it be avoided?", *Global Journal of Emerging Market Economies*, Vol. 3/3, pp. 281 ~ 289.

36 Kuznets, S. (1955), "Economic growth and income inequality", *The American Economic Review*, Vol. 5/1, pp. 1 ~ 28.

37 Lall, S. (2000), "Skills, competitiveness and policy in developing countries", *QEH Working Paper Series*, No. 46, Queen Elizabeth House, Oxford.

38 López-Calva, L. F. and N. Lustig (eds.) (2010), *Declining Inequality in Latin America: A Decade of Progress?*, United Nations Development Programme and Brookings Institution Press, Washington, DC.

39 Loser, C. (2013), *Can Latin American Democracies Avoid the Middle-Income Trap?*, Center for Hemispheric Policy, University of Miami, https://umshare.miami.edu/web/wda/hemisphericpolicy/Task Force Papers/Loser%20 – %20FINAL.pdf .

40 Manpower (2014): "The talent shortage continues: How the ever changing role of HR can bridge the gap", Executive Summary, *White Paper*, 2014 *Talent Shortage Survey*, Manpower Group.

41 Maurizio, R. (2014), "El impacto distributivo del salario mínimo en Argentina, Brasil, Chile y Uruguay", *Serie Políticas Sociales*, ECLAC, Santiago, Chile.

42 McKinsey Global Institute (2012), "The world at work: Jobs, pay and skills for 3.5 billion people", June, http://www.mckinsey.com/insights/employment and growth/the world at work.

43 McMillan, M. and D. Rodrik (2011), "Globalization, structural change and

productivity growth", *NBER Working Paper*, No. 17143, National Bureau of Economic Research, Washington, DC.

44 Melguizo, A. and J. R. Perea (forthcoming), "Skill gaps in emerging economies: An empirical analysis", *Working Papers*, OECD Development Centre, Paris.

45 OECD (2014), *Perspectives on Global Development: Boosting Productivity to Meet the Middle-Income Challenge*, OECD Publishing, Paris, http://dx.doi.org/10.1787/persp glob dev-2014-en.

46 OECD (2013a), *Latin American Economic Outlook* 2014: *Logistics and Competitiveness for Development*, OECD Publishing, Paris, http://dx.doi.org/10.1787/leo-2014-en.

47 OECD (2013b), *Better Skills, Better Jobs, Better Lives, A Strategic Approach to Skills Policies*, OECD Publishing, Paris, http://dx.doi.org/10.1787/9789264177338-en.

48 OECD (2013c), *Interconnected Economies: Benefiting from Global Value Chains*, OECD Publishing, Paris, http://dx.doi.org/10.1787/9789264189560-en.

49 OECD (2013d), *Perspectives on Global Development* 2013: *Industrial Policies in a Changing World*, OECD Publishing, Paris, http://dx.doi.org/10.1787/persp glob dev-2013-en.

50 OECD (2010a), *Perspectives on Global Development: Shifting Wealth*, OECD Publishing, Paris, http://dx.doi.org/10.1787/9789264084728-en.

51 OECD (2010b), *The High Cost of Low Educational Performance: The Long-Run Economic Impact of Improving PISA Outcomes*, PISA, OECD Publishing, Paris, http://dx.doi.org/10.1787/9789264077485-en.

52 OECD (2009), *Policy Reviews of Vocational Education and Training*, available for Chile and Mexico, OECD Publishing, Paris.

53 OEI (2010), *Metas educativas* 2021: *la educación que queremos para la generación de los bicentenarios*, Organización de Estados Iberoamericanos, Madrid.

54 Oxford Economics (2012), *Global Talent* 2021: *How the New Geography of Talent will Transform Human Resource Strategies*, https: //www. oxfordeconomics. com/Media/Default/Thought Leadership/global-talent-2021. pdf.

55 Quah, D. (2011), "The global economy's shifting centre of gravity", *Global Policy*, Vol. 2/1.

56 Schwalje, W. (2011), "The prevalence and impact of skills gaps on Latin America and the Caribbean", *Journal of Globalization*, *Competitiveness and Governability*, Vol. 5/1, pp. 16 ~ 30.

57 SEDLAC and World Bank (2014), "Socio-Economic Database for Latin America and the Caribbean", SEDLAC and World Bank, http: //sedlac. econo. unlp. edu. ar/eng/.

58 Spence, M. (2011), *The Next Convergence*: *The Future of Economic Growth in a Multispeed World*, Farrar, Straus and Giroux, New York, NY.

59 UNESCO (2013a), *Status Report on the Education Management Information Systems* (*EMIS*) *of Technical and Vocational Education and Training* (*TVET*) *in* 12 *countries in Latin America and the Caribbean*, OREALC/United Nations Educational, Scientific and Cultural Organization, Santiago, Chile.

60 UNESCO (2013b), *Technical and Vocational Education and Training*, Conceptual and Position Paper, UNESCO Regional Office for Education in Latin America and the Caribbean, www. orealc. cl/educaciondesarrollosostenible/wp-content/blogs. dir/21/files_ mf/tvetconceptnoteeng. pdf.

61 United Nations Statistical Division (2013), UN Comtrade Database, http: //comtrade. un. org/ (accessed in January 2014).

62 World Bank (2014), *World Development Indicators*, World Bank, Washington, DC.

63 World Bank (2013), *World Development Indicators*, World Bank, Washington, DC.

64 World Bank (2012), *Enterprise Surveys*, World Bank, Washington, DC., www. enterprisesurveys. org.

65 World Bank (2010), "Escaping the middle-income trap", in *World Bank East Asia and Pacific Economic Update*: *Robust Recovery*, *Rising Risks*, Vol. 2, World Bank, Washington, DC, pp. 27 ~ 43.

第四章　教育和技能对于拉美地区实现包容性增长的重要性

本章对拉美地区教育体系现状及其推动包容性增长的能力进行阐述。首先介绍了拉美地区在各阶段教育投入和覆盖率方面取得的成就，并指出存在的一些挑战。进而重点分析中级教育的发展状况，以及解释这一状况的学校和社会因素。与此同时，也对教育体系在经济收入、区域位置和性别方面呈现的不平等现象进行了研究。随后，对拉美地区近期教育政策演变进行了讨论，并介绍一些 OECD 国家的成功经验。最后在前文分析的基础上提出了一些政策建议。

教育是实现经济增长和社会包容的引擎之一，有助于培养劳动力所需的技能，促进机会平等。本章将围绕拉美地区在教育和技能方面的现状展开分析，并就已经或将要实施的一些旨在进一步推动包容性增长的政策进行阐述。在分析过程中，我们将特别关注与整个教育周期中投资、覆盖面、学生表现和公平性有关的内容。

虽然拉美地区在教育投入方面业已取得一些成就，但在其不同的领域中仍面临着严峻的挑战。教育投入总体增加，但在其中一些领域仍明显不足，如对职业生涯具有较大影响的早期教育。个人和区域层次的不同规模的不平等状况要求公平性目标应在议程中占据中心位置。

针对教育政策的传统领域实施具体干预措施至关重要，如证书认证、教学政策和工作条件，以及学校组织形式和自治权等（参见本报告结尾部分的国别介绍）。

本章结构如下：第一部分阐述教育和技能对于推动经济发展的重要性；第二部分对拉美和其他新兴经济体以及 OECD 国家的主要指标进行比较，如教育覆盖率、认知和非认知技能表现等；第三部分分析拉美教育相对于其他国家在社会经济环境、性别和区域方面的高度不平等状况；第四部分则聚焦教育政策，介绍拉美国家最近在教育政策改革方面采取的一些措施，以及 OECD 国家的相关经验；第五部分就改善教育公平和质量提出一些政策建议。

教育和技能显著影响着经济和社会的福利状况

教育和技能在国家发展中具有重要作用，能够增进福利水平，推动社会包容，促进经济增长。为了充分发挥这些作用，国家需要推动进行适当的改革。在能力养成的过程中，应注重加强教育和就业市场的联系（参见第三章），同时推动公民更好地融入代议制民主社会体制。这样，教育应注重对个人的全面培养，有助于其未来融入经济社会生活，关注认知能力和软技能的发展。软技能又叫非认知技能，包括与人格形成有关的各个方面（能动性、坚韧、社会性、外向性和好奇心）以及目标、动机和偏好等内容。这些特点也是就业市场和学校以外的各个场合所看重的素质（Heckman y Kautz，2012）。[1]

教育是 OECD 福利框架的基本维度之一。

教育、知识和技能对于福利状况的重要性体现在几个层面。除了其内在价值以外，教育在改善个人的物质条件、身体状况和心理状况、公民意识和社会参与能力方面，发挥着积极作用（OECD，2011）。良好的教育有助于帮助个人增加就业的成功概率，教育程度越高，陷入失业和非正规部门的脆弱性就越低。教育是 OECD 福利框架的 11 个维度之一。该福利框架既包括人力资本的存量，也关注其质量。[2] 相比 OECD 国家，拉美国家不同的社会经济、地区和性别群体在教育表现和结果方面差异巨大，从而影响到福利水平（OECD/CEPAL，2014）。

教育对于经济发展的影响主要源于技能的质量和表现。包括平均受教育年数或入学率在内的投入变量可能国别差异较大，且仅仅反映出教育的数量，而并不一定考虑到教育对于经济增长的直接效果（Pritchett，2006）。

近期研究更多聚焦于教育的质量维度，关注推动经济增长的技能发展。例如，PISA 测试成绩提高 25 分（略低于波兰最近取得的成绩，波兰也是 2000 年以来的近 10 年中成绩提升最为显著的国家）就意味着出生于 2010 年的一代人在其生命周期中，能够为 OECD 经济体带来高达 115 万亿美元的累计增量，这相当于 OECD 成员国 GDP 的近 2.4 倍（OECD，2010a）。

教育的改善能够为拉美地区带来可观的经济收益。

劳动力技能水平高的国家更能够推动技术密集型产业的发展（Ciccone y Papaioannou，2009），也能够更加迅速地采用新技术和生产过程。认知技能标准差的增加（根据 PISA 测试衡量）能够推动人均 GDP 额外增长约 2 个百分点（Hanushek y Woessmann，2012a）。

教育质量改善能为拉美带来重要的经济效应。虽然拉美的教育覆盖率水平接近其他新兴经济体，但拉美在技能方面的欠佳表现在很大程度上解释了为什么该地区相比其他经济体，特别是亚洲经济体增长缓慢。拉美与 OECD 国家人均 GDP 差的 28% 可以通过学习年限加以解释。在引入技能表现加以分析后，人力资本差异能够对上述差异的 60% 进行解释（Hanushek y Woessmann，2012b）。教育质量的改善与劳动生产率的提高密切相关，这一论断在考虑到人均收入水平之后仍然成立（见图 4.1）。在通过包括体制质量、宏观经济环境、金融市场发展、市场效率、技术创新、物流和基础设施等对于发展具有重要作用的核心要素进行调整后，高等教育和培训质量每提升一个点（指标为 1 ~ 7），一个国家的劳动生产率就能提高近 32%。虽然这需要在教育方面作出大量努力，就好比要求哥伦比亚或巴西达到 OECD 的平均水平，或是智利赶上美国水平，但能够带来巨大的直接经济效益。

教育和公平是可以兼得的两个目标。

更加公平的教育参与有助于推动拉美地区的包容性增长。教育权意味着学生能够在平等和包容的基础上获得高质量的义务教育（UNESCO，

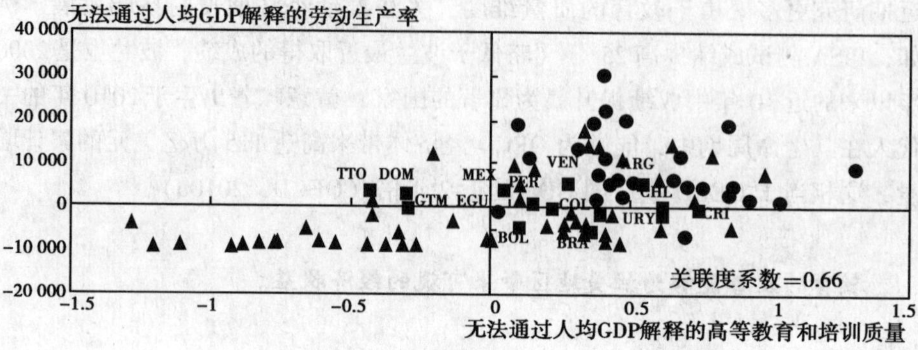

图 4.1 教育质量和劳动生产率：部分关联度

（2012 年数值）

图例：ARG，阿根廷；BOL，玻利维亚；BRA，巴西；CHL，智利；COL，哥伦比亚；CRI，哥斯达黎加；DOM：多米尼加；ECU，厄瓜多尔；GTM，危地马拉；JAM，牙买加；MEX，墨西哥；PER，秘鲁；TTO，特立尼达和多巴哥；URY，乌拉圭；VEN：委内瑞拉。

注：部分关联度使用人均 GDP 作为控制变量。劳动生产率指按 2012 年美元计算的每名雇佣劳动力的 GDP，经购买力平价调整。教育和培训质量是世界经济论坛全球竞争力指数的第五根支柱。该指数范围为 1 ~ 7，7 代表教育质量水平最高。智利和墨西哥包括在拉美和加勒比国家之内，而非 OECD 国家。

资料来源：根据 OECD/PISA 2012 数据库编制。

统计链接：http：//dx. doi. org/10. 1787/888933162705.

2005）。除哥伦比亚和墨西哥以外，参加 2012 年 PISA 测试的拉美国家的教育平等机会均不及 OECD 国家的平均水平。与此同时，这些国家学生的表现（数学成绩）也低于 OECD 国家平均水平（见图 4. 2）。[3] 根据 2012 ~ 2013 年度针对家庭进行的调查（盖洛普集团，2014），OECD 国家 80% 的受访者认为子女可以获得学习和不断成长的机会，而这一比例在拉美国家仅接近 60%。阿根廷、巴西、哥伦比亚、巴拉圭或秘鲁等国的这一比例甚至不到 50%。

教育质量和公平是可以兼得的两个目标。中国香港特别行政区和澳门特别行政区，以及像韩国或芬兰这样的 OECD 成员经济体就做到了这一点。在拉美国家中，墨西哥在近几年中显著提高了教育质量，并降低了不平等程度。一般而言，中学阶段表现突出的国家和地区能够更加公平地在社会经济条件较好和欠佳的学校之间分配教育资源（OECD，2013a）。社会经济背景和社会环境是决定拉美教育表现的基本因素。拉美中学生成绩变化近30%的部分可以通过学生和学校的经济社会状况加以解释。为推动拉美经济更快地实现包容性增长，教育质量和教育包容应该相伴而行。

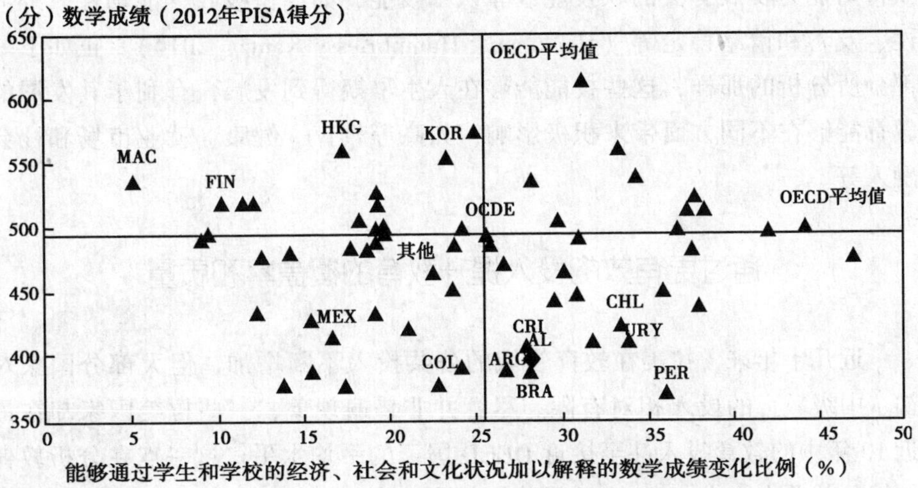

图 4.2　中学阶段表现和教育公平

（2012 年 PISA 测试）

图例：AL，拉美；ARG，阿根廷；BRA，巴西；CHL，智利；COL，哥伦比亚；CRI，哥斯达黎加；FIN，芬兰；HKG，中国香港特别行政区；KOR，韩国；MAC，中国澳门特别行政区；MEX，墨西哥；PER，秘鲁；URY，乌拉圭。

注：拉美国家包括阿根廷、巴西、智利、哥伦比亚、哥斯达黎加、墨西哥、秘鲁和乌拉圭。其他国家和地区包括阿尔巴尼亚、保加利亚、克罗地亚、迪拜、中国香港、印尼、约旦、哈萨克斯坦、拉脱维亚、列支敦士登、立陶宛、中国澳门、马来西亚、黑山、卡塔尔、罗马尼亚、俄罗斯、塞尔维亚、中国上海、新加坡、中国台北、泰国、突尼斯和阿联酋。能够通过学生和学校经济、社会和文化状况加以解释的数学成绩变化通过解释变量为学生和学校经济、社会和文化状况的学生数值回归计算获得。

资料来源：根据 OECD/PISA 2012 数据库编制。

统计链接：http：//dx. doi. org/10. 1787/888933162712.

为推动经济发展和社会包容，需要对认知技能以外的其他层面内容加以分析。人的发展特别是经济和社会融入也取决于并非始终与获得知识相关的因素。例如，针对美国高中学历项目（GED项目旨在测试一般知识的掌握水平，是针对未获得高中文凭的学生的高中同等学力考试）的研究显示，GED证书获得者的就业市场融入度不及高中毕业生。高中毕业生在工资、就业类型、就业市场参与和社会生活融入等方面的表现，均强于GED证书获得者。这一结果在很大程度上是因为，GED证书获得者并未获得与能力发展有关的软技能或非认知技能，如经验吸收、能动性、外向性、友善和情绪稳定等（Heckman，Humphries y Kautz，2014）。正如下一部分所分析的那样，这些技能能够在人生早期得到发展，有利于其发展的教育能够在不同方面带来积极影响，如高等教育、健康、就业市场和社会融入等。

通过更有效的投入提升教育的覆盖率和质量

近几十年来，拉美在教育领域的公共投入不断增加，但大部分国家对初、中级教育的投入相对有限。尽管并非普遍现象，一些拉美国家却在最近10年中的教育投入甚至接近OECD国家的平均水平。这一点在分析教育领域公共总支出占GDP的比重时尤为明显。一些国家的这一比例在2012年超过了5%，而OECD国家的平均水平为5.6%（见国别介绍）。例如，在中学教育阶段，拉美国家单位学生的公共支出占人均GDP的18%，而OECD国家平均为26%。拉美国家的单位学生投入（根据人均收入测算）也低于OECD国家中1990年时人均GDP最低的一组国家的水平，这些国家的发展轨迹与拉美更为相似（见图4.3）。

然而，当我们仅仅研究教育的公共投入时，往往会忽略拉美教育资金的相当一部分来自私人部门。自20世纪90年代以来，私人部门对教育领域的参与度增长迅速，在最近10年中达到了较高水平。在OECD国家私人部门支出占教育总支出的近16%，而在一些拉美国家，如智利（40%）或哥伦比亚（35%），这一比例翻了一番（OECD，2014a）。2012年，拉美的私人学校入学率高于OECD国家：学前教育方面，拉美私立学校入学率为44%，OECD国家为31%；初级教育阶段，拉美和OECD的上述比例分别为25%和10%。[4]在高等教育阶段，拉美私人部门的作用更为突出。在这一阶段，拉美私立学校的注册在校生占注册总数的50%，而OECD国家的这一比例仅为29%。在一些拉美国家，该比例甚至更高，如伯利兹（96%）、巴西（71%）、智利（84%）和萨尔瓦多（68%）。[5]

在初级教育（玻利维亚和巴西除外）和中级教育（阿根廷除外）阶段，拉美国家的公共投入水平较低。拉美国家相比OECD国家的支出差距在高等教育阶段有所缩小，但阿根廷、智利、萨尔瓦多、危地马拉和秘鲁等国在这方面依然面临着较大挑战。

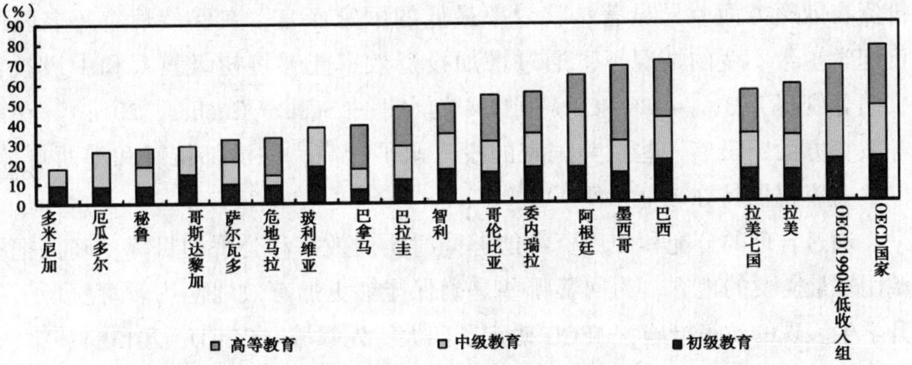

图4.3　单位学生教育公共支出占人均GDP比例（2012年前后）

注：拉美国家包括按2011年现价美元计算GDP规模最大且能够提供相关数据的15个国家。拉美七国为拉美和加勒比地区GDP规模最大的七个经济体。多米尼加、厄瓜多尔、哥斯达黎加和玻利维亚无高等教育数据。1990年OECD人均GDP最少的国家包括智利、捷克、爱沙尼亚、匈牙利、韩国、墨西哥、波兰、斯洛维克、斯洛文尼亚和土耳其。

资料来源：UNESCO统计研究所（UIS）数据库。

统计链接：http：//dx. doi. org/10. 1787/888933162726.

较低水平的教育投入部分解释了学生的不佳表现，暴露了教育质量的软肋。这样，对部分拉美国家而言，需要通过增加教育的公共投入水平来扩大覆盖面，提升教育质量。为此，这些国家需要更多的财政收入，以保证公共债务的可持续性（见第二章）。在学前教育阶段，除了少数例外情况，如智利（占GDP的0.6%）、古巴（占GDP的0.9%）和委内瑞拉（占GDP的0.8%），拉美国家在这一阶段的投入占GDP的比例仍显不足，不及OECD国家平均水平的40%。[6]鉴于学前教育的投资回报率通常高于更高教育阶段，该阶段应该成为各国配置教育资源的优先领域（本章在接下来的部分将进一步对此进行分析）。

需要更加关注教育投入的质量，切实提升其效率。

教育投资的实施效率与投资水平同样重要。相关支出的执行效率十分关键，这一点在财政空间有限的时期尤为突出。拉美国家初级、中级教育投资在效率方面差异显著。就效率最低的国家而言，在保持现有每名教师负担学生数不变的情况下，通过增加投资效率能够将初级教育和中级教育成绩分别提升 3% ~4% 和 9% ~11% 的水平（Salazar Cuéllar，2014）。在高等教育方面，虽然一些拉美国家的投入水平较高，如洪都拉斯和墨西哥等，但覆盖率仍保持在较低水平。

通过合理的分配和使用资源能够同时实现效率和公平的目标，确保把资源用在最需要的地方。为回答哪些是确保能够更加有效地使用教育资源、提升学生表现的政策措施，OECD 确定了四大优先领域（OECD，2013b）：第一，对投入学校的资源进行管理，包括水平、来源和使用计划；第二，根据教育阶段和部门、学生种类、物资设备类型合理分配资源；第三，根据学生需求、教育时间和教学环境使用资源；第四，加强资源管理，增强透明度，及时提交报告，鼓励资源使用的效率和监督。上述四方面内容有助于在不增加投入的情况下提高教育投资的效率。下面，我们将从覆盖面、特别是早期教育覆盖面，以及中级教育的成就与挑战等几个方面对最新情况进行阐述。

教育覆盖面持续扩大，特别是在学龄前教育方面

近几十年来，在扩大教育覆盖面方面的投入显著延长了预期受教育年限，但辍学率仍有待改善。20 世纪 70 年代初，拉美和加勒比地区的预期受教育年限仅为不到 8 年，低于中亚、东亚和太平洋、中东欧地区的水平。2012 年，拉美预期受教育年限超过 13 年，仅位于西欧和北美国家之后（OECD 国家接近 17 年）。[7] 然而，初级教育阶段的辍学率接近 20%，高于中东欧、中亚、东亚和太平洋地区的水平，这些地区的辍学率不到 10%（UNESCO-UIS，2012）。这样，如何在早期教育阶段避免辍学的问题仍是拉美地区面临的一个挑战。

虽然拉美各国在扩大教育覆盖率方面进行了大量努力，但某些教育阶段特别是初始和最终阶段的覆盖率仍显不足。近几十年来，拉美各国扩大教育覆盖率的政策在大多数国家取得了效果。大部分拉美国家的初级教育覆盖率接近 OECD 平均水平。虽然相比 OECD 国家，拉美国家在中级教育覆盖率方面的差距也有所缩小，但覆盖水平仍显不足，取得的进展不及亚洲国家。自 1990 年以来，中国的中级教育覆盖率增长接近 140%，而同期拉美国家仅为 50%。在教育周期的初始和结束阶段，挑战依然存在。玻利维亚、危地马拉、巴拉圭和多米尼加等国在学前教育阶段问题突出（覆盖率不及 50%），而厄瓜多尔、墨西哥、巴拿马和秘鲁等国的覆盖率问题主要集中在高等教育阶段（见图 4.4）。甚至在一些中学覆盖率上升较快的国家，半日制、三分之一日制教育十分常见，教师缺勤现象也屡见不鲜。这意味着与 OECD 国家相比课时明显不足。[8]

此外，实际的（被排除在教育体系以外的学生）或潜在的（在教育体系内但辍学风险较高的学生）教育排斥性持续影响着早期教育阶段（UNESCO-UIS/UNICEF，2014）。据估计，2 160万名应该接受学前、初级和中级教育的儿童和青少年，处于实际或潜在的被排斥状态。家庭经济条件差是影响辍学的因素。2012 ~ 2013 年针对家庭的有关调查（盖洛普集团，2014）显示，拉美地区近 55% 的家庭受到无法支付子女教育费用的困扰。

实际排斥状况在较早年龄段更为突出。14% 的儿童未参加学前或小学阶段最后一年的教育。在小学和中学阶段，严重潜在排斥问题（辍学风险较高）同样突出，分别影响到每一阶段 15% 和 25% 的男性学生。有关趋势显示，2008 ~ 2011 年，学前和初级教育排斥现象出现增加，而在中级教育阶段，实际和潜在排斥现象呈轻微下降。

早期教育对个人成年后的发展具有显著影响，应得到加强。

提升早期教育覆盖率至关重要。因为，该阶段的回报往往超出其他教育阶段。相比其他教育阶段，参加学前教育的机会成本非常低，但潜在收益却很大。发达国家的一些案例，如美国的字母表和佩里早教计划以及相应的配套学校，在儿童技能发展方面发挥的效果十分显著，有利于在未来

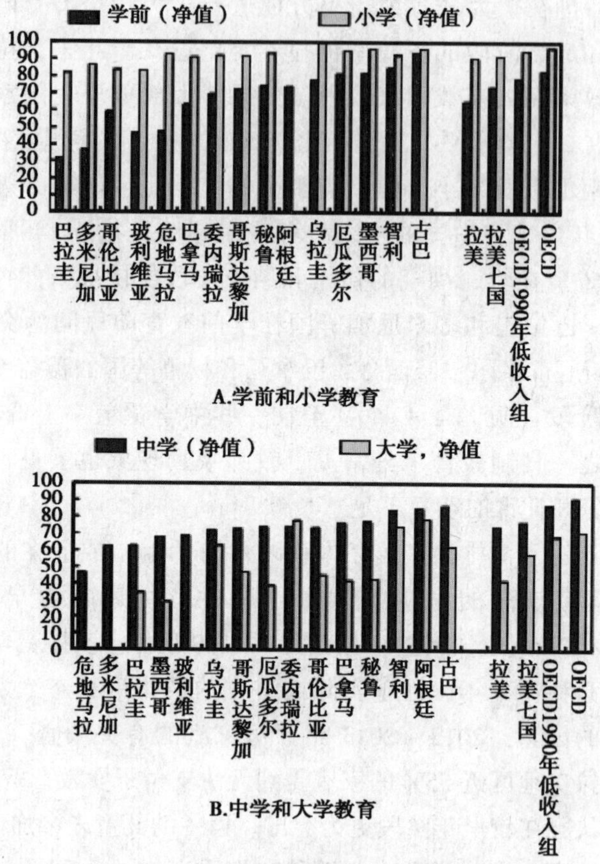

图4.4　各教育阶段入学率

（%，2012年前后）

注：拉美国家包括按2011年现价美元计算GDP规模最大且能够提供相关数据的15个国家。拉美七国为拉美和加勒比地区GDP规模最大的七个经济体（巴西无可用数据，阿根廷无小学阶段数据）。教育净覆盖率，指已在某教育阶段注册的适龄学生数与达到应该接受该阶段教育年龄的总人口之间的比例。教育毛覆盖率，指已在某教育阶段注册的各年龄段学生数与达到应该接受该阶段教育年龄的总人口之间的比例。关于各教育阶段的定义，参见国别注释。

资料来源：UNESCO统计研究所（UIS）数据库。

统计链接：http：//dx. doi. org/10. 1787/888933162731.

获得更好的就业安排（Heckman，2006）。与此同时，旨在扩大学前教育覆盖面的相关政策对于新兴经济体而言也十分重要。新兴经济体更高教育阶段的覆盖面往往不足，教育质量也相对较低。

拉美的经历显示出学前教育能够发挥重要的积极作用，甚至在考虑到家庭社会经济地位差异的情况下依然如此。接受学前教育学生的PISA测试成绩超过未参加该阶段教育儿童40分以上，相当于多接受了近一年的中学知识学习（见图4.5）。[9]特别是在乌拉圭，接受学前教育的学生在中级教育阶段取得

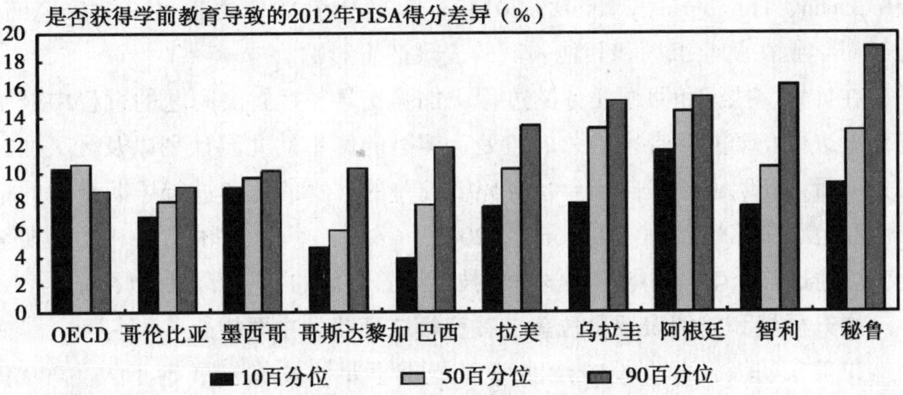

图4.5 学前教育对中级教育的影响

（拉美与OECD对比，2012年）

注：拉美包括阿根廷、巴西、智利、哥伦比亚、哥斯达黎加、墨西哥、秘鲁和乌拉圭。各百分位数根据PISA测试分数分布确定。

资料来源：根据OECD/PISA2012数据库编制。

统计链接：http：//dx.doi.org/10.1787/888933162746.

的成绩平均提升13%。学前教育投资的回报率达14%（Berlinski，Galiani y Manacorda，2008）。在阿根廷，扩大学前教育的收益体现在学生自初级教育阶段开始显示出的更好的成绩上（Berlinski，Galiani y Gertler，2009）。在其他拉美国家也观察到积极的效果。在玻利维亚，一项针对儿童全面发展计划(PIDI)的评估显示出认知技能和身体素质的提升，参与项目儿童完成学习的情况也得到改善，从而直接有助于提高未来收入。项目还显示出良好的成本—收益比（Behrman，Cheng y Todd，2004）。总而言之，旨在加强早期教育的各项计划，在改善对于个人融入社会十分重要的认知和非认知能力（如积极性、毅力和坚韧不拔等特点）方面取得了显著成果。

为实现学前教育收益最大化，需要在提高覆盖率的基础上采取更多的政策措施。实施扩大学前教育覆盖范围，特别关注低收入群体有关教育问题的项目可以带来更大收益。需要进一步扩大和改善幼儿园的基础设施建设、增加在园时间、加强教职员工培训（Noboa y Urzúa，2010；Bernal et al.，2009）。相关收益不仅应体现在营养状况改善和认知能力提高上。有关措施还应关注非认知能力的发展，如能动性、毅力、社会性和好奇心等（Heckman，Humphries y Kautz，2014）。上述因素的作用超出了学校范畴，能够对学生在就业市场和其他领域的表现产生影响。

在计划、执行和回顾任务的过程中加强指导，在解决问题的过程中鼓励与他人进行互动能够带来持久的益处。美国的佩里幼儿园计划以及牙买加的有关项目，证明了对来自社会经济环境较差的家庭的儿童进行早期激励的重要性产生了深远的影响（Heckman，2006；Gertler et al.，2013）。相关早期努力应该通过整个生命周期中在学习和技能培养方面的不断投入加以补充。

提升质量和技能表现是拉美在教育领域面临的主要挑战

拉美在初级教育阶段的技能培养严重不足。技能发展始于人生早期，并对整个求学阶段和求职就业具有重要影响。针对处于初级教育阶段儿童的测试显示出对概念和专门知识的掌握不足，认知能力发展不够，无法在目标、情景和现象之间很好地建立联系。例如，2006 年参加拉美地区第二届比较解释研究项目（SERCE）数学测试的拉美各国学生中，只有 11% 的小学三年级学生能够发现一段数字序列排列的规律。也只有 11% 参加同一测试的小学六年级学生能够计算平均数和解基本四则运算计算题。此外，参加测试的学生国别差异巨大。超过 50% 的古巴学生能够完成上述试题，而多米尼加的这一比例不到 1%（UNESCO/LLECE，2008）。上述结果显示出继续对拉美各国初级教育质量进行比较研究、采取必要政策措施提高该阶段教育质量并缩小学习差距的必要性。

为分析拉美中级教育阶段学生的技能表现，我们选择了 2012 年 PISA 测试作为参考。来自 65 个国家和地区的近 50 万名学生参加了该项测试。参赛国家中，31 个为非 OECD 国家。参加测试的 8 个拉美国家包括阿根廷、巴西、智利、哥伦比亚、哥斯达黎加、墨西哥、秘鲁和乌拉圭（有关 PISA 测试和拉美国家的参与情况参见专栏 4.1）。2012 年 PISA 测试围绕数学进行。

数学对个人发展十分重要，在形容、解释和预测现象，以及就业和日常生活自主决策方面发挥着显著的作用。

测试的目的并非简单考查学生背记数学知识的能力，而是评估学生是否能够将所学数学知识灵活应用到日常生活中。这样，该测试对于拉美而言意义非常。因为，测试结果与个人能否在就业市场娴熟运用有关技能、在不同场景中掌握数学推理直接相关。这也有助于拉美地区在相比其他新兴经济体相对落后的领域加强技能（见第三章有关就业市场技能的比较分析）。

专栏 4.1　PISA 测试与拉美

PISA 测试是针对 15～16 岁学生的测试，每 3 年举行一次，测试主题每次不同。2000 年和 2009 年的测试内容为阅读理解。2003 年和 2012 年考查数学。2006 年和 2015 年则以科学为考试内容。尽管每次测试都围绕一个主题进行，也就是说，大部分考题为该领域内容，然而上述三项内容在每次考查中均会涉及。

8 个拉美国家参加了 2012 年的 PISA 测试，包括阿根廷、巴西、智利、哥伦比亚、哥斯达黎加、墨西哥、秘鲁和乌拉圭。其中，仅 2 个国家（巴西和墨西哥）自 2000 年 PISA 项目启动开始就一直参加。阿根廷和智利参加了 2000 年、2006 年、2009 年和 2012 年的测试。秘鲁参加了 2000 年、2009 年和 2012 年测试。乌拉圭参加了自 2003 年起的历届测试。哥伦比亚自 2006 年起参加了历届测试。哥斯达黎加在 2009 年第一次参与。

为了对学习成果进行比较，PISA 项目评估了两次围绕同一主题进行的测试。数学测试分别在 2003 年和 2012 年进行。在下一次 PISA 测试之后（2015 年围绕科学的测试），可以将其与 2006 年的测试结果进行比较分析。

为了具体解读分数的含义，可以将分数与受学校教育年限挂钩。41 分代表一整年的受教育时间。例如，拉美学生得分相比 OECD 国家的平均差距为 101 分，意味着超过两年的学时差异。

根据结果，考试区分出 6 个技能等级。技能等级 1（数学得分在 358～420 分）意味着学生能够在熟悉的框架内答对问题。解题仅需要明确给出的信息即可完成。学生能够在明确场景中，根据直接指示找到必要信息，处理日常计算。除智利外，所有参加 2012 年 PISA 测试的拉美国家学生均属于这一等级。智利学生平均得分为423分，稍高于上述等级的区间。

虽然拉美国家在中级教育表现方面有所进步，但改善的空间还很大。

大部分拉美国家在中级教育表现方面的改善超过OECD国家的平均水平。根据各国自首次参与PISA数学测试至2012年的年化成绩变化情况，[10]巴西和墨西哥是拉美国家中成绩进步最大的（从2003年起每年提高3~4分），与突尼斯和土耳其一同属于改善最大的国家。阿根廷、智利、哥伦比亚和秘鲁也有所提高，但幅度不大（阿根廷、智利和哥伦比亚从2006年开始、秘鲁从2009年开始每年提高1~2分）。相反，哥斯达黎加和乌拉圭学生成绩每年下降1~2分（乌拉圭自2003年、哥斯达黎加自2009年起），与OECD国家平均水平的差距令人担忧（OECD国家每年的成绩下降幅度不到1分）。

与此同时，大部分拉美国家学生成绩的差异程度在缩小。在2003年和2012年的数学测试中，巴西和墨西哥学生最高分与最低分之间的差距减小。2012年，上述两国和阿根廷、哥伦比亚、智利等国成为参加测试最高分与最低分之间的差距最小的10个国家。与突尼斯和土耳其的情况类似，巴西和墨西哥学生成绩的改善集中在更需要外部帮助的学生群体中。他们中的大多数来自社会经济条件较差的家庭。因此，成绩的改善主要是因为差生比例的缩小（幅度为8~11个百分点）。[11]

然而，并非所有参试拉美国家均出现了学生成绩差距缩小的情况。乌拉圭平均成绩下降主要是因为得低分的学生比例上升幅度（增加近8个百分点）超过得高分比例的缩小幅度（减少1.4个百分点），从而拉大了学生间差距。

虽然拉美主要国家学生成绩出现改善，但整个拉美地区中学生的成绩仍然处于较低水平。在测试的3项内容中（数学、科学和阅读），参加测试的8个拉美国家均位于得分最低的1/3国家的行列（共计65国或地区）。特别是在数学测试中，拉美8国位列倒数15名之中。智利是参试拉美国家中表现最好的，而秘鲁不仅是拉美最后一名，也是全部参加测试国家中得分最低的。[12]如果考虑到测试并不包括那些没有接受学校教育的青少年，上述结果更加令人担忧。PISA项目覆盖的拉美青少年比例低于OECD国家水平（有关入学率情况见图4.4）。虽然巴西和墨西哥进步显著，但2/3的巴西学生和1/2的墨西哥学生数学得分低于2级水平，即基本技能级水平。[13]

在对参加2012年PISA测试和之前几十年中参加类似测试（1960～2003年平均成绩）的拉美国家情况进行比较后发现，秘鲁相对于其他国家落后较多。哥伦比亚和乌拉圭相对于其他新兴经济体和拉美国家排名出现下降（Hanushek y Woessmann，2012a）。例如，土耳其在1964～2003年的排名落后于哥伦比亚和乌拉圭，但在2012年的PISA测试中得分高于所有拉美国家。

需要对能够提高教育质量的有形和无形因素进行探索。

更好地理解影响学生表现的各因素的构成状况有助于设计好旨在提升教育体系质量的各项政策。在不同的教育阶段，决定最佳表现的因素可能会发生改变。因此，应针对不同教育阶段，采取差异化的政策措施。

在初级教育阶段，学生的表现受教育基础设施和基本服务可获得性等因素的影响较大。特别需要获得有助于学习的适当场所（如图书馆、科学实验室和计算机教室等），也需要包括相应的水电、电话、排水和卫生等基本公共服务的支持（Duarte，Gargiulo y M. Moreno，2011）。

在中学教育阶段，还有其他一些因素可以用来解释学生的学习表现，如学生自身的经济社会背景、学校的教学方法等。PISA评估项目也包括关于学生家庭背景、学习状况、学校特点和其他与学习表现相关的信息，从而为研究上述因素影响的微数据分析提供了条件。

拉美学生自身的特点，如性别、社会经济地位或社会环境，对于解释学习表现至关重要，且与学校的硬件设施共同发挥作用。与学校有关的因素包括与教学有关的变量，如学生参加课外班情况、学校领导与教师之间的呼应，以及每周教学时间等。

在每周教学时间方面，除了考虑每周上课的总小时数以外，有效利用课堂时间与提高学生学习表现密切相关。最大限度地减少用于纠正课堂纪律的时间对改善课堂教学质量至关重要。在2012年PISA测试中，大多数参试国家平均成绩最好的学校往往课堂纪律更好。这一结论在根据学生和学校的经济社会条件进行调整之后仍然成立。

在教职人员质量方面，与学习表现最为密切相关的变量是与软技能相关的无形变量。其中，教师对学生未来的期望最为重要，教职人员的资质或职称水平居于其次。拉美和 OECD 国家均是如此（见专栏 4.2）。与一些“传统”政策相比（如提高师生比、加强硬件和提高教职人员素质等），上述各要素所需的支出较少。在中学教育方面，学校和教育模式的多样性，特别是职业技术教育，是推动提高教育质量的关键因素（Cullen et al.，2013）。

专栏 4.2　与学生学习表现有关的传统教学因素

在 OECD 国家，硬件设施或人员数量与学生表现的关系显得越来越不密切（OECD，2013d）。相反，教师队伍质量、领导有力的组织体系、与父母之间的积极沟通和大力激发学生未来期待的鼓励和肯定等因素，被认为是决定学生在校表现的重要因素（Loeb，Beteille y Kalogrides，2012；Sammons，Hillman y Mortimore，1995）。为分析这些因素在拉美国家发挥的作用，Avendano，Barrera，Nieto-Parra y Vever（2014）运用了与 Dobbie y Fryer（2011）相类似的方法，对拉美学生（观测总数为 51 万）在 2012 年 PISA 数学测试中的表现进行了研究。

首先，建立用来分析 2012 年数学 PISA 测试得分的基本模型，包含 4 个与学生及其所处社会环境有关的变量：年龄、性别、学生和学校的经济社会状况。随后，再在模型中加入 5 个与学习表现有关的变量：班级规模、拥有相应资质的教师比例、拥有 ISCED 5A 证书[14]教师的比例，以及学校属于公立还是私立性质。最后，再衡量学习表现变化在多大程度上与教学变量相关，即学校的教学活动，包括教育时间、评估数据的使用、辅导小组的情况、额外课程、校长对教师的反馈，以及教师对学生表现的期许等。

34 个 OECD 成员国和 8 个拉美国家参加 2012 年 PISA 测试的成绩显示，4 个与学生有关的变量对学生的表现有积极影响，且具有统计学显著性。总体看，这一基础模型能够解释拉美学生成绩变化的 30%，OECD 国家变化的 26%。

在传统变量中，仅有扩大班级规模一项变量与学生表现改善相关，特别是一些过小的班级需要加强学生之间的互动。一些研究也得出了与图 4.6 相似的结论，即同伴效应有助于提高成绩，成绩较好的国家班级规模往往较大。这也是亚洲国家的一贯特点（Pong y Pallas，2001）。此外，解释上述正相关的一个事实是，城市地区的班级规模相对较大，学习表现也更好。

在拉美地区，拥有相应资质或受过高等教育（ISCED 5A）教师的比例与学生学习表现之间并无显著关联。这可能意味着现行素质评价标准并不能保障教育质量。OECD 国家的结果则恰恰相反。此外，在 OECD 国家，经过基础模型调整以后，学校的私立性质对学生学习表现具有负面影响。而拉美私立和公立学校对学生学习表现的影响差异并不显著。最后，教育资源和硬件设施质量与学生表现之间并不存在统计学显著性关联。

针对与教学活动相关变量的分析显示，无论在 OECD 国家还是在拉美地区，教师对学生的较高期待均有助于成绩的提升。同样，教育时间也与学习表现正相关。与此相反，更多的业余课程和校长对教员的反馈水平与学生数学测试得分呈负相关。这一结果可能是因为参加业余课程的学生往往在学习中困难较大，而表现不佳的学校校长对教员的反馈水平也更高。

在谨慎使用相关结论的前提下，上述分析证明学生所处的社会经济环境对学习成绩具有显著影响，且相比 OECD 国家，有关影响在拉美国家更大。此外，对拉美地区而言，影响学习成绩的传统因素的平均预期效果相对有限，而其他的教学因素则能在整体上对提高教育质量具有积极效果。因此，研究结果显示，一些并不需要太多投入的教学措施更能够提高拉美教育体系的质量。

资料来源：Avendano et al.（2014）：《在传统因素以外解读学生的表现：拉美国家参加 PISA2012 测试数据分析》，OECD 发展中心工作文件，OECD（巴黎）。

新技术能够对教育政策形成补充，对支持教育发展发挥基础性作用。

近年来，出现了将通信技术运用在教育中的高潮。拉美各国教育部门在相关技术的应用方面，从家庭和学校层面上显著缩小了差距。尽管在参加测试的学生中，OECD 国家学生拥有计算机的比例仍高于拉美国家（在学校的比例分别为 93% vs 71%），相比过去差距有所缩小。然而，关于通信技术对于学习效果的评估仍显不足，已有的一些研究并未发现该技术在学生认知技能和成绩表现方面具有显著影响（Cristia et al.，2012）。证据显示，使用通信技术辅助教学需要具备一定的基础。信息技术的使用只有在此基础上才能加强学校的教育功能（Claro et al.，2011；Espejo，Sunkel y Trucco，2013）。

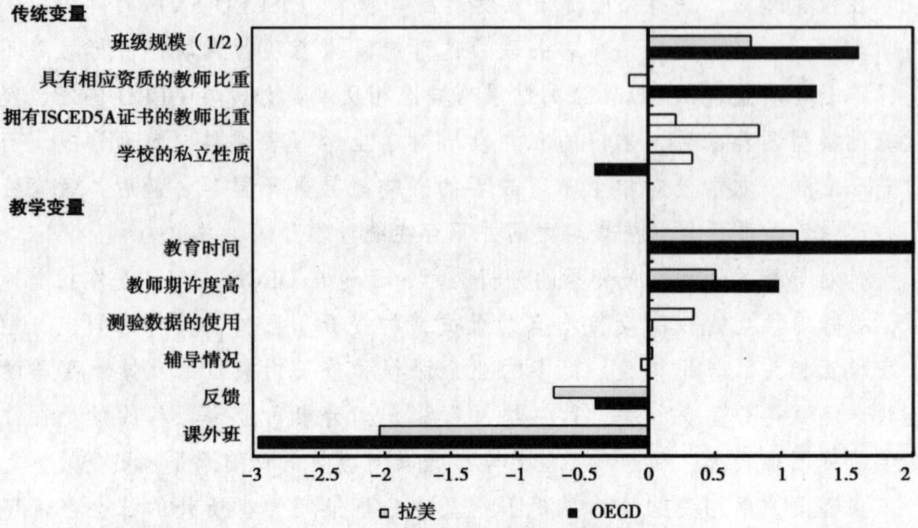

图 4.6　影响数学测试成绩的因素
(按学习月数计算)

注：拉美包括阿根廷、巴西、智利、哥伦比亚、哥斯达黎加、墨西哥、秘鲁和乌拉圭。OECD 包括 34 个国家。图中柱状体显示每项自变量标准差变化对学习效果的影响（按学习月数衡量）。实心柱状体的统计学显著度为 1%、5% 和 10%。自变量为个人数学得分。在上述两个模型中（传统和教学因素）使用但并未包含在上图中的自变量是基础模型自变量，包括学生的性别、年龄、学生和学校的社会经济状况。ISCED 5A 指根据国际教育分类标准，能够获得高级研究证书的高职教育项目。

资料来源：Avendano et al. （2014）根据 OECD/PISA2012 数据库编制。

统计链接：http：//dx. doi. org/10. 1787/888933162757.

加强高等教育是发展和提高既有技能水平的关键因素。

高等教育是发展的主要引擎之一，能够增强一个国家在全球经济中的竞争力，并增进社会和个人福利。在基于知识的全球化经济中，创新和提升竞争力的潜力与高等教育体系提高和改善既有技能水平的能力有关。

从社会角度看，提升高等教育水平有助于加强社会团结和流动性，增加个人福利，并提高个人获得高质量薪酬水平更高的就业、提升消费和储蓄水平、延长预期寿命的概率（Brunner，2013）。

在近年来入学率和覆盖面方面取得较大进步的基础上，拉美在高等教育领域面临的主要挑战之一同样是提高质量。2012～2013 年度针对家庭进行的调查（盖洛普集团，2014）显示，近 40% 的拉美地区家庭认为，本国大学生接受的教育质量低于其他国家。最极端的情况是巴西和秘鲁，上述比例分别为 60% 和 77%。此外，大学的国际排名情况也显示了拉美地区高等教育表现不佳。特别值得一提的是，2013～2014 年泰晤士高等教育大学排行榜前 100 名未收录任何一所拉美地区的大学，全球最佳 400 所大学中，仅有 3 所拉美大学。

然而，这些排行榜仅关注高等教育有限的某些方面内容。因此，应该在更好地理解大学质量以及需要由大学培养的技能的基础上出台有关政策措施。在此意义上，尽管并不与高等教育直接相关，OECD 于 2013 年公布了国际成人能力评估调查（PIAAC）的初步结果，该项目旨在评估哪些是一个国家成年人具备的技能，以及能用这些技能做什么。

PIAAC 项目所评估的技能与 PISA 测试相似，但主要关注成年人获得、使用和发展这些技能的方式，以及掌握这些技能给他们带来的收益。评估结果对于制定有助于改善一个国家技能水平的教育、经济和社会政策十分有用。PIAAC 项目首份报告传递的核心信息是，成年人掌握的知识以及如何运用知识对于获得机会来说十分重要（OECD，2013e）。例如，具有高技能水平的人平均小时工资比低技能水平的人高 60%，且后者失业的概率是前者的两倍。

拉美地区高等教育的扩大并未伴随质量的提升。

拉美地区高等教育质量较低是多种原因造成的，近年来扩张过快也是其中之一。其他一些原因包括：来自社会经济和文化环境较差的学生数量的增加；重教学、轻科研的倾向；高等教育机构扩张过快导致质量要求降低、师资配套跟不上；高等教育的部分商业化，从而导致一些大学招生时仅看重学生的经济能力（Brunner y Ferrada，2011；Aedo y Walker，2012）。

因此，考核评价体系成为保证高等教育质量的一个重要支柱。教育水平密切地取决于衡量、评估和证明该水平的能力。尽管拉美地区评估机构的数量不断增长，在这方面仍有很长的路要走。有关学习承认模式应该能够涵盖现有高等教育机构和体制机制的多样性，增强评估机构的资质，强化质量控制过程。

提升质量需要加强认证和监督环节。

在高等教育国际化的背景下，需要加强不同学历学位之间的对应，因此证明环节具有十分重要的意义。地区合作的重要性尤为突出，伊比利亚美洲高等教育质量认证网络（RIACES）是这方面的一项重要倡议。拉美地区在教育认证体系方面面临的局限性可以通过哥伦比亚的例子加以说明。该国的高等教育质量要求较低，虽然建立了高质量的认证体系，但在 2012 年仅有 7% 的大学被纳入了认证体系（OECD/IBRD/World Bank，2012）。

其他决定教育质量的因素包括大学的治理和管理模式、教师队伍质量等。在解释拉美地区高等教育质量较低方面，大学的治理模式是一个重要的方面。拉美的大学治理结构在很多情况下强化了“近亲繁殖”现象，鼓励偏袒既得利益的决策（Bernasconi，2013）。然而，一些国家的大学管理模式更加灵活，管理制度具有活力，能够鼓励创新（Salmi，2013）。

另一个关键因素是教师队伍的资质水平。拉美地区的教师队伍在这方面面临着一些局限性和不足。许多教师没有研究生学历、教育专业素养不够、薪资水平较低、激励措施不明确（Brunner y Ferrada，2011）。例如，在多米尼加，教师质量是高等教育发展面临的主要挑战。提高师资水平的努力应该成为政策措施的核心内容，应严格挑选教师的标准，更新教师培养过程，增加教师职业的吸引力，吸收更多人才（OECD，2012a）。

辍学是高等教育面临的另一个挑战。在拉美地区，高等教育一次毕业率较低：阿根廷为 12%，哥伦比亚为 14%，委内瑞拉为 18%，智利和墨西哥为 19%。哥斯达黎加和古巴水平较高，分别为 37% 和 51%。[15] 这些数据显示了拉美国家教育体系在培养和留住学生方面的不足：首先，获得劳动收入的机会成本与家庭低储蓄率共同影响了高等教育的就读率。其次，一些学校的低质量使其无法留住学生。再次，其他教育类型（职业技术教育）的低知名度和声誉不佳可能增加学生和教育类型之间的“错配”，从而增加了辍学现象。[16]

教育和就业市场存在的三方面不平等现象：经济社会条件、性别和城乡差别

三方面的不平等因素影响了弱势群体接受教育、进入就业市场的状况及其表现：源自经济社会环境、性别和城乡差异的不平等性。

经济社会水平的不平等性影响学生获得教育的可能性及其表现

并非所有学生都能拥有同样的接受教育的机会，他们特别受到经济社会水平差异的影响。教育支出对不同经济社会群体的影响各不相同，分配效应十分显著。拉美地区近期出现的社会现象之一是新兴中产阶级的崛起。鉴于这一群体的规模以及相对脆弱的状况，他们对教育服务的需求很大，教育支出对他们的影响也更为突出（见专栏 4.3）。

专栏 4.3 教育领域的公共支出对拉美中产阶级的影响如何？

人们常说，拉美今天是一个中产阶级集中的地区。尽管围绕中产阶级存在各种定义（有关中产阶级和中间阶层的讨论参见 OECD，2010 和 Ferreira et al.，2013 最近研究），贫困和不平等状况的显著减少，造成了具有更强需求能力、更高端消费偏好和新的社会要求的经济社会群体的崛起。

然而，这些新兴中产阶级崛起带来的社会变革也面临着风险。越来越多的证据表明，大部分摆脱贫困状况的人仍然距离具有正规职业的稳定中产阶级的定义相去甚远（Banerjee y Duflo，2008），其特点是面临失业、疾病和养老等状况时显示出较大的脆弱性。这一新兴中产阶级的核心诉求之一是教育。这不仅是因为教育与更稳定的收入水平相关，更能够促进社会流动。

本专栏介绍了公平承诺项目（CEQ）的一些研究成果。该项目在 Nora Lustig 领导下进行，是杜兰大学、全球发展中心和美洲对话共同开展的一项合作。通过与当地研究人员的合作，该项目旨在分析新兴经济体税收、转移支付和公共服务供应（特别是卫生和教育服务）对不平等和贫困现象的影响（Lustig y Higgins，2013）。[17]

本专栏介绍了 Lustig，Pessino y Scott（2014）和 CEQ 项目其他工作文件的研究成果，以及由美洲开发银行劳动市场和社会保险部和 OECD 发展中心支持下 CEQ 项目延伸工程的情况。研究采用了 Ferreira et al.（2013）的社会经济群体分类标准：贫困（人均日收入低于 4 美元）、脆弱群体（人均日收入在 4～10 美元）、中产阶级（人均日收入在 10～50 美元）和高收入群体（人均日收入 50 美元以上）。具体而言，研究主要对象为中间阶层，即上述分类中的脆弱群体和中产阶级。研究结果通过 2 项指标得以体现，即教育支出在各社会经济群体之间的分配状况和通过占各群体市场收入比例加以衡量的教育支出的再分配效果。

教育支出在中间阶层之间的分配状况各国差异较大。在萨尔瓦多、墨西哥、玻利维亚和秘鲁等国，脆弱群体获得的份额占教育支出的 40% 以上，而拉美地区平均为 36%。另一个极端是乌拉圭，该国给予上述群体的份额最低，仅为 22%。这与中产阶级获得的份额形成对比。乌拉圭的中产阶级是在教育支出中受益最大的群体，占全部教育支出份额的 63%。第二名哥斯达黎加与乌拉圭的差距较大，该比例为 51%。份额最低的国家为危地马拉（11%）和萨尔瓦多（14%）。拉美地区平均水平为 29%。中产阶级份额的国别分散化程度显著高于脆弱群体。这主要是因为中产阶级本身在拉美各国间的高度分散化所导致的。

在分配效应方面，不仅要考虑分配本身，还要考虑各经济社会群体的规模及其收入水平。这样，通过公共教育支出，脆弱群体收入平均提升 11%，中产阶级增加 3%。在上述拉美地区脆弱群体收入提升平均值的基础上，可以区分出 4 类国家（见图 4.7）：哥斯达黎加和巴西为分配效应显著的国家，收入上升超过 20%；玻利维亚和墨西哥为中等效应国家；秘鲁、哥伦比亚和乌拉圭为中低效应国家；萨尔瓦多和危地马拉为低效应国家。在中产阶级方面，巴西和哥斯达黎加仍然保持在分配效应显著国家的地位。玻利维亚、墨西哥和乌拉圭为中等效应国家。其他国家该支出对收入的影响小于 3%。

在公共教育支出的分配效应方面，可以进一步指出初级教育支出对脆弱群体效应更大，而中产阶级则更多地受益于高等教育支出的扩大（再分配效应中的 50% 可以由此得到解释）。虽然程度相对较轻，但中级教育支出增加对上述两个群体的收入提升均能发挥显著效应。

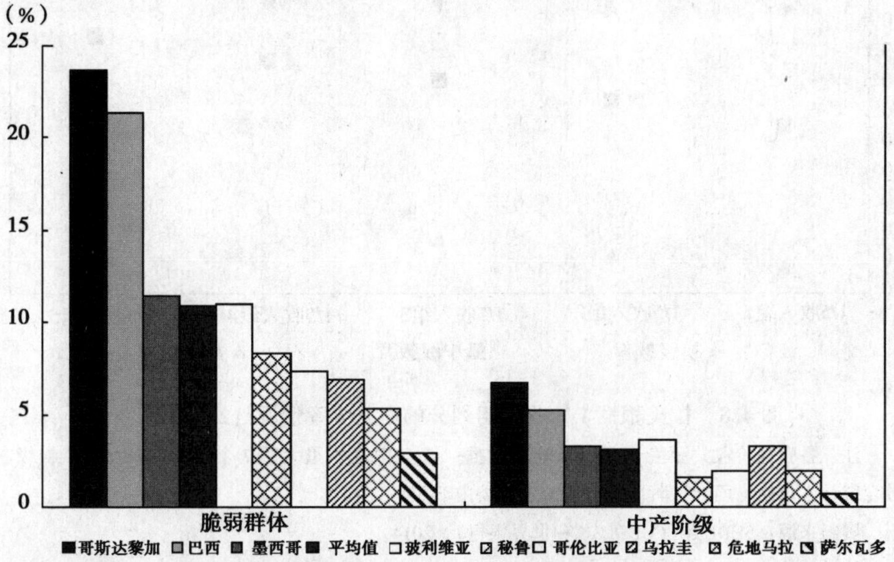

图 4.7　教育公共支出对拉美中间阶层的分配影响

（占市场收入比例）

资料来源：根据 CEQ 项目数据库编制。

统计链接：http：//dx. doi. org/10. 1787/888933162766.

在教育覆盖面方面也存在着较严重的不平等现象。这种不平等现象的严重程度随着所处教育阶段上升而增加，也受到收入水平和社会文化状况的影响，如来自原住民或非洲后裔家庭等。尽管收入分配状况对初级教育入学率的影响不大，却显著影响着中级教育和高等教育的入学状况。在拉美地区，收入水平最高的 1/5 的学生中几乎一半人能够进入大学就读，但对收入最低的 1/5 学生而言，这一比例仅为不到 10%（见图 4. 8）。

虽然拉美地区各国普遍存在不同收入群体在教育可获得性方面的差异，但这一差异在学校性质（私立还是公立）和教育阶段方面呈现出较大的国别不同（有关国别差异情况的概述参见 Rossetti，2014）。总体上看，家庭收入水平不同引起的公私学校入学率分化程度自 20 世纪 90 年代起不断加深（Arcidiacono et al.，2014）。

经济社会条件不仅影响到入学率，也影响着学生的学习表现。正如本

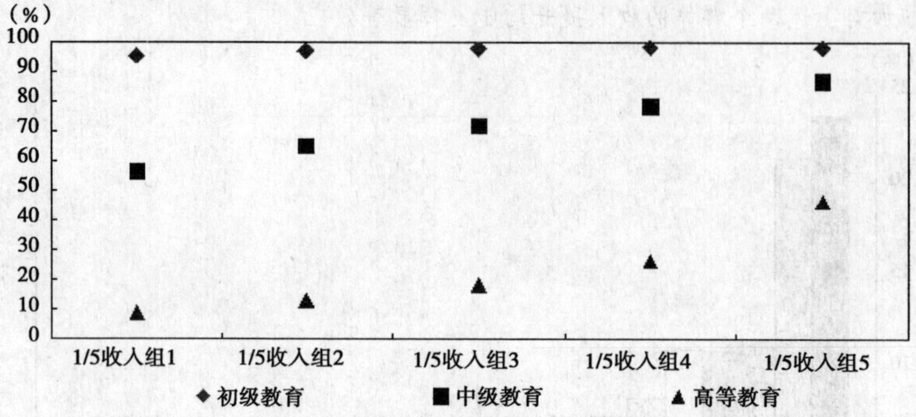

图4.8　拉美根据1/5收入组划分的净入学率情况（2011年）

注：各教育阶段共涵盖15个拉美国家数据。就GDP规模最大的7个拉美国家而言，初级教育统计不包括巴西，三阶段教育均未包括委内瑞拉。

资料来源：SEDLAC（CEDLAS和世界银行），2014。

统计链接：http：//dx. doi. org/10. 1787/888933162773.

章一开始所强调的那样，拉美学生学习成绩变动的30%可以通过学生和学校的经济社会条件得到解释。教育硬件和获得基本公共服务的水平直接与学生和学校的社会经济地位相关。相比OECD国家，拉美国家学校教育资源质量与学生的社会经济地位之间的相关性要显著得多（见图4.9）。条件差的学校面临严重的基本服务匮乏，如饮用水、电力和卫生服务等，从而影响到学习质量（Duarte，Gargiulo y M. Moreno，2011）。

另一个与学校经济社会条件相关的内容是学校氛围。在拉美国家，同学友爱、师生互敬的氛围与更好的学习表现相关联（Trevino，2010）。因此，拉美国家的学校并未能够成为促进学习机遇均等、改善学生表现的场所，反而倾向于重复社会上存在的经济社会不平等模式。

拉美另一个影响教育可获性和学习表现公平性的关键因素是语言文化的多样性。这些差异将一些学生置于不利地位，增加了其被排斥、留级或辍学的概率。例如，秘鲁说西班牙语学生在数学成绩上领先说盖丘语学生超过2年的学时。即使在对学生和学校的经济社会和文化状况等因素加以调整之后，上述负面影响依然显著。针对这方面的不公平现象，拉美国家的基本对策应该是推动跨文化的双语教育项目，以改善学生学习表现。[18]

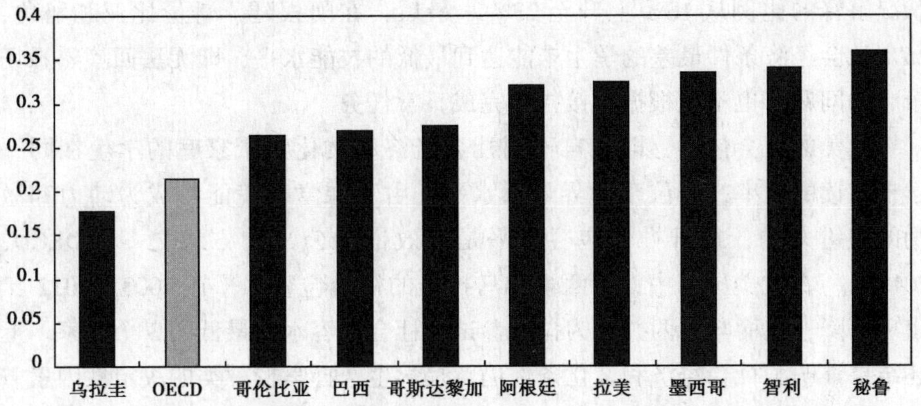

图 4.9　学校教育资源质量与学生经济社会状况之间的关联度

（2012 年，取值在 0～1）

注：拉美国家包括阿根廷、巴西、智利、哥伦比亚、哥斯达黎加、墨西哥、秘鲁和乌拉圭。学校教育资源包括科学实验室设备、教材、计算机、软件和互联网连接以及图书馆藏书。

资料来源：根据 OECD/PISA 2012 数据库编制。

统计链接：http：//dx. doi. org/10. 1787/888933162780.

OECD 国家的经历表明教育质量与教育公平并不相互排斥。

2012 年 PISA 测试的结果证明，更好的成绩与更高的教育公平水平可以并行不悖。一些 OECD 国家和新兴经济体在提高数学测试得分的同时，并未导致教育不公平性的增加。与此同时，2003～2012 年，墨西哥的成绩和教育公平性均获得了改善。这一点可以通过 PISA 项目采用的两个定义得到说明：一是位于社会经济分布状况两端个体的成绩差距下降（从 60 分降至 38 分，相当于不到 1 学年的学习时间）；二是能够通过社会经济状况差异解释的成绩变化有所缩小（从 17% 降至 10%）。[19]在上一个比较期间（2000～2009 年），[20]智利同样既提高了成绩（每年提高 3 分）也改善了公平性（成绩差缩小了近 10 分）。

然而，并非所有拉美国家都既能提高成绩，也能改善公平。阿根廷、巴西和秘鲁提高了平均成绩，但并未改善社会经济不平等状况；乌拉圭在这两方面的影响均为负面。实际上，乌拉圭学生得分中能够通过社会经济状况解释的比例从 16% 上升至 23% 。最后，在阿根廷、哥伦比亚和秘鲁，25% 社会经济条件最差的学生未能达到最低的技能水平，即无法回答熟悉场景中的问题，也不能根据直接指示完成日常任务。

拉美的社会包容，即来自不同社会经济和文化背景家庭的学生在同一学校就读的比率，仍位于世界最低水平。由于课堂环境能够成为动力和激励的关键来源，提升社会包容水平是有效推动公平的方式之一（OECD, 2012b）。在拉美国家中，墨西哥和乌拉圭的社会包容水平在 2003 ~2012 年出现下降，从而与巴西并列为拉美参试国社会包容水平最低的 3 个国家。上述结果证明了社会经济和文化条件仍然是学生选择学校种类的决定性因素。

社会经济背景解释了公立和私立学校学生的不同表现。

社会经济条件恰恰是解释私立学校学生表现强于公立学校的原因。在通过学生家庭和学校的社会经济状况进行调整后，私立学校学生的表现并不强于公立学校（见图 4. 10）。在墨西哥和乌拉圭等国，公立学校的加总净值甚至高于私立学校。此外，在巴西和墨西哥，公立学校和私立学校学生成绩差异在 2003 ~2012 年出现下降。这一结论在考虑到学生的社会经济状况进行调整前后均成立。相反，在同一时期，对于 OECD 国家而言，具有相同经济社会背景的两名学生之间的成绩差距有所扩大，更有利于私立学校在校生。

其他一些关于公立学校相对于私立学校表现差异的分析表明，公立学校表现欠佳是因为学生在经济社会背景方面的差距，以及学校资源的缺乏。然而，在进行效率边际分析时，也可以观察到一些国别差异（CAF，2012）。例如，虽然智利的公共教育机构运行高效，但也存在与资源不足以及学生经济社会背景有关的质量差距。在秘鲁，尽管投入不足和学生经济社会条件不佳能够部分解释公立学校的欠佳表现，然而缺乏效率也是需要加以考虑的因素（Alvarez Parra，2012）。与其他新兴经济体一样，私立学校的更好表现也并不意味着这些学校的效率更高（Banerjee y Duflo，2011）。

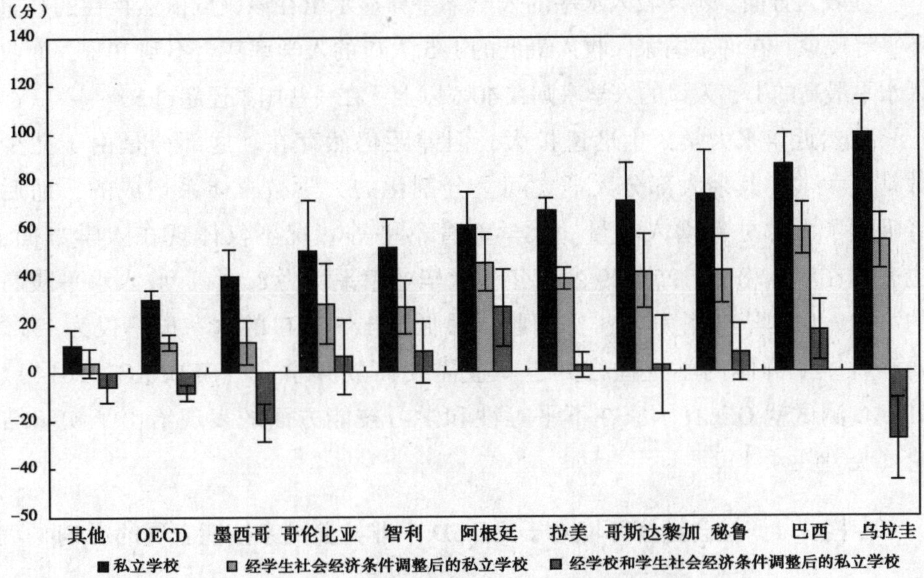

图 4.10　私立学校与公立学校表现差异

（经学生和学校经济社会条件调整前后的 PISA 数学测试成绩）

注：拉美国家包括阿根廷、巴西、智利、哥伦比亚、哥斯达黎加、墨西哥、秘鲁和乌拉圭。其他国家和地区包括阿尔巴尼亚、保加利亚、克罗地亚、迪拜、中国香港、印尼、约旦、哈萨克斯坦、拉脱维亚、列支敦士登、立陶宛、中国澳门、马来西亚、黑山、卡塔尔、罗马尼亚、俄罗斯、塞尔维亚、中国上海、新加坡、中国台北、泰国、突尼斯和阿联酋。间隔代表置信区间为95%。回归函数的因变量为学生的 PISA 测试得分，自变量包括 1 个虚拟变量（取值为 1 时代表私立学校）、学生和学校的经济、社会和文化状况。

资料来源：根据 OECD/PISA 2012 数据库编制。

统计链接：http：//dx. doi. org/10. 1787/888933162799.

因此，根据学校内部经济社会背景差异采取对应政策措施，改善公立学校资源配置，能够在提高表现和推动公平方面发挥作用。公立学校和私立学校在社会经济背景方面的差异及其对学校表现的影响意味着公立学校需要得到更多关注。此外，促进公立学校对具有不同社会经济背景学生的包容度也能够改善学校的表现。推动学校内部的多样性是拉美地区许多国家所关切的，能够通过同伴间相互学习效应带来正的外部性（Llaudet y Peterson，2013）。

在收入方面，不同收入水平的入学率差异显示出在该领域依然存在的严重不平等现象。在许多国家，收入最低的1/5 人口的入学率甚至不到10%，而收入水平最高的1/5 人口的入学率则在40% 以上，在一些国家还超过50%。

虽然近年来大学招生迅速扩大，但差距仍然存在。这部分是由于在少数精英大学和其余大部分大学之间呈分割化的大学教育体系造成的，而后者吸收了大部分新增入学量。大学教育不平等状况不仅体现在入学方面，也表现在毕业率上。25～29 岁青年一次毕业率平均为8.9%，收入水平最高的1/5 人口的毕业率为27%，而收入最低的1/5 人口的这一比率仅为1%。属于后一个群体的学生往往处于就业需要而放弃学业（SEDLAC，2014）。PIAAC 测试就 OECD 国家在不平等性和学习技能方面的表现给出了初步结论（见专栏4.4）。

专栏4.4　社会经济环境对于 OECD 中非拉美国家技能表现的影响

包括数学、阅读理解和解决问题在内的能力对于个人较好地融入就业市场而言具有重要意义。然而，社会经济背景环境限制着个人获取这些技能的水平，这也是为该领域研究文献所普遍承认的。

国际成人能力评估调查项目（PIAAC）报告（OECD，2013c）证实了上述看法。该项目对24 个国家的年龄在16～64 岁的成年人进行了测试。结果显示，与来自较差社会经济环境的参试者相比，社会经济背景优越的参试者得分更高。因此，测试结果也证明了在不平等程度较高的国家，社会经济环境与技能水平之间的关系更为密切，如美国、英国、法国和德国。与之相反，在那些采取政策措施提高入学水平和教育质量的国家，如北欧国家，上述联系被削弱。这样，来自欠佳社会经济环境的群体就不会预先注定获得更低水平的技能，融入和参与就业市场也不会显得更为困难。

OECD 的上述分析未包括拉美国家，但在2016 年提交结果的第二轮测试中将会包含智利，在2018 年提交结果的第三轮测试中将包括阿根廷、哥伦比亚、哥斯达黎加、厄瓜多尔、墨西哥和秘鲁。

资料来源：OECD（2013e）。

在教育中引入通信技术能够为推动公平提供新的机遇，同时也带来新的风险。信息技术日益成为教育体系的重要组成部分，近年来不断融入高等教育和教学过程。这从提高教育可获性的角度看提供了新的机遇。然而，不同社会经济群体信息技术可获性的差异（数字鸿沟）可能将许多人排除在机遇的大门之外，使其远离高等教育带来的益处，强化既有的不平等现象。2008 年，拉美地区收入水平最高的 1/5 家庭中的 25.2% 能够接入互联网，而这一比例在收入最低的 1/5 家庭中仅为 1.2%（Katzman, 2010）。

此外，高等教育中信息技术的使用仍处于较低水平。已经引入的信息技术主要用于改善管理机制，对教学方法影响不大（OECD, 2014b）。

然而，加强教室以外的社会包容性需要采取更加复杂的解决方案，影响全社会的社会文化表现。教育质量的普遍提升并不足以保障所有人在相同条件下从劳动力市场获得就业。属于不同的社会关系网络显著影响着就业和薪酬水平。例如，智利同一所大学经济管理学专业成绩相似的毕业生由于社会经济背景不同，工资差异可能达 25% 和 35%（Nunez y Gutierrez, 2004）。尽管在找工作的最初阶段似乎并不存在与出身或居住地有关的歧视，然而在最终确定雇佣关系和工资水平的阶段歧视现象确实存在。

农村和城市之间的不平等性是各国社会经济条件差异导致的

拉美国家农村和城市地区之间的教育质量不平等现象突出。同一个国家社会经济发展程度不同的地区间存在着入学方面的差距。这既是因为农村地区相对于城市学校数量较少，也是由于提供给学生选择的教育模式不够多样，从而增加了可能出现的错配现象。与 OECD 国家相比，拉美国家城市和农村地区之间在教育质量上的差距超过 1 倍（见图 4.11）。在巴西、智利、秘鲁和乌拉圭等国，这一差距超过 70 分，相当于 2 学年的差距。通过对比城市和农村地区的学校情况可以发现，拉美和 OECD 国家在这方面差异显著。[21] 相比 OECD 国家，拉美国家农村地区（人口不足 3 000 人的地区）学校与城市地区学校在硬件方面的差距高出 12 倍。

与此同时，拉美国家农村地区学校包括计算机、实验室、书籍和科技在内的教育资源质量比城市地区学校差 6 倍。[22] 农村地区的学校在硬件设施和获得基本公共服务方面均面临着较严重的匮乏。这意味着有关政策措施要关注偏远地区学生条件的改善，保障其平等获得高质量教育的权利

（Duarte，Gargiulo y Moreno，2011）。农村学校的各方面配备远不及城市学校，其表现也因此受到影响。

教育质量差异也出现在城市内部。拉美城市地区收入水平相差甚远，这也体现在同一城市学生学习表现的显著差异上。距离并不很远的区域在教育表现上呈现的巨大差异说明，教育并未成为消除不平等的工具，反而扩大了不平等现象。例如，在秘鲁利马市区仅为 20 分钟的距离，南圣博尔哈区 70% 的小学二年级学生能够顺利完成阅读理解，而在工业园地区这一比例仅为不到 30% 。此外，2007 ~ 2012 年，这一差距进一步加深（Ñopo，2014）。在智利圣地亚哥市区也得到了类似的结果，从而证明了贫困和不平等状况具有较高的代际传播性（Echenique y Urzúa，2013）。城市地区家庭收入与学生学习表现之间的高度关联度说明，虽然这些不同家庭群体相距不远，但仍需采取进一步促进包容性的政策措施。

改善学生学习表现区域不平衡现象，需要在加强学校质量的基础上采取一系列措施。在对学生家庭和学校的社会经济条件进行调整之后，一些拉美国家农村学校的表现有所提升，甚至超过了 OECD 国家的平均水平（见图 4. 11）。因此，城市学校相比农村学校更好的表现可以在很大程度上解释为城市居民拥有更好的经济社会条件，而这则是财富区域分配不均的结果。

实际上，相对于 OECD 国家，拉美国家各地区人均 GDP 的基尼系数更高。巴西、智利、哥伦比亚、墨西哥的这一系数在 29% （巴西）与 35%（智利、墨西哥）之间，OECD 国家仅为 16% （OECD，2013f）。各地区社会经济发展的差异也反映在教育体系方面。拉美 78% 的农村地区学生就读于社会经济条件较差的学校，而 OECD 国家的这一比例为 41% 。此外，拉美国家城市地区（超过 10 万人）45% 的学生来自经济社会条件较好的家庭，而 OECD 国家的比例为。38% [23] 因此，为缩小地区差距，需要采取综合措施，同教育政策形成合力，推动地区发展，减少区域不平衡。

教育和就业周期中的性别不平等现象依然存在

虽然近年来在该领域取得了一些成就，但教育体系中的性别不平等现象仍然是拉美地区面临的一个挑战。在初级教育普及的过程中，相应地实现了性别平等。一般而言，男童和女童在初级教育入学的问题上较为平等。

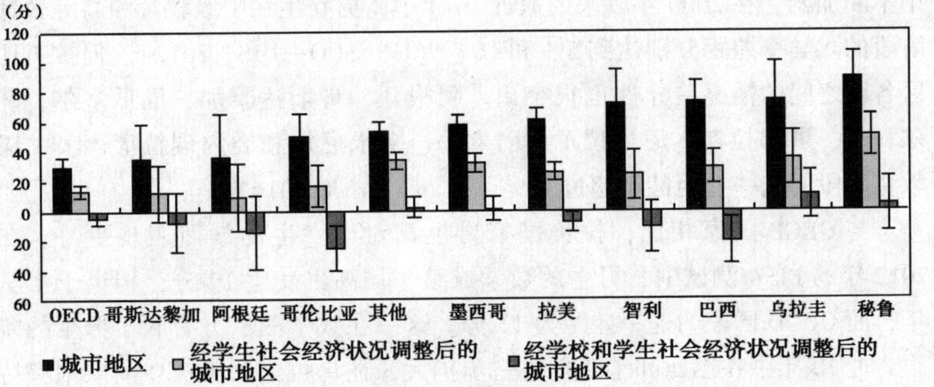

图 4.11　城市学校与农村学校表现差异

(经学生和学校经济社会条件调整前后的 PISA 数学测试成绩)

注：拉美国家包括阿根廷、巴西、智利、哥伦比亚、哥斯达黎加、墨西哥、秘鲁和乌拉圭。其他国家和地区包括阿尔巴尼亚、保加利亚、克罗地亚、迪拜、中国香港、印尼、约旦、哈萨克斯坦、拉脱维亚、列支敦士登、立陶宛、中国澳门、马来西亚、黑山、卡塔尔、罗马尼亚、俄罗斯、塞尔维亚、中国上海、新加坡、中国台北、泰国、突尼斯和阿联酋。间隔代表置信区间为95%。回归函数的因变量为学生的 PISA 测试得分，自变量包括 1 个虚拟变量（取值为 1 时代表学校位于人口在 10 万人以上的城市地区，0 代表学校位于人口不到 3 000人的农村地区）、学生和学校的经济、社会和文化状况。

资料来源：根据 OECD/PISA 2012 数据库编制。

统计链接：http：//dx. doi. org/10. 1787/888933162803.

这与撒哈拉以南非洲、阿拉伯国家、西亚、东亚—太平洋等其他新兴地区偏向于男童的状况形成了对比。唯一的例外是多米尼加。该国是世界上 15 个男童一年级入学概率超过女童 10% 以上的国家之一（UNESCO-UIS，2011）。

相比女童，拉美男童的辍学率和留级率高于女童。无论在小学还是中学阶段，男童留级的概率均高于女童。相比 OECD 国家，拉美国家初级教育阶段男女童之间的这一差距更为显著。2012 年，OECD 国家男女童在初级教育阶段的留级率几乎没有差别，但在拉美和加勒比国家男童留级率超过女童 45% 以上。[24]

与其他发展中国家不同的是，拉美地区中级教育和高等教育阶段男生的入学率低于女生，这与初级阶段的情况恰好相反。这一趋势在近几十年中不断加剧。在 2000 年以来的最近 10 年中，男女生在中级教育和高等教育阶段的入学率差距分别达到 5% 和 16%（UNESCO—UIS，2012）。但拉美地区各国之间的情况差异性也很突出。阿根廷、哥斯达黎加、厄瓜多尔、萨尔瓦多、洪都拉斯、尼加拉瓜、巴拿马、多米尼加和委内瑞拉等国，中级教育阶段的这一差距甚至超过 10%（Rico y Trucco2014）。

与 OECD 国家相比，拉美国家男生相对于女生的学习表现更好。在 2012 年的 PISA 测试中，男生的数学成绩平均高出女生 19 分，相当于半学年，而 OECD 国家的这一差距为 11 分。这一在数学测试上有利于男生的差距，近 10 年中在巴西和墨西哥进一步扩大，在乌拉圭和 OECD 国家则保持不变。

在引入与学生或学校有关的社会经济条件变量加以调整之后，上述性别差异依然较为显著。这意味着性别差异本身，而不是学生家庭或学校的经济社会因素对于解释学生成绩差异的重要性。在对留级率进行控制后，这一差距甚至出现了扩大（见图 4.12）。

男童的更好学习表现可以通过其高于女童的辍学率加以解释。

在阅读测试中，女生的表现好于男生。拉美地区的这一差距为 27 分（约相当于 8 个月的学时），低于 OECD 国家的 38 分差距水平。关于男生和女生在数学和阅读测试中的迥异表现，大量文献强调男女生自身的优点不同是解释差异的关键因素。因此，需要采取不同的教学策略，纠正性别差异引起的不平等性（Bellei et al.，2013 y OECD，2012c）。

男生的相对更好表现，在一定程度上是由于家庭社会经济条件不佳的学生辍学率较高所造成的。这部分男生往往学习表现较差，将其排除在外导致了对参试男生的选择性倾向。在一些国家，属于不同社会经济群体的男生辍学率差异较大。例如，在智利，属于收入水平最低的 1/5 群体的男生完成中级教育的比例接近 65%（属于收入水平最高的 1/5 群体的男生这一比例为近 95%）。在危地马拉，这一比例分别为不到 10% 和超过 60%。[25]在 PISA 测试参试国中，哥伦比亚的案例较为突出。该国是 2012 年数学测试男生和女生成绩差距最大的国家，但在阅读测试中却是男女生差距最小的。

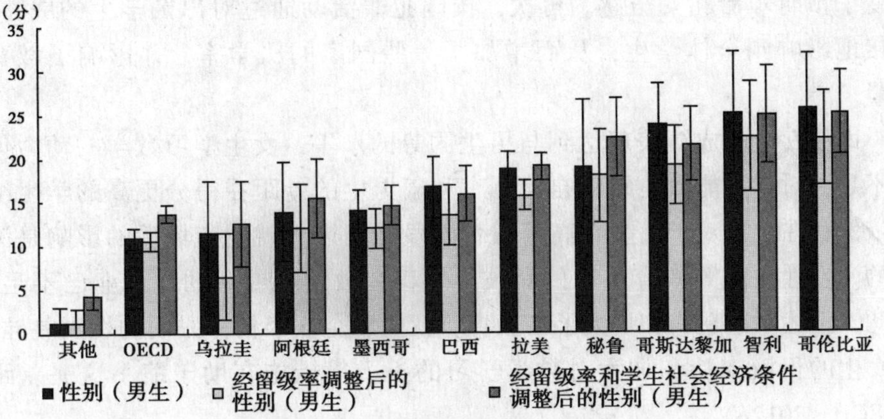

图 4.12　男生与女生学校表现差异

（经留级率和学生经济社会条件调整前后的 PISA 数学测试成绩）

注：拉美国家包括阿根廷、巴西、智利、哥伦比亚、哥斯达黎加、墨西哥、秘鲁和乌拉圭。其他国家和地区包括阿尔巴尼亚、保加利亚、克罗地亚、迪拜、中国香港、印尼、约旦、哈萨克斯坦、拉脱维亚、列支敦士登、立陶宛、中国澳门、马来西亚、黑山、卡塔尔、罗马尼亚、俄罗斯、塞尔维亚、中国上海、新加坡、中国台北、泰国、突尼斯和阿联酋。间隔代表置信区间为95%。回归函数的因变量为学生的 PISA 测试得分，自变量包括 1 个虚拟变量（取值为 1 时代表男生）、留级年数、学生的经济、社会和文化状况。

资料来源：根据 OECD/PISA 2012 数据库编制。

统计链接：http：//dx. doi. org/10. 1787/888933162819.

但在考虑辍学男生的成绩表现后，男生相对于女生的成绩优势便不复存在（Muñoz，2014）。

进一步看，在一些拉美国家，上述性别之间的教育差异与男生群体、特别是居住在城市地区贫困家庭的男生更多受到暴力犯罪活动影响的事实息息相关。总的来看，拉美和加勒比的年轻人暴力犯罪和凶杀率高于其他地区（Muggah y Aguirre，2013）。此外，南美和中美洲 15 ~ 29 岁男性受害者凶杀率超过同一年龄段世界平均水平的 4 倍以上（UNODC，2013）。哥伦比亚男女生学习表现差异最大。暴力活动可能是与男生辍学密切相关的因素（Gerardino，2014）。

暴力活动通过不同渠道对投资教育的积极性产生影响。首先，由于暴力犯罪部门对人手的需求相对较多，从而增加了教育的机会成本。其次，改变了预期寿命和安全感。再次，校园犯罪活动通过对出勤学生的威胁，间接地影响到全体学生，从而增加了一些国家的辍学率，并影响了教育质量。

即使女生的成绩表现达到与男生同等的水平，女生学习数学的动力仍然不足，对自身能力也缺乏自信。有利于男生的差距在得分更高的学生组中依然存在。这对于女生在高等教育阶段乃至进入就业市场后的影响是深远的。女性在高等教育阶段的科技、工程和数学等专业的比例业已不足。因此，上述因素造成和扩大了在教育、就业和企业家精神方面的性别差异。对女生的积极支持和加大对数学学习的投入等措施有助于缩小这一差距（OECD，2012c）。

尽管女性在就业方面取得的进步，劳动力市场却仍然存在性别不平等现象。

随着更多的女性接受中级教育和高等教育，女性主要是来自较高社会经济阶层的女性在劳动力中所占比重不断增加。尽管 1990 ~ 2012 年期间，女性在全球劳动力市场中所占的比例从 57% 下降至 55%，拉美和加勒比地区的这一比例却从 1990 年的 43% 上升至 2012 年的近 60%。此外，随着近 40 年中超过一半的歧视性限制规定的取消，有关监管措施也促进了女性对劳动力市场的参与度（世界银行，2014）。然而，这一有利趋势更多使来自较高社会经济阶层的女性受益。较低阶层的女性仍面临着不同类型的限制和制约。

年轻女性在改善就业市场地位方面仍面临着一些关键挑战。首先，20 ~ 29 岁年轻女性中，在生产率较低的部门就业的比例超过 70%（男性比例为 56%）。这意味着女性在就业市场中的地位有待提升（Rico y Trucco，2014）。其次，女性总工作时间大幅超过男性。这主要是因为职业女性大量从事无偿家庭劳动，超过每周 20 小时（CEPAL，2013）。最后，15 ~ 24 岁年轻女性的失业率仍高于男性。

尽管 OECD 经济体在青年失业率方面并不存在性别差异，然而拉美地区女性青年失业率平均比男性高出 6 个百分点。尽管近几年来情况有所改善，一些拉美国家甚至取得了比 OECD 国家更大的进展，拉美国家女性工资水平却仍然低于男性，接近后者 90% 的水平。而且，这部分工资差距无法通过劳动经验或教育水平等基本因素加以解释（世界银行，2014）。

拉美应采取能够应对巨大挑战的教育政策

近期的政策倾向在于加强学校自治、改善管理模式、加强评估和推动教育职业化

教育改革应该既能够应对提高覆盖率等传统挑战，又具备适应新挑战的能力。在前几期《拉美经济展望》报告中，我们对拉美地区在过去几十年中实施的一些主要教育改革进行了介绍（OECD，2011）：第一，旨在改善教育质量的分权化改革，即赋予学校、地方和地区在师资选择、融资、课程设置和目标安排等方面的自主权。第二，完善高等教育管理模式，扩大私人办学，采用新的质量标准，扩大多样性。第三，建立和完善评估体系，以更好地了解教育运行机制，改进对学生表现和教学实践的衡量。第四，加强对教职人员和教育机构领导人的遴选、管理和职业化发展。

近几年推进的教育改革既针对“传统”挑战，也注重应对不断出现的“新”挑战。大多数拉美国家在四个传统领域推动了教育改革，即覆盖面、质量、公平和针对性。然而，近期也出台了一些应对新挑战的政策措施，如早期教育、教育类型及与就业市场需求对接的能力。

各国教育政策也面临着严峻的长期挑战。然而，在财政趋紧的背景下，各国也必须更好地利用既有资源，提出短期解决方案，应对好当前挑战。正如下文将具体阐述的那样，这些政策包括降低留级率和辍学率的帮扶计划、校园辅导计划、对教职人员的激励措施、在教学计划中加强软技能培养和加强高等教育阶段信息系统的应用等。

虽然有关效果需要时间的检验，但拉美需要将应对长期挑战纳入教育计划。各国应在早期教育方面出台措施，扩大覆盖面，并加强对专业人员的培训。对于一些国家而言，应加强全日制学校建设，完善师资培养体系和加强评估体系。

总而言之，拉美地区在教育领域既面临着传统挑战，也遇到了新问题，需要加强教育政策布局。下面，我们将就拉美教育政策新布局需要关注的各方面主要内容进行阐述，并介绍一些国家近期推动的教育改革，以及OECD国家的相关经验，并提出相应建议。附录4. A1以列表的形式总结了主要的政策建议。

新的教育政策布局应该以质量和公平为中心

尽管OECD成员国之间并没有统一的教育模式，然而目前已就哪些是最为有效的教育政策达成了某种共识。国际经验表明，应采取既能改善质量也能促进公平的政策。这有助于构建拉美教育政策新布局：第一，加强早期教育政策，应对覆盖率方面的挑战，加强早教专业人员培养，在教学中重视非认知能力的发展。第二，加强促进公平的政策，包括出台困难学生帮扶计划、采用新技术、加强与私人部门的合作。第三，加强课堂教学的政策，包括制定纪律框架、鼓励积极性和坚韧不拔的精神。第四，加强教师队伍建设，包括出台终身培训措施、推动职业化发展和鼓励同伴之间相互学习等。这也是拉美地区的重点领域。第五，加强考核评估体系发展的政策，涉及学校内部、国别和国际等多个层面。

促进早教的政策需要中长期规划。

促进早教的政策对于个人发展和劳动就业而言具有重要意义，也是当前应予以优先关注的领域。正如本章所阐述的，许多研究强调了早期教育对于个人未来表现的重要作用，有助于降低辍学倾向，获得更多的认知技能，从而促进人力资本更加全面的发展（Cunha et al.，2005）。在此意义上，需要加强扩大早教覆盖面的政策措施，包括教育机构基础设施发展等内容。此外，其他一些中短期措施同样具有重要性。应在教育制度设计方面采取更加灵活的机制，既允许儿童尽早获得教育，也有利于增加女性对就业市场的参与度，延长儿童在校接受教育的时间，并改善对早教机构人员的培训。近年来拉美国家已经实施了上述政策措施中的一部分，但仍继续加强。

推动公平和包容的政策。

旨在减少教育体系不平等性的政策措施得到了强化。鉴于本章强调的不平等现象依然突出，上述任务应继续成为教育政策的轴心之一。拉美地区在这方面不乏成功经验。如巴西于2001年实施的Alvorada计划。该计划旨在缩小地区不平等状况。其他还有学校包和中级教育表现计划等。2011年设立的零贫困的巴西计划旨在提供包括教育在内的公共服务，以及职业技术培训。哥伦比亚实施的有条件转移支付计划，包括家庭在行动计划和从零到永远战略计划等。这些计划旨在提高早期教育的质量。一些国家则重视技术应用在促进公平方面发挥的重要作用。为推动入学平等、提升入学率，阿根廷推出了“联通平等”计划，为中级教育阶段师生和教育专业提供计算机。乌拉圭则推出了“一童一机”计划（CEIBAL，促进网上学习的基础信息教育联通计划）。该计划缩小了在获得计算机方面的差距，保证了公共初级教育阶段计算机使用基本实现全覆盖。墨西哥的社区远程学士和线上学士计划，提高了入学率较低群体和社区的教育包容性（如成年人、农村地区等），推动建立了虚拟学习群体。

推动教育公平在很大程度上取决于教育政策之间的衔接和连贯性。

推动教育体系在可获性和质量方面实现平等的政策应更加注重连贯性。拉美地区教育体系的质量问题屡次被提及。社会经济、地理、种族和性别因素都对此产生着重要影响。在一些国家，旨在改善学习表现的政策措施反而加剧了既有的不平等状况，正如根据学生能力、背景或动机安排不同课程的做法所显示的那样（Cox y Schwartzman，2009）。根据职业技术教育和普通学校教育分科的做法（见第三章专栏3.4），在一些国家往往适得其反。这主要是因为拉美地区的职业技术学校常常名声不佳。因此，为加强政策的连贯性需要进行更好的后续评估和监督。

加强与私人部门特别是公益性质的私人部门之间的合作能够成功改善教育可获性和公平性。在巴西，政府通过与埃尔顿·塞拉协会（IAS）之间的合作，将超过1 200座城市的近200万青少年纳入教育体系，从而成为公共部门与私人公益性组织合作推动机会均等的成功案例（OECD netFWD，2014）。Superação 计划则旨在促进中级教育阶段学生的软技能（沟通、信任、团队合作）和认知能力的发展，从而有助于他们在未来更好地进入职场，融入社会（OECD，2013i）。通过对教师队伍的专业培训，学生们更好地改善了在数学、文学和解决问题的逻辑思考等方面的能力。根据效果评估，1996～2006年，参与一项或多项 IAS 项目的各城市学习成绩提高率超过全国平均水平近3个百分点。

针对课堂教学的政策十分有效，能够提高学生积极性和坚韧性。

近年来，鉴于针对课堂教学的政策措施在不同环境中运行有效，并且显示出了很好的效果，其重要性也在不断上升。有关政策措施有助于形成良好的学习环境，从而为帮助遇到困难的学生提高自我评价、形成积极乐观的品质提供了有利氛围。然而，拉美国家的课堂政策应该在鼓励与效果之间寻找最佳平衡点。一方面，拉美国家学生的课堂幸福指数以及在学习数学方面显示的坚韧不拔地解决问题的精神和自身动力超过 OECD 国家学生。但另一方面，拉美学生解决实际问题的能力却不及后者。PISA 测试在数学方面的自我效能指数也显示了这一点（见图4.13）。在此意义上，学生的积极性、坚韧性和幸福感应该通过更加严格和要求更高的课堂政策得到进一步利用，从而将这些品质转化为更好的学习成果（见专栏4.5）。

为保障学生的正常学习及其今后顺利融入社会，必须继续采取旨在减少校园暴力活动的政策措施。包括推动学生开展对话和融入各类社会关系在内的积极措施，有利于促进青少年的心理和人格发展（Krauskopf，2006）。巴西的校园“和平”计划和哥伦比亚的“生活技能”计划，成功降低了各自国家学生间的校园暴力现象。此外，拉美国家也可以引入 OECD 国家已经实施的一些做法。例如，美国的“预防校园恐吓”计划和西班牙塞维利亚的“反对校园暴力”计划等项目改善了学生间的人际关系，鼓励他们相互团结合作。与此同时，一些旨在开发高中阶段学生社会情感技能的项目，如墨西哥的“Construye-T”计划旨在培养对自我情感的认知，增加与他人的默契和改善决策行为等。

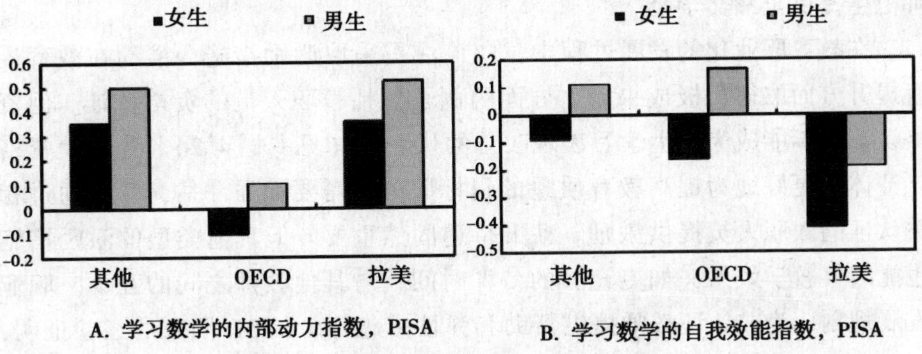

图 4.13　学生的学习动力以及解决问题的效能

注：拉美国家包括阿根廷、巴西、智利、哥伦比亚、哥斯达黎加、墨西哥、秘鲁和乌拉圭。其他国家和地区包括阿尔巴尼亚、保加利亚、克罗地亚、迪拜、中国香港、印尼、约旦、哈萨克斯坦、拉脱维亚、列支敦士登、立陶宛、中国澳门、马来西亚、黑山、卡塔尔、罗马尼亚、俄罗斯、塞尔维亚、中国上海、新加坡、中国台北、泰国、突尼斯和阿联酋。学习数学内部动力指数（INTMAT）根据学生对下列问题的回答构建，即在阅读、学习和做数学题目方面的意愿、动力和兴趣如何。数学学习效能指数（MATHEFF）代表学生解决某些具体问题的信心，如计算一辆汽车所消耗的汽油或打七折电视机的价格下降金额等。

资料来源：根据 OECD/PISA 2012 数据库编制。

统计链接：http：//dx. doi. org/10. 1787/888933162824.

采取改善教师条件、保障教学质量的一揽子政策措施必不可少。

尽管拉美各国在加强教师队伍方面业已取得了显著进展，仍存在较大的改善空间。近年来拉美国家加强教师队伍建设的案例层出不穷。阿根廷于 2007 年成立了全国教师培训协会，旨在加强教师培养机制建设，推动对教职人员的上岗培训和终身培训。巴西则实施了多项教职人员培训计划，包括教职人员技术培训课程（Profuncionario）、基础教育维持和发展基金（Fundescola）和全国教育发展基金等。哥伦比亚则出台了教师导师培养计划。乌拉圭正在积极讨论成立师范大学，以解决公共教育部门教职人员缺乏的问题。巴拿马成立了旨在保持教学内容符合最新要求的全国课程创新和更新委员会（ENIAC），并实施了运用新技术进行教师培训的同行之间计划。多米尼加共和国则为课程设计、创新教学实践、外语和科技等专业的师范生提供全额奖学金。

在教育职业化的发展过程中，应该注重采取激励措施，推动在教育质量提升方面取得积极成果。这方面的例子包括教职人员的资格认证。但资格认证并不能成为学生学习表现改善的代名词（见专栏 4.2）。为了使资格认证体系更好地为提高教育质量的目标服务，需要加强评估，并为通过相关认证的教职人员提供激励。薪酬待遇固然重要。但其他类型的激励措施也能改善教学效果，如更充分的备课时间、与其他教师之间的互动、职业发展规划、为非认证教师提供帮助和弹性措施等。OECD 国家的经验证明，一些推动教师职业化发展的激励措施能够在提高教育质量方面发挥积极作用（见专栏 4.5）。

应继续加强对教育系统的信息搜集和使用。

更完备的信息搜集工作有助于正确引导教育政策的实施。有关教学效果指标，如全国和国际测试成绩指标等，能够在提高教育质量方面发挥重要作用。教育机构的自我评价也是相关领域的一大进步。此外，对有关计划的评估和监督有助于更好地理解政策影响，改进其实施效果，是一项重要手段。在一些国家，许多有条件转移支付计划在出勤率、学习表现和毕业率等方面起到了良好效果。而这些计划的成功实施恰恰有赖于有效的评估（Baez y Camacho，2011；Behrman，Parker y Todd，2011）。此类评估为衡量政策效果、继续推进政策实施提供了重要依据。OECD 国家在此方面取得了重要进展（见专栏 4.5）。

专栏 4.5　OECD 国家教育政策的一些启示

OECD 国家在教育政策领域的最新实践能够为拉美国家在相关领域的发展提供借鉴，特别是在早期教育和中级教育阶段的一些领域，包括教学政策、课堂措施、评估和职业教育发展等方面。

许多 OECD 成员国均将早期教育视为优先领域。在大多数 OECD 国家，政府承担了相关投入的主要部分，并采取了包括直接资助、补贴和减税等在内的措施来鼓励扩大教育覆盖面。早教质量也是 OECD 的一个重要目标。

为此，一些国家完善了教学安排，并注重家庭和社区在课程设计过程中的参与。

在拉美地区许多国家重视的中级教育发展方面，OECD 国家在完善资源分配、扩大学校自主权、教师培养、课堂和评估政策等领域采取了相关政策措施（OECD，2013d）。

首先，OECD 国家的一些成功案例表明，促进公平的教育政策需要将教育资源向条件较差的学校倾斜。在 PISA 测试中表现较好的 OECD 国家往往能够更加公平地分配教育资源，如爱沙尼亚、芬兰、德国、韩国和斯洛文尼亚等。

其次，在管理方面，许多国家通过与教职人员合作扩大了学校的自主权。OECD 国家的经历表明，更大程度的自主权有助于改善学校表现。表现更好的学校往往在课程和考试安排方面拥有更大的决定权。然而，自主权发挥的效果也取决于教育体系的质量、透明度以及行政部门的合作程度。因此，这一条经验并不适用于所有国家（Hanushek，Link y Woessmann，2011）。

再次，在教师政策方面，许多 OECD 国家高度重视通过激励机制和措施吸引和留住高质量师资。与此同时，各国制定了严格的教师聘用流程，推动教师在执教期间不断接受培训，提供与教师职业水平和经验相应的待遇，表彰最佳教师的工作，并为需要改进提高的教职人员提供帮助。OECD 国家的学校体系发展较为完善，注重平衡分配师资，保障困难较大的学校获得充足的优秀师资配备。

此外，OECD 国家的课堂政策被公认为是最有效的政策措施（OECD，2013d）。纪律良好的课堂环境是改善成绩的前提条件。这也显示了困难较大的学校吸收优秀师资力量的重要性。与此同时，OECD 国家的教育部门重视为所有学生提供机会。实际上，把学生根据留级情况或学习表现分为三六九等的做法，不利于促进公平和改善学习表现。来自等级划分更加严格的教育体制的学生往往缺乏学习动力。

在评估政策方面，OECD 国家的经验显示出，将学生和教师纳入外部评估和自我评价过程中、并出于培养目的使用获得的相关信息的重要性（OECD，2013h）。这方面尚有待完成的任务是将上述评价体系使用在校园之外的范畴，建立针对就业安排的技能和能力评估体系。需要进一步完善许多国家已经建立的信息系统，准确界定处于困难的学生。这也是 OECD 国家在降低留级率和辍学率方面的成功做法。

最后，OECD 国家在职业技术教育方面出台的政策措施旨在加强相关教育的质量和重要性。有关措施包括加强对学生的引导，并为职业培训提供职业指导。此外，需要尽早让学生具有实际经验，从而促进其软硬技能的发展。这也是一些国家实施的成功政策。与此同时，应通过教员、雇主和工会之间更为顺畅的沟通缩小课程安排方面的差距。招收熟悉劳动就业市场情况的教员也是有助于提高职业教育质量的一项重要政策措施（OECD, 2010c）。

OECD 国家的机制体制经验有助于拉美国家实施有关政策措施

教育政策的实施应既考虑体制结构，又考虑参与对象。有关哪些是有助于提高教育质量的因素的既有论述业已十分充分（Hattie，2008；OECD，2013g）。在关于何为最有效的政策方面，也已经存在尽管仍不完整但日益扩大的共识，包括师资质量、对学生的高标准、高期待、信息系统和后续跟踪机制、对教职人员的培养和培训、加强学校的管理权、帮助有困难的学生等。然而，针对如何实施改革则较为模糊。为此，OECD 采用了学校改善计划的概念。该计划包括三个基本行动领域：校园实践、学校组织和政策的外部环境（OECD，2014b）。

许多类型的教育政策实施周期较长，效果有待长期验证。这就要求协调各方利益，调动不同能力。一方面，教育政策应该与教育体制的治理模式相适应；另一方面，应重视各类主体的参与，包括学生、家长、教师、雇主和工会等。实施过程与政策本身同样重要。

政策的成功实施在很大程度上取决于能否切实改进课堂实践。OECD 国家的经验表明，最成功的改革是那些直接针对教师队伍和学习过程的改革，而不是只关注体制结构和资源分配的措施（Elmore，1996；Datnow，2005）。提高学校自主权的改革措施往往直接针对如何改善课堂教学实践，而并非仅改变决策结构。OECD 国家的经验还显示出教师行为举止和教学方法的改变往往对政策的有效性和可持续性具有重要影响（见专栏 4.5）。许多旨在改进教师教学实践的政策往往预先认为教师会自动发生改变，而没有考虑到这种改变往往更加微妙，需要在长期显现效果（Ng，2008）。

对教师和行政管理人员的适当培训对于教育改革的顺利实施十分必要。

为保证有关教育改革措施的成功实施，需要对教师和行政管理人员进行培训。推动改革涉及人员的职业化发展具有重要意义。需要就改革内容对教师进行有针对性的培训，而且培训时间越长往往就越有效。保障有关培训的持续开展成本较高，但有助于教职人员更好地理解和领会改革内容。拉美地区当前面临的挑战不仅是为教职人员提供更好的工作条件，也要求他们不断提高工作质量。

有效使用详细的学生信息资料是对政策实施效果进行后续评估的重要手段。在信息方面，各类国别和国际测试体系有助于改善政策质量，并为政策实施提供反馈。在学校内部适当使用有关信息数据有助于培养自我评估文化，推动学校完善组织规划（Watson y Katz，2003）。

加强在教育政策方面的管理和沟通能够提高政策成功的概率。

为有效落实政策措施，需要加强学校的组织管理能力。环境对于教育改革措施的实施十分重要。因此，需要培养专家群体，为改革营造有利环境。保障所有主体的参与以及政策安排的连贯性有助于把有关措施落到实处。在落实教育政策的过程中，还需要在不同主体以及学校领导者之间加强沟通。学校、特别是表现欠佳的学校的校长能够在推动改革方面发挥重要的领导作用（Mujis et al.，2004）。当然，也可以在一些情况下鼓励校长与教师和管理人员队伍中的重要成员共同领导改革。

OECD 国家的经验显示出，打造所有成员目标一致、对共同努力方向和校园发展文化认同度高的专业共同体，也是保证成功的关键因素。打造专业共同体的一个有效做法是，在保证正常课时量的同时，给予教师更多时间来查询资料、分享经验和相互交流，使教师感受到自己是教育政策的参与者无疑是保障改革成功的最关键挑战。家长和与学校有关的群体的支持对于根据学校所处发展阶段、顺利实施改革措施至关重要。

拉美地区需要明确各类教育政策的优先顺序和实施周期。

优先度划分应该明确亟须实施的有关政策及其目标。虽然在推进教育改革方面并没有统一的优先度划分标准，但国家发展战略可以为确定最亟须实施的政策提供指导框架。这方面的一个例子是墨西哥于 2012 年出台的墨西哥协定。该计划确定了明确的发展目标，包括提高高中和高等教育覆盖面、推动全日制学校建设，以及扩大国家评估协会的自治权等。OECD 国家的经验表明，明确数量有限但能够测量的优先政策措施有助于取得积极成果。这方面的例子还有日本和新西兰。这两个国家每五年制定教育计划，明确政策优先领域（OECD，2014b）。

在实施过程中还应注重具体政策措施和教育领域整体发展规划之间的结合（Earl，Watson y Katz，2003；Reezigt y Creemers，2005）。在情理之中的是，有关政策措施越能够契合国家、地区和地方发展目标，就越有生命力。哥伦比亚的案例证明，在直接面向学校和教育机构或是通过地方政府进行的资源分配过程中加强协调的重要性。缺乏协调则有可能发生针对改革政策产生超负荷和厌倦感的风险，从而削弱了学校的创新能力。机构协调也能够转化为更好的管理模式，特别是在分权程度较高的国家。

结论和政策建议

对拉美地区而言，教育政策决定着教育能否在社会团结和包容性增长中发挥媒介作用。能否有效实施教育政策将在很大程度上决定拉美的发展轨迹。尽管许多国家克服了在初级教育和中级教育覆盖率方面的挑战，然而进一步提高教育质量和学习表现仍是尚待完成的任务。虽然拉美地区需要进一步加大投入，但这并不必然意味着教育质量的同步提高。与此同时，拉美地区的教育体系仍面临着不同层次的不平等现象。相比任何其他 PISA 项目所研究的地区，拉美地区的社会经济背景在解释学习表现和教育资源分布方面的分量最重。

在实现质量与公平的目标方面，有关政策仍有改进空间。为实现这一双重目标（如墨西哥在最近几年中所做的），需要在不同政策之间进行组合。应该在充分考虑大部分拉美国家财政从紧的现状，根据现有资源出台一些短期政策措施，以满足新兴中产阶级需求，避免落入中等收入陷阱。与此同时，也需要实施一些并非能够起到立竿见影效果的长期政策，以满足实现包容性增长的需求。

短期政策措施应立足用好现有资源，并涉及多个领域。关注和帮助面临更大困难的学生的计划有助于降低留级率和辍学率。需要改进人性化的后续跟踪项目，有效甄别辍学倾向更大的学生。在该领域，教育升级支持计划（从初级教育到中级教育、从中级教育到高等教育）十分有效。需要完善针对学生及其教育成长轨迹的信息系统建设。

在拉美地区需要优先关注的师资政策方面，需要通过改善教师工作条件提高教学质量，完善教师终身培训计划，为教师和学校间相互学习创造空间，从而提升教师地位和责任感。完善教师配备特别是将优秀教师分配到困难更大的学校，有助于促进公平。

课堂政策对改善教育体系的质量与公平十分有效。总体而言，需要营造有利于学习的课堂环境。课堂表现与课堂环境两者密切相关。因此，需要加强学校的课堂纪律框架建设。

完善学校信息机制是许多国家下一步需要加强的任务。OECD 国家的经验表明，将学生和教职人员纳入决策过程，并将有关信息用于教育培养的目的是十分有用的做法。

长期教育政策包括扩大投入和推动机构改革等方面，对于拉美地区具有重要意义，应该成为其教育计划的一部分。需要加强学前教育。这一阶段的教育能够极大地促进整个人生周期的技能发展，该领域也是拉美地区的薄弱环节。许多国家在早教硬件和人员培养方面缺乏所需的大规模投入，特别是社会条件较差的早教机构尤其需要相关投入。与此同时，有关教学计划不应仅关注认知能力的发展，需要更多地开发沟通、融合等软技能。

除了已经提及的激励措施以外，长期的师资政策还应促进教育职业化建设。为此，需要设计严格、透明的教师聘用和考核体制，为教师发展做好职业规划，并建立好保障流动性的机制。为顺利实施有关政策，对教师

附录 4. A1　主要内容和政策建议一览

章节	主要内容	领域	辅助内容	阶段	政策建议	目标	政策措施的领域
第一节 概览：投入、覆盖面和表现	教育方面取得的成就斐然，但仍然存在一些挑战	教育投入	公共和私人部门教育投入不断增加，但相比 OECD 水平仍有差距	学前和初级教育	加大对早教中心的投入	覆盖率	治理
					实现早教模式的灵活化，以扩大覆盖率	覆盖率	治理
				中级教育	制定符合实际的投资计划，扩大全日制学校	覆盖率	治理
				高等教育	加强引导高校扩招的机制设计	质量	治理
					高等教育认证体系的后续评估	质量	治理
			教育投入的质量与规模同等重要	学前和初级教育	早教专业人员培训和加强学前师资方面的投入	覆盖率	师资政策
				中级教育	加强能对改善教育质量发挥显著效果领域的投入：教师、全日制学校	加强教育针对性	学校组织
					推动出于培养目的的内部评估数据的使用，有针对性地改善和加强相关领域工作	完善甄别系统	评估
					创造条件，在中级教育机构内部或之间鼓励同伴相互学习，推动教职人员之间的合作（TALIS 2013）	完善甄别系统	评估

续表

章节	主要内容	领域	辅助内容	阶段	政策建议	目标	政策措施的领域
第一节 概览：投入、覆盖面和表现	教育方面取得的成就斐然，但仍然存在一些挑战	教育投入	教育投入的质量与规模同等重要	高等教育	加强负责项目和机构监督的高等教育委员会	改进连贯性和协调	治理
					扩大信息系统（留级、辍学、就业去向等），以更好地评估效率，与就业市场进行对接，并完善预警机制	完善甄别系统	评估
		教育覆盖率	预期受教育时间改善	学前和初级教育	早教中心教员培训投入	覆盖率	治理
				中级教育	将学业完成率和幸福指数作为质量指标	完善甄别系统	评估
					改善教学条件，给予带班教师更多的准备时间	加强教育针对性	师资政策
					制定符合实际的投资计划，扩大全日制学校	覆盖率	治理
				高等教育	通过信用机制和校际协议促进预科教育机构和高等教育机构之间的流动性	流动性	治理

续表

章节	主要内容	领域	辅助内容	阶段	政策建议	目标	政策措施的领域
第一节 概览：投入、覆盖面和表现	教育方面取得的成就斐然，但仍然存在一些挑战	教育覆盖率	一些群体的覆盖率仍然较低	学前和初级教育	加强对弱势群体的早教覆盖	覆盖率	治理
				中级教育	实施初、高中阶段的义务教育	覆盖率	治理
					加大全日制学校建设投入	覆盖率	治理
				高等教育	实施学生帮扶计划，为大学生提供贷款	资金	治理
					灵活的大学与企业合作项目	流动性	治理
			留级率和辍学率仍然较高	中级教育	实施旨在降低留级率和辍学率的专门政策：面临困难和辍学风险的学生甄别和帮扶计划，特别关注处于升级阶段的学生	降低辍学率	学校组织、治理
				高等教育	完善认证体系和管理模式	监督评估	学校组织
					在保证学习的基础上加强与就业市场的对接	降低辍学率	学校组织

续表

章节	主要内容	领域	辅助内容	阶段	政策建议	目标	政策措施的领域
第一节 概览：投入、覆盖面和表现	尽管有所改善，然而相比 OECD 国家学生学习表现仍处于较低水平	学习成果和质量	成绩波动幅度有所缩小，但仍然较大	中级教育	许多拉美国家采取了缩小 PISA 测试成绩波动的措施，如帮助和辅导计划、降低男生辍学率等	加强师资和学校领导作用	师资政策、学校组织
				高等教育	改善机构间协调	改进连贯性和协调	治理
			影响成绩表现的多种因素	学前、初级和中级教育	社会经济状况直接影响成绩表现	将父母直接纳入培养过程	学校组织
					加强辅导政策、增加教育时间、对教师进行反馈以改善表现	改善表现	师资政策、工作条件
					对教育中采用信息通讯技术的效果进行评估	监督评估	评估
				高等教育	完善学生后续跟踪机制（校际信息系统）	强化对学生的帮助	评估
第二节不平等性	教育体系仍面临多方面的不平等性	社会经济条件不平等	公立、私立机构的高度分割	中级教育	在学校中鼓励社会经济背景多元化	强化对学生的帮助	治理
					在一些科目的教学上为少数民族提供民族语言教学	强化对学生的帮助	学校组织
			拉美地区面临软技能缺乏的问题		改革课程设置、加强软技能开发（沟通、信任和团队合作）	加强师资和学校领导作用	师资政策、学校组织

续表

章节	主要内容	领域	辅助内容	阶段	政策建议	目标	政策措施的领域
第二节 不平等性	尽管有所改善，然而相比 OECD 国家学生学习表现仍处于较低水平	区域不平等	农村和城市地区高度不平等	中级教育	扩大地方自主权，增强地区发展能力	加强师资和学校领导作用	师资政策
			需要采取超越学校范畴的区域发展政策		在师资认证和培养方面加强跨区域合作	改进连贯性和协调	师资政策、学校组织
		性别不平等	男生高辍学率导致的不平等	中级教育	针对辍学可能性较大的男生实施个性化的关注措施	完善甄别系统	学校组织、治理
			女生学习动力和信心不足		加强对能力强的学生（男生和女生）的筛选，在向高等教育过渡的阶段提供帮助，保持后续跟踪	完善甄别系统	学校组织、治理
第三节 针对性	针对就业市场需要加强教育工作	通过职业教育推动技能供需平衡	职业技术教育的供需缺口较大	职业技术教育	完善职业教育学生信息系统（就业、薪酬、职业发展）	加强教育针对性	学校组织
			需要从初级和中级教育阶段开始加强与就业市场的联系		重新设计针对职业教育的激励措施：薪酬、在职学习机会	强化对学生的帮助	治理
第四节 政策实施	政策的成功在于实施	OECD 国家在政策实施方面的启示	政策实施既考虑体制机制，也重视主体参与	从初级教育到高等教育	打造具有共同目标、能够通过培训不断改进的职业共同体	加强师资	学校组织、治理
			课堂政策十分有效		促进质量与公平的政策应保持连贯性，且互为补充。需要完善有关政策的信息系统	改进连贯性和协调	治理

和行政管理人员进行培训不可或缺。同时，还应加强以校长或教职队伍关键成员为核心的学校领导层建设。

最后，应继续完善评估机制。除对各教育阶段学生和教师表现进行系统化评估之外，还应对进入就业市场的成人的技能表现进行后续跟踪。与此同时，需要加强对近年来实施的各类教育改革措施进行后续评估，以准确界定其实施效果。

近年来实施的许多教育改革取得了宝贵经验，但需要继续加以推进，并关注其实施效果。为顺利实施有关政策措施，应既考虑机制体制因素，也重视各主体的参与，并在中长期的现实场景中对其效果进行评估。需要进一步协调好师资政策和课堂政策，并在实施过程中注重与教育整体发展计划的衔接。

【注　释】

[1] 本章在分析中对技能和能力不加区分。

[2] OECD 对人力资本存量进行过货币量化估算，以对既有的基于受教育时间或技能水平的指标进行补充。这项工作可以在人力资本与实物资本之间进行比较分析。此外，还可以借此就一系列因素对人力资本存量变化的影响进行研究，如学业成就、就业市场和人口因素等。

[3] 有关 PISA 测试和拉美国家的参与情况参见专栏 4.1。

[4] 根据 OECD《2014 年教育展望》（Education at a Glance 2014）数据。

[5] 根据世界银行/World DataBank http：//databank. worldbank. org/data/databases. aspx.

[6] 根据 UNESCO/UIS 数据 www. uis. unesco. org/datacentre.

[7] 预期受教育年限指某一特定年龄的个人预计可能接受某一阶段教育的年数。这一指标旨在通过衡量包括未接受学校教育人口在内的全部适龄人口可能获得正规教育的年限显示教育体系发展的总体水平。详见 UNESCO（2012）。

[8] 例如，哥伦比亚，参见 OECD（2013c）。

[9] 即使在经过家庭社会经济因素调整之后，参加学前教育对于中学阶段的积极影响仍然得以延续。

[10] 成绩年化变动指的是参试国家在能够获得相关数据的时间段观察到的变化情况。

[11] 测试得分水平分为 1～6 级，6 级为最好水平。在 PISA 测试中，得分在技能级别 2 以下属于成绩较差，在级别 5 以上属于成绩较好。级别 2 被认为是数学测试的门槛水平，也就是说，现代社会生活中所需的最低水平。

[12] 哥伦比亚和秘鲁2012年的数学成绩没有具有统计学显著性的差异。

[13] 关于仅达到PISA数学测试技能级别1水平的学生情况解释参见专栏4.1。

[14] ISCED 5A指根据国际教育分类标准，能够获得高级研究证书的高职教育项目。

[15] 根据UNESCO统计局数据库（2012年左右）。

[16] 有关职业技术教育和劳动就业市场的分析参见第二章。

[17] 所使用数据由以下CEQ项目团队提供。玻利维亚：Paz Arauco et al.（2014）；哥伦比亚：Lustig y Melendez（2014）；哥斯达黎加：Sauma y Trejos（2014）；萨尔瓦多：Beneke，Lustig y Oliva（2014）；危地马拉：Cabrera，Lustig y Moran（2014）；墨西哥：Scott（2014）；秘鲁：Jaramillo（2014）；乌拉圭：Bucheli et al.（2014）。更多资料参见www. commitmentoequity. org.

[18] 有关数据通过OECD-PISA 2012数据库获得。

[19] 在PISA测试中，公平性通过两种方式进行衡量。一是能够通过社会经济状况差异解释的成绩变化；二是位于社会经济条件最好和最差学生之间的成绩差距。

[20] 就单个国家而言，PISA项目评估了该国参加同一类型（数学、阅读或科学）的两次测试中表现出的差异。巴西、墨西哥和乌拉圭参加了2次数学测试（2003年和2012年）；阿根廷、智利和秘鲁参加了2012年的测试，但未参加2003年测试。对于其他一些国家，则比较了2000年和2009年参试表现（阅读测试）。哥伦比亚和哥斯达黎加尚未参加相同类型的2次测试。因此，无法对其进行比较分析。

[21] 拉美地区一些国家（阿根廷、巴西、哥伦比亚、哥斯达黎加、墨西哥、秘鲁和乌拉圭）农村地区学校硬件设施匮乏，教师短缺严重（OECD，2013d）。

[22] 根据OECD-PISA 2012数据库。

[23] 社会经济条件较差（较好）的学校指社会经济和文化发展水平不及国家平均水平的学校。根据PISA2012年测试数据。

[24] 根据UNESCO数据。

[25] 有关拉美地区不同性别学生完成中级教育情况参见Rico y Trucco（2014）。

参考文献

1 Aedo, C. and L. Walker (2012), *Skills for the 21st Century in Latin America and the Caribbean*, World Bank, Washington, DC.

2 Álvarez-Parra, F. (2012), "Diferencias en la calidad de la educación e ineficiencia: Un análisis para Chile y Perú", *CAF Documento de Trabajo* 2012/12, CAF.

3 Arcidiácono M. et al. (2014), "La segregación escolar público-privada en América Latina", *Serie Políticas Sociales* No. 195, Economic Commission for Latin America and the Caribbean, Norweigan Ministry of Foreign Affairs.

4 Avendaño R. et al. (forthcoming), "Understanding student performance beyond traditional factors: Evidence from PISA 2012 in Latin America", *Development Centre Working Paper*, OECD, Paris.

5 Baez, J. and A. Camacho (2011), "Assessing the long-term effects of conditional cash transfers on human capital: Evidence from Colombia", *Policy Research Working Paper* No. 5681, World Bank, Washington, DC.

6 Banerjee, A. V. and E. Duflo (2011), *Poor Economics: A Radical Rethinking of the Way to Fight Global Poverty*, PublicAffairs, New York, NY.

7 Banerjee, A. V. and E. Duflo (2008), "What is middle class about the middle classes around the world?" *Journal of Economic Perspectives*, Vol. 22, No. 2, pp. 3 ~ 28.

8 Behrman, J. R., Y. Cheng and P. Todd (2004), "Evaluating preschool programs when length of exposure to the program varies: A nonparametric approach", *Review of Economics and Statistics*, Vol. 86, No. 1, pp. 108 ~ 132.

9 Behrman, J. R., S. W. Parker and P. E. Todd (2011), "Do conditional cash transfers for schooling generate lasting benefits? A five-year follow up of PROGRESA/Oportunidades", *Journal of Human Resources*, Vol. 46, No. 1, pp. 93 ~ 122.

10 Bellei, C. et al. (2013), "The State of Education in Latin America and the Caribbean: Towards a Quality Education for All-2015", UNESCO, Santiago, Chile.

11 Beneke, M., N. Lustig and J. A. Oliva (forthcoming), "El impacto de los impuestos y el gasto social en la desigualdad y la pobreza en El Salvador", *CEQ Working Paper* No. 26, Center for Inter-American Policy and Research and Department of Economics, Tulane University and Inter-American Dialogue.

12 Berlinski, S., S. Galiani and P. Gertler (2009), "The effect of pre-primary

education on primary school performance", *Journal of Public Economics*, Vol. 93, No. 1 ~ 2, pp. 219 ~ 234.

13 Berlinski, S., S. Galiani and M. Manacorda (2008), "Giving children a better start: Preschool attendance and school-age profiles", *Journal of Public Economics*, Vol. 92, No. 5 ~ 6, pp. 1416 ~ 1440.

14 Bernal, R. et al. (2009), "Evaluación de Impacto del Programa Hogares Comunitarios de Bienestar del ICBF", Universidad de los Andes, Facultad de Economía, Centro de Estudios sobre Desarrollo Económico (CEDE).

15 Bernasconi, A. (2013), "Rankings expose weaknesses in research and governance", *University World News*, Issue 275, 8 June 2013. www.universityworldnews.com/article.php? story = 20130606160527194.

16 Bravo D., C. Sanhueza and S. Urzúa (2008), "An experimental study of labor market discrimination: gender, social class and neighborhood in Chile", *IADB Research Network Working paper*, No. 541, Inter-American Development Bank, Washington, DC.

17 Brunner, J. J. (2013), "The rationale for higher education investment in Ibero-America", *Development Centre Working Paper*, OECD, Paris.

18 Brunner, J. J. and R. Ferrada (2011), *Educación Superior Iberoamérica: Informe* 2011, Centro Interuniversitario de Desarrollo, Universia, Santiago, Chile.

19 Bucheli, M. et al. (2014), "Social spending, taxes and income redistribution in Uruguay", in Lustig, N., C. Pessino and J. Scott (eds.), *The Redistributive Impact of Taxes and Social Spending in Latin America. Special Issue. Public Finance Review*, Vol. 42, Issue 3, May.

20 Cabrera, M., N. Lustig and H. Morán (2014), "Fiscal Policy, Inequality and the Ethnic Divide in Guatemala", *CEQ Working Paper* No. 20, Center for Inter-American Policy and Research and Department of Economics, Tulane University and Inter-American Dialogue.

21 CAF (2012), *Reporte de Economía y Desarrollo* 2012: *Finanzas Públicas para el Desarrollo: Fortaleciendo la conexión entre ingresos y gastos*, co-ordi-

nator: Pablo Sanguinetti, CAF - Development Bank of Latin America, Bogotá, Colombia.

22 Ciccone, A. and E. Papaioannou, (2009), "Human capital, the structure of production, and growth", *Review of Economics and Statistics*, Vol. 91, No. 1, pp. 66 ~ 82.

23 Claro M. et al. (2011), "Aporte del sistema educativo a la reducción de las brechas digitales. Una mirada desde las mediciones PISA", Economic Commission for Latin America and the Caribbean, Documento de Proyecto, LC/W456, December.

24 Cox, C. and S. Schwartzman (eds.) (2009), *Políticas Educativas y Cohesión Social en América Latina*, Colección CEPLAN, Uqbar Editores.

25 Cristia, J. et al. (2012), "Technology and child development: Evidence from the one laptop per child program", *IDB Working Paper Series*, No. 304, Inter-American Development Bank, New York, NY.

26 Cullen J. B. et al. (2013), "What can be done to improve struggling high schools?", *Journal of Economic Perspectives*, Vol. 27, No. 2, pp. 133 ~ 152.

27 Cunha, F. et al. (2005), "Interpreting the evidence on life cycle skill formation", *NBER Working Paper*, No. 11331, National Bureau of Economic Research, Cambridge, MA.

28 Datnow, A. (2005), "The sustainability of comprehensive school reform models in changing district and state contexts", *Educational Administration Quarterly*, Vol. 41, No. 1, pp. 121 ~ 153.

29 Dobbie, W. and R. G. Fryer (2011), "Getting beneath the veil of effective schools: Evidence from New York City", *NBER Working Paper*, No. 17632, National Bureau of Economic Research, Cambridge, MA.

30 Duarte J., C. Gargiulo and M. Moreno (2011), "Infraestructura escolar y aprendizajes en la educación básica latinoamericana: Un análisis a partir del SERCE", *Notas Técnicas*, IDB-TN-277, Inter-American Development Bank, New York, NY.

31 Earl, L., N. Watson and S. Katz (2003), *Large-scale Education Reform*:

Life Cycles and Implications for Sustainability, The Centre for British Teachers, Reading.

32 Echenique J. A. and S. S. Urzúa（2013），“Desigualdad, segregación y resultados educacionales：evidencia desde el metro de Santiago”, *Puntos de Referencia*, No. 359, Centro de Estudios Públicos, May.

33 ECLAC（2013）, *Gender Equality Observatory of Latin America and the Caribbean：Annual Report* 2012：*A Look at Grants Support and Burden for Women*, Economic Commission for Latin America and the Caribbean, United Nations, Santiago, Chile.

34 ECLAC（2011）, *Social Panorama of Latin America* 2010, Economic Commission for Latin America and the Caribbean, United Nations, Santiago, Chile.

35 Elmore, R. F（1996），“Getting to scale with good educational practice”, *Harvard Educational Review*, Vol. 66, No. 1, pp. 1 ~ 26.

36 Espejo, A., G. Sunkel and D. Trucco（2013），“La integración de las tecnologías digitales en las escuelas de América Latina y el Caribe. Una mirada multidimensional”, United Nations, LC/L. 3601. Santiago, Chile, March.

37 Ferreira et al.（2013）, *Economic Mobility and the Rise of the Latin American Middle Class*, *World Bank Latin American and Caribbean Studies*, World Bank, Washington, DC.

38 Gallup Organization（2014）, *Gallup World Monitor*（database）, www.gallup.com/services/170945/world-poll.aspx

39 Gerardino, M. P.（2014），“The effect of violence on the educational gender gap”, unpublished manuscript, Universitat Pompeu Fabra, http://www.econ.upf.edu/gpefm/jm/pdf/paper/JMP%20Gerardino.pdf

40 Gertler P. et al.（2013），“Labor market returns to early childhood stimulation：A 20-year followup to an experimental intervention in Jamaica”, *NBER Working Paper*, No. 19185, National Bureau of Economic Research, Cambridge, MA.

41 Hanushek E. A. and L. Woessmann (2012a), "Do better schools lead to more growth? Cognitive skills, economic outcomes, and causation", *Journal of Economic Growth*, Springer, Vol. 17, No. 4, pp. 267 ~ 321.

42 Hanushek E. A., and L. Woessmann (2012b), "Schooling, educational achievement, and the Latin American growth puzzle", *Journal of Development Economics*, Vol. 99, No. 2, pp. 497 ~ 512.

43 Hanushek, E. A., S. Link and L. Woessmann (2011), "Does school autonomy make sense everywhere? Panel estimates from PISA", *Discussion Paper Series*, No. 6185, Institute for the Study of Labor (IZA), Bonn.

44 Hattie, J. (2008), *Visible Learning: A Synthesis of Over* 800 *Meta-Analyses Relating to Achievement*, Routledge, Oxford.

45 Heckman, J. J. (2006), "Skill formation and the economics of investing in disadvantaged children", *Science*, Vol. 312, pp. 1900 ~ 1902.

46 Heckman, J. J. and T. D. Kautz (2012), "Hard evidence on soft skills", *NBER Working Paper*, No. 18121, National Bureau of Economic Research, Cambridge, MA.

47 Heckman J. J., J. E. Humphries and T. Kautz (2014), *The Myth of Achievement Tests: The GED and the Role of Character in American Life*, The University of Chicago Press, Chicago and London.

48 Higgins, S. and C. Pereira (2014), "The Effects of Brazil's Taxation and Social Spending on the Distribution of Household Income", in Lustig, N., C. Pessino and J. Scott (eds.), *The Redistributive Impact of Taxes and Social Spending in Latin America. Special Issue. Public Finance Review*, Vol. 42, Issue 3, May.

49 Jaramillo, M. (2014), "The Incidence of Social Spending and Taxes in Peru", in Lustig, N., C. Pessino and J. Scott (eds.), *The Redistributive Impact of Taxes and Social Spending in Latin America. Special Issue. Public Finance Review*, Vol. 42, Issue 3, May.

50 Kaztman, R. (2010), "Impacto social de la incorporación de las nuevas tecnologías de la información y la comunicación en el sistema educativo",

Serie Políticas Sociales, No. 166, Economic Commission for Latin America and the Caribbean, Santiago, Chile.

51 Krauskopf, D. (2006), *Estado del arte de los programas de prevención de la violencia en ámbitos escolares*, Pan American Health Organization, Washington, DC.

52 Llaudet E. and P. E. Peterson (2013), *Heterogeneity in School Sector Effects on Student Performance*, Harvard University, Cambridge, MA.

53 Loeb, S., T. Beteille and D. Kalogrides (2012), "Effective schools: Teacher hiring, assignment, development, and retention", *Education Finance and Policy*, Vol. 7, No. 3, pp. 269 ~ 304, http://cepa.stanford.edu/content/effective-schools-teacher-hiring-assignment-development-andretention#sthash.1Qx1yGit.dpuf.

54 Lustig, N. and S. Higgins (2013), "Commitment to Equity Assessment (CEQ): Estimating the incidence of social spending, subsidies and taxes", Handbook, *Working Paper*, No. 1, version revised in September 2013, New Orleans, LA.

55 Lustig, N. and M. Melendez (2014), "The Impact of Taxes and Transfers on Inequality and Poverty in Colombia." *CEQ Working Paper* No 24, Center for Inter-American Policy and Research and Department of Economics, Tulane University and Inter-American Dialogue of the Commitment to Equity (CEQ) project.

56 Lustig, N., C. Pessino and J. Scott (2014), "Fiscal Policy, Poverty and Redistribution in Latin America", in Lustig, N., C. Pessino and J. Scott (eds.), *The Redistributive Impact of Taxes and Social Spending in Latin America. Special Issue. Public Finance Review*, Vol. 42, Issue 3, May.

57 Muggah, R. and K. Aguirre (2013), "Assessing and responding to youth violence in Latin America: Surveying the evidence", Background paper, Igarapé Institute, January, www.worldwewant2015.org/file/302730/download/328436.

58 Mujis, D. et al. (2004), "Improving schools in socioeconomically disad-

vantaged areas: A review of research evidence", *School Effectiveness and School Improvement*: *An International Journal of Research*, *Policy and Practice*, Vol. 15, No 2, pp. 149 ~ 175.

59 Muñoz J. S. (2014), "Re-estimating the Gender Gap in Colombian Academic Performance", *IDB Working Paper Series*, No. IDB-WP-469, Inter-American Development Bank, Washington, DC.

60 Ng, P. T. (2008), "Educational reform in Singapore: From quantity to quality", *Educational Research for Policy and Practice*, Vol. 7, No. 1, pp. 5 ~ 15.

61 Noboa, G. and S Urzúa (2012), "The effect of participation in public child-care centers: Evidence from Chile", *Journal of Human Capital*, Vol. 6, No. 1, pp. 1 ~ 34.

62 Núñez, J. and R. Gutiérrez (2004), "Classism, discrimination and meritocracy in the labor market: The case of Chile", *Working Paper*, No. 208, Universidad de Chile, Santiago, Chile.

63 Ñopo, H. (26 January 2014), "Próxima estación: Menos desigualdad", IDB blog: La educación de calidad es posible, http: //blogs. iadb. org/educacion/2014/01/26/proxima-estacion-menosdesigualdad/.

64 OECD (2014a), *Education at a Glance* 2014: *OECD Indicators*, OECD Publishing, Paris, http: //dx. doi. org/10. 1787/eag-2014-en.

65 OECD (2014b), *OECD Education Policy Outlook* 2015 (forthcoming), OECD Publishing, Paris.

66 OECD (2013a), *PISA* 2012 *Results*: *Excellence Through Equity*: *Giving Every Student the Chance to Succeed*, Volume II, PISA, OECD Publishing, Paris, http: //dx. doi. org/10. 1787/9789264201132-en.

67 OECD (2013b), *OECD Review of Policies to Improve the Effectiveness of Resource Use in Schools*: *Design and Implementation Plan for the Review*, Organisation for Economic Co-operation and Development, Paris, www. oecd. org/edu/school/School-Resources-Review-Design-and-Implementation-Plan. pdf.

68 OECD (2013c), *OECD Economic Surveys: Colombia 2013: Economic Assessment*, OECD Publishing, Paris. http://dx.doi.org/10.1787/eco_surveys-col-2013-en.

69 OECD (2013d), *PISA 2012 Results: What Makes a School Successful? (Volume IV): Resources, Policies and Practices*, PISA, OECD Publishing, Paris, http://dx.doi.org/10.1787/9789264201156-en.

70 OECD (2013e), *OECD Skills Outlook 2013: First Results from the Survey of Adult Skills*, OECD Publishing, Paris, http://dx.doi.org/10.1787/9789264204256-en.

71 OECD (2013f), *OECD Regions at a Glance*, OECD Publishing, Paris, http://dx.doi.org/10.1787/reg_glance-2013-en

72 OECD (2013g), *Education Policy Outlook: An Overview of the Reforms Section and Background Literature on Implementing School Improvement Programmes*, OECD, Paris.

73 OECD (2013h), *Synergies for Better Learning: An International Perspective on Evaluation and Assessment*, OECD Reviews of Evaluation and Assessment in Education, OECD Publishing, Paris. http://dx.doi.org/10.1787/9789264190658-en.

74 OECD (2013i), *Promoting Social and Emotional Skills for Societal Progress in Rio de Janeiro*, Centre for Educational Research and Innovation (CERI) and Education and Social Progress (ESP), OECD, Paris.

75 OECD (2012a), *Reviews of National Policies for Education: Higher Education in the Dominican Republic 2012*, OECD Publishing, Paris, http://dx.doi.org/10.1787/9789264177055-en.

76 OECD (2012b), *Equity and Quality in Education: Supporting Disadvantaged Students and Schools*, OECD Publishing, Paris, http://dx.doi.org/10.1787/9789264130852-en.

77 OECD (2012c), *Closing the Gender Gap: Act Now*, OECD Publishing, Paris. http://dx.doi.org/10.1787/9789264179370-en.

78 OECD (2011), *How's Life?: Measuring Well-being*, OECD Publishing, Par-

is, http: //dx. doi. org/10. 1787/9789264121164-en.
79 OECD (2010a), *The High Cost of Low Educational Performance: The Long-run Economic Impact of Improving PISA Outcomes*, PISA, OECD Publishing, Paris, http: //dx. doi. org/10. 1787/9789264077485-en.
80 OECD (2010b), *Latin American Economic Outlook* 2011: *How Middle-Class Is Latin America?*, OECD Publishing, Paris, http: //dx. doi. org/10. 1787/leo-2011-en.
81 OECD (2010c), *Learning for Jobs*, *OECD Reviews of Vocational Education and Training*, OECD Publishing, Paris, http: //dx. doi. org/10. 1787/9789264087460-en.
82 OECD/ECLAC (2014), *Multi-dimensional Review of Uruguay*: *Volume* 1, Initial Assessment, OECD Development Pathways, OECD Publishing, Paris. OECD/IBRD/World Bank (2012), *Reviews of National Policies for Education*: *Tertiary Education in Colombia* 2012, OECD Publishing, Paris, http: //dx. doi. org/10. 1787/9789264180697-en.
83 OECD/IBRD/World Bank (2012), *Reviews of National Policies for Education*: *Tertiary Education in Colombia* 2012, OECD Publishing, París, http: //dx. doi. org/10. 1787/9789264180697-en.
84 OECD netFWD (2014), "Philanthropy and Youth Empowerment: Foundations' Innovative Approaches to Support Youth", OECD netFWD, OECD Development Centre, Paris.
85 Paz Arauco et al. (2014), "Explaining low redistributive impact in Bolivia", in Lustig, N., C. Pessino and J. Scott (eds.), *The Redistributive Impact of Taxes and Social Spending in Latin America. Special Issue. Public Finance Review*, Vol. 42, Issue 3, May.
86 Pong, S. L. and A. Pallas (2001), "Class size and eighth-grade math achievement in the United States and abroad", *Educational Evaluation and Policy Analysis*, Vol. 23, No. 3, American Educational Research Association, pp. 251 ~273.
87 Pritchett, L. (2006), "Does learning to add up add up? The returns to

schooling in aggregate data", in E. A. Hanushek and F. Welch (eds.), *Handbook of the Economics of Education*, North Holland, Amsterdam, pp. 635 ~ 695.

88 Reezigt, G. J. and B. P. M. Creemers (2005), "A comprehensive framework for effective school improvement", *School Effectiveness and School Improvement: An International Journal of Research, Policy and Practice*, Vol. 16, No. 4, pp. 407 ~ 424.

89 Rico M. N. and D. Trucco (2014), "Adolescentes: Derecho a la educación y al bienestar futuro", *Serie Políticas Sociales*, No. 190, Economic Commission for Latin America and the Caribbean, Santiago, Chile.

90 Rossetti M. (2014), "La segregación escolar como un elemento clave en la reproducción escolar", *Serie Políticas Sociales*, No. 199, Economic Commission for Latin America and the Caribbean, Santiago, Chile.

91 Salazar Cuéllar, A. (2014), "The Efficiency of Education Expenditure in Latin America and Lessons for Colombia", Documento 408, Archivos de Economía, Departamento Nacional de Planeación, Bogotá.

92 Salmi, J. (2013), *Formas exitosas de Gobierno Universitario en el Mundo*, Estudios CYD 03/2013, Fundación Conocimiento y Desarrollo, Barcelona.

93 Sammons, P., J. Hillman and P. Mortimore (1995), "Key Characteristics of Effective Schools: A Review of School Effectiveness Research", Office for Standards in Education, London.

94 Sauma, P. and J. D. Trejos (2014), "Gasto público social, impuestos, redistribución del ingreso y pobreza en Costa Rica", *CEQ Working Paper* No. 18, Center for Inter-American Policy and Research and Department of Economics, Tulane University and Inter-American Dialogue, January.

95 Scott, J. (2014), "Redistributive Impact and Efficiency of Mexico's Fiscal System", in Lustig, N., C. Pessino and J. Scott (eds.), *The Redistributive Impact of Taxes and Social Spending in Latin America. Special Issue. Public Finance Review*, Vol. 42, Issue 3, May.

96 SEDLAC (SEDLAC and World Bank) (2014), "Socio-Economic Database

for Latin America and the Caribbean", CEDLAS (Universidad Nacional de la Plata) and World Bank, http: //sedlac. econo. unlp. edu. ar/esp/.

97 Treviño, E. (2010), "Factors associated with the cognitive achievement of students in Latin America and the Caribbean", *Briefing Paper* 1/2010, UNESCO-OREALC.

98 UNESCO (2012), *World Atlas of Gender Equality in Education*, UNESCO, Paris.

99 UNESCO (2005), *Guidelines for Inclusion: Ensuring Access to Education for All*, UNESCO, Paris.

100 UNESCO/LLECE (2008), *El Segundo Estudio Regional Comparativo y Explicativo (SERCE): Los Aprendizajes de los Estudiantes de América Latina y el Caribe*, UNESCO, Santiago, Chile.

101 UNESCO-UIS (2012), *Global Education Digest* 2012: *Opportunities Lost: The Impact of Grade Repetition and Early School Leaving*, UNESCO Institute for Statistics, Montreal, Canada.

102 UNESCO-UIS (2011), *Global Education Digest* 2011: *Comparing Education Statistics Across the World*, UNESCO Institute for Statistics, Montreal.

103 UNESCO-UIS/UNICEF (2014), *Iniciativa Completar la Escuela: Logros y Desafíos al Año* 2011, UNESCO Statistics Institute, Montreal.

104 UNODC (2013), "Global study on homicide: Executive summary", United Nations Office on Drugs and Crime, Vienna.

105 World Bank (2014), *Gender at Work: A Companion to the World Development Report on Jobs*, World Bank, Washington, DC.

106 World Bank (2011), *Learning for All: Investing in People's Knowledge and Skills to Promote Development*, World Bank, Washington, DC.

第五章 创新驱动拉丁美洲发展

拉丁美洲在宏观经济稳定以及一些社会福利方面已经取得了显著进步，但要提高生产率、创造高质量就业、减少非正规就业，还需要付出更多努力。要实现这些目标，就要制定政策，促进产业多样化和产业升级。本章主要分析产业体系中竞争与创新的关系，重点关注技术存量对经济增长和生产率的长期影响。在分析中采用了一系列有关产业结构知识密集度的指标以及一国经济所拥有的“创新资本”量。此外，本章还探讨了外国直接投资对技技术的贡献。最后一部分通过一些案例分析，在企业层面对技术、创新和生产率提高之间的关系进行研究。

注：有关以色列的统计数据由以色列有关部门提供和负责。OECD 对于有关数据的使用并不影响戈兰高地、东耶路撒冷和约旦河西岸以色列定居点在国际法上的地位。

国家的表现取决于其充分发挥内部技术、推动创新并在生产领域传播创新的能力。本章主要分析创新对增长和生产率的长期影响。

技术是在各种具体的活动中发展的，因此技术的积累将在产业结构中留下印迹。[1]这些印迹就是我们在本章中要使用一系列产业体系技术密集度指标去捕捉的。因此，本章第一部分探讨的是产业多样化向技术密集程度高的行业发展、技术和增长之间的关系。第二部分介绍有关技术的一项补充指标：创新资本。这是对实物资本和人力资本等传统变量的补充，更直接地影响创新和技术传播。第三部分集中分析外国投资作为技术来源推动创新的作用，同时关注外国直接投资尤其是对研发项目投资在拉美地区发展的总体趋势。第四部分通过对企业数据分析，从微观经济学角度探讨生产率和创新的关系。最后，以各部分的分析结果为基础，形成一些结论并对公共政策的制定提出建议。

产业体系的结构性调整对于拉美经济长期持续增长至关重要

产业多样化与增长是密切相关的。将增长和产业结构紧密联系在一起的分析传统有着悠久的历史。早在文艺复兴时期，意大利经济学家安东尼奥·塞拉（Antonio Serra）就指出，从一个社会的职业种类多少就可以推断出这个社会的财富（Reinert y Daastol，2004）。职业种类越多（也叫做劳动分工程度高），社会就越繁荣。如今，我们需要借助更复杂的工具来衡量一个经济体的产业多样性及其经济活动的技术密集度。经济多样性和技术密集度对于增长的影响既反映在需求方面，又反映在供给方面。在需求方面，一国可以通过技术密集型部门的增多参与更为活跃的（国内和国际）市场，这些市场的需求增长比一般市场更快。在供给方面，技术密集型部门比重的增加则会推动生产率乃至整个经济的增长（CEPAL，2012）。

本章采用实证的方法对结构性调整与增长的关系进行分析，将 Fleitas（2012）组织的 CEPAL-ONUDI 联合研究作为基础。该研究运用了一系列将结构性调整作为解释变量的增长模型，这一变量和其他运用在条件趋同模型中的传统变量具有相同的作用。

选择一个结构性调整（一般理解为经济结构中技术密集度的提高）指标并非易事。一个重要的信息来源是国际贸易数据。有一个研究方向就是从技术密集度的角度去分析出口结构，利用各种可获取的分类信息。[2]另一个策略则是利用贸易数据去形成一些专门指标，这些指标应同时考虑产业多样化和技术密集度，如经济复杂度指数（ICE）（Hausmann et al.，2011）。

用贸易数据构成的指标具有不少优势，尤其是拥有众多国家长时期可对比的信息。然而，这类指标也有缺点。如在有些情况下，贸易模型并不能正确反映国内的技术。[3]于是，一部分专家便寻求引入衡量经济中创新技术的指标，作为贸易指标的补充（Griffiths，Reading y Simpson，2004）。我们应当把这些指标看作有用但并不完美的研究工具。这些指标包括技术发展指标（专利、创新）、技术投入指标（工程师数量、研发）以及反映创新和创新传播能力强的部门在附加值中所占比重的指标（如工程技术密集型部门的指标）。

专栏5.1　拉丁美洲的创新体系：从OECD创新政策研究中所吸取的教训

OECD对拉丁美洲创新政策的研究——哥伦比亚（OECD，2014）、秘鲁（OECD，2011a）、墨西哥（OECD，2009）和智利（OECD，2007a）表明，这四个国家的企业在国家创新体系中的参与度相对较低。拉美企业的研发支出（即企业研发投入，英文缩写为R&D-BERD）远远低于OECD国家的平均水平。这主要是由于一系列宏观上的制约因素，使得创新并没有成为企业可以从中获利的投资。这些因素包括企业所面对的市场结构、企业在全球价值链中所处的地位、企业从创新投入中获利的能力、高素质人力资源的匮乏以及企业无力长期积累内部创新能力等（见图5.1）。

相反，在表现较好的创新体系中，企业是主要的活力来源，是高校与科研院所活动的催化剂。拉美应当向亚洲的新兴经济体学习，齐心协力建立一个以企业为核心的创新体系。要促进企业创新，就要优先有效协调企业创新并激发企业内在创新能力，特别是通过对人力资源的投资。

近年来，上述四国已经采取了一系列措施来吸引、推动私人部门对研发的投资，同时鼓励企业开展科学、技术和创新活动（CTI）。

智利：2012年3月，为了加强私人部门对研发的投资，智利政府修改了研发税收抵免的有关规定，去除了企业与科研机构合作的资格要求以及企业要获得税收抵免，研发投资额最低要占其年毛收入15%的规定。

哥伦比亚：哥伦比亚政府主要通过三个机制来推动企业的研发投入。哥伦比亚企业发展银行（BANCOLDEX）向创新项目提供优惠贷款；通过税收优惠，最高可以减免企业研发投资额175%的税收；同时，政府各部门向企业内部开展的科学、技术和创新活动提供各类补贴。

墨西哥：墨西哥国家科学技术委员会（CONACYT）掌握着国家近40%的科学、技术和创新公共预算，并通过其“创新促进计划”鼓励开展研发和创新活动。在推动企业创新方面，特别是中小企业创新，这一计划成效

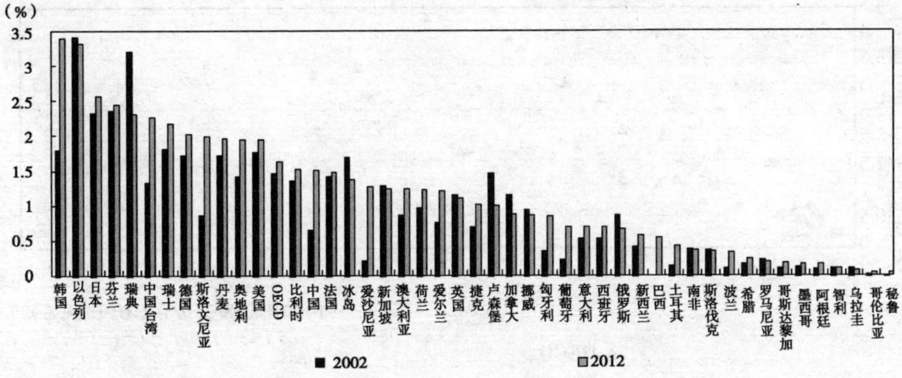

图 5.1　企业研发投入在各国和地区的密集度（2002 年与 2012 年）（可获得的最近年份数据）

注：南非：2001 年和 2011 年数据；澳大利亚：2011 年数据；巴西：2010 年数据；冰岛：2011 年数据；卢森堡：2003 年数据；墨西哥：2011 年数据；新西兰：2001 年和 2011 年数据；瑞典：2001 年数据；瑞士：2000 年数据。

资料来源：OECD（2013a），Main Science and Technology Indicators Database，www. oecd. org/sti/msti；以及 OECD 秘书处基于 RICYT 的预测。

统计链接：http：//dx. doi. org/10. 1787/888933162838.

显著。该项目 2009 年的预算为 2. 23 亿美元，到 2014 年预计会增加至 5 亿美元。

秘鲁：秘鲁负责科学、技术和创新的机构 CONCYTEC 从 2013 年开始推出一系列举措，以解决创新体系的瓶颈并增加企业对研发的投入。这些举措包括对科学、技术和创新活动和项目减税 30%、设立贷款担保基金以及创新风险分摊机制。

虽然拉美国家已经在研发投入上取得了进步，但其研发投入水平仍然远远低于 OECD 国家。图 5. 2 呈现了 1990 年和 2010 年两个时间点研发投入在 GDP 中所占的比重。一方面，我们看到大部分国家的研发支出都在增加，虽然有些国家的增长要高于平均水平。同时，我们可以将这些国家分为四组。第一组国家在 90 年代研发投入非常有限，并且 2010 年情况依然如此。所有的拉美国家都属于第一组，尽管各国的技术密集度不尽相同（巴西是特例，也是拉美唯一研发开支占 GDP 约 1. 2% 的国家）。第二组国家 90 年代研发投入接近发达国家平均水平，但近年来已经掉队（如意大利和新西

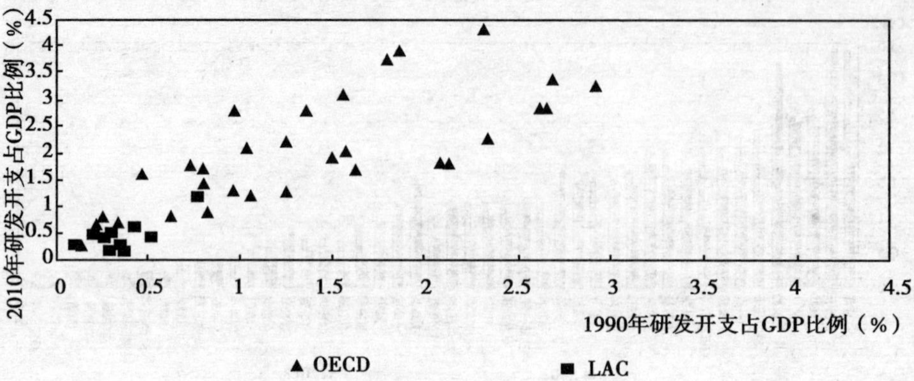

图 5.2 研发支出占 GDP 比例

（1990 年与 2010 年对比）

资料来源：根据 UNESCO（2014）的数据制作，Science，technology and innovation（database），数据于 2014 年 8 月采集自 http：//data. uis. unesco. org/。

统计链接：http：//dx. doi. org/10. 1787/888933162849.

兰）。第三组由一大批发达国家组成，这些国家不管是 1990 年还是 2010 年，其研发投入水平均比较高。最后一组国家在 90 年代技术相对落后，但通过大力推动创新，如今其研发投入已经高于世界平均水平（如冰岛、爱尔兰和中国）。另一个值得关注的因素是，不同于发达国家，拉美国家研发投入的主力是政府而不是私人部门或企业（OECD/CEPAL，2012）。最近几年，拉美国家私人部门或企业对研发的投入占研发总支出的 1/4。

拉美国家总体专利注册数量较少，知识产权保护机制的利用率是另一项衡量创新潜力的常用指标。值得注意的是在美国专利商标局（USPTO）注册的专利中，拉美国家的专利数远不及 OECD 国家（见图 5.3）。90 年代初，OECD 国家平均每百万居民一年产生 50 件专利，2013 年该指标上升到 132 件专利。相比之下，90 年代初拉美国家每百万居民一年产生 0.3 件专利，2013 年也仅为 0.9 件专利。专利注册水平的差距是非常明显的，凸显了拉美国家创新能力上的弱点。

任何技术密集度指标单独拿出来都无法真正反映创新能力水平。表 5.1 通过 2007 年 66 国的数据展现了不同技术密集度指标之间的相关性。虽然总体上相关性是很高的，但每个不同的指标都集中反映了某一方面的能力，

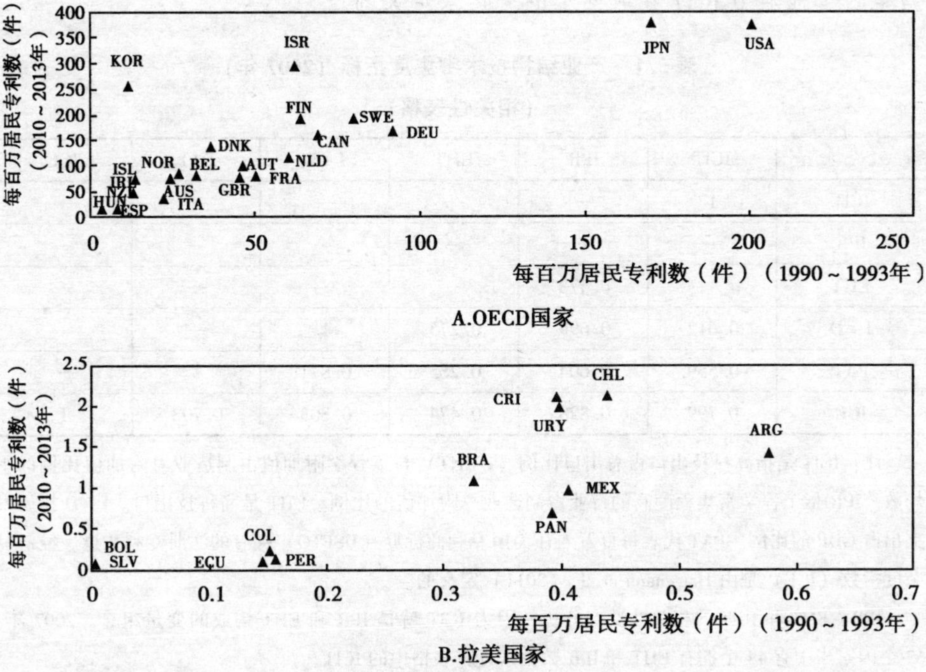

图 5.3　每百万居民专利数

（特定国家，1990～2013 年）

图例：ARG，阿根廷；AUS，奥地利；AUT，澳大利亚；BEL，比利时；BOL，玻利维亚；BRA，巴西；CAN，加拿大；CHL，智利；COL，哥伦比亚；CRI，哥斯达黎加；DEU，德国；DNK，丹麦；ECU，厄瓜多尔；ESP，西班牙；FIN，芬兰；FRA，法国；GBR，英国；HUN，匈牙利；IRL，爱尔兰；ISL，冰岛；ISR，以色列；ITA，意大利；JPN，日本；KOR，韩国；MEX，墨西哥；NLD，荷兰；NOR，挪威；NZL，新西兰；PAN，巴拿马；PER，秘鲁；SLV，萨尔瓦多；SWE，瑞典；URY，乌拉圭；USA，美国。

资料来源：根据美国专利商标局（2014）数据制作，数据于 2014 年 8 月采集自 http：//www. uspto. gov/。

统计链接：http：//dx. doi. org/10. 1787/888933162851.

而相对忽视了另外的方面。因此，将多个指标放在一起分析是有必要的。

我们可以通过在条件趋同回归中，引入技术能力指标来印证技术能力对于增长的重要性。我们选择技术密集度综合指数（ICIT）来观察结构调整，因为这一指数包括与专业化和内部技能有关的多种指标。[4] 因此，结构调整的过程是由 ICIT 在时间上的变化来定义的。[5]

表 5.1　产业结构技术密集度指标（2007 年）

（相关性表格）

	ICIT	IPR	EHT	I + D	PAT	ICE
ICIT	1	—	—	—	—	—
IPR	—	1	—	—	—	—
EHT	—	0. 578	—	—	—	—
I + D	0. 612	0. 699	0. 275	1	—	—
PAT	0. 559	0. 604	0. 285	0. 871	1	—
ICE	0. 799	0. 828	0. 474	0. 803	0. 708	1

注：ICIT 是指高科技出口占总出口比例（EMHT）与工程学附加值占制造业总附加值比例的平均数。IPR 指工程学密集程度高的行业占制造业总附加值的比例。EHT 是高科技出口。I + D 指研发支出占 GDP 的比例。PAT 代表每百万人在美国专利商标局（USPTO）拥有的注册专利数量。经济复杂度指数（ICE）是由 Hausmann et al.（2011）定义的。

IPR、EHT 和 ICIT 的相关性没有分析，因为 ICIT 就是 IPR 和 EHT 构成的变量组合。2007 年，62 个国家当中有 44 个拥有 EHT 和 IPR 数据来计算表格中的 ICIT。

资料来源：United Nations Industrial Development Organization（2006），Industrial Statistics Databases（INDSTAT3），https：//stats. ukdataservice. ac. uk/；United Nations Industrial Development Organization（2013），Industrial Statistics Databases（INDSTAT4），https：//stats. ukdataservice. ac. uk/；World Bank（2014），World Development Indicators（database），数据于 2014 年 8 月采集自 http：//data. worldbank. org/; United Nations Statistical Division（2013），数据于 2014 年 8 月采集自 http：//comtrade. un. org/；United States Patent and Trademark Office（2014），数据于 2014 年 8 月采集自 http：//www. uspto. gov/；The Observatory of Economic Complexity（2014），数据于 2014 年 8 月采集自 Simoes y Hidalgo. The Economic Complexity Observatory：An Analytical Tool for Understanding the Dynamics of Economic Development. Workshops at the Twenty-Fifth AAAI Conference on Artificial Intelligence（2011），和 Hausmann et al.（2011），The Atlas of Economic Complexity. Puritan Press，Cambridge，MA.；y UNESCO（2014），Science，technology and innovation（database），数据于 2014 年 8 月采集自 http：//data. uis. unesco. org/。

根据 Fleitas（2012）的研究所作出的估算指出条件趋同是存在的，而且结构调整在所有决定增长的因素中扮演着非常重要的角色。考虑到条件趋同的因素，人均 GDP 系数显著为负，而实物资本系数则一直显著为正，人力资本系数在多数情况下也是这样。

另一方面需要强调的是，结构调整因素（ICIT 的变化）在经济增长的一系列解释变量中显著为正。这一系数在不同的经济计量模型和估算模型下变化都不大。虽然在这样的分析中很难确切地得出因果指向，但该分析本身已经确认了结构调整和经济增长之间存在长期的密切关系。[6]

产业结构并不完全取决于技术能力。这虽然不是本报告要研究的话题，但是确实有其他变量可以帮助弥补生产率的差距，并在技术落后的背景下促进产业多样化，比如具有竞争力的实际汇率。然而，拉美国家货币汇率波动频繁，币值一度极高。技术和汇率两方面因素都不利于拉美国家产业结构的进步和转型。关于经济增长、产业多样化和具有竞争力的汇率之间的正相关关系，已有相关的实证研究（Freund y Pierola，2008a y 2008b；Rapetti，Razmi y Scott，2009；Baldwin y Krugman，1989；Eichengreen，2008）。

总之，结构调整在很大程度上解释了国际经济条件趋同的成功案例。在开放的经济体中，结构调整意味着新的进步和新的技术，在这些变量中存在一种共同演化的关系。结构调整应该被看做经济长期持续增长的关键因素之一，而正是由于结构调整不足，拉美国家在近几十年并未能够保持生产率持续进步的周期。

相比 OECD 经济体，拉美创新资本的存量明显不足[7]

在这一部分我们将采用创新资本的概念（McKinsey，2013）来更直接地观察创新技术，而不是使用基于产业结构特点的代理变量。创新资本是实物资本和人力资本的一部分，它和创新在经济体系中的产生和传播有直接关联。这种资本的积累密度和它的构成可以揭示一个国家的创新潜力。拿生产函数打个比方，那么创新资本将成为创新生产函数的参数。

要测算创新资本并不容易，因为其组成部分看不见摸不着，而其作用又是对其他资产作用的补充。对 OECD 国家创新资本的评估已经取得了进展，但拉美国家在这方面的工作还十分欠缺。De Groot 在最近的一项研究（即将出版）中给出了一些初步结论，有助于发现拉美在创新方面遇到的制约条件。OECD 在 2013 年估算创新资本时使用了 Corrado，Hulten y Sichel（2005）和 Corrado，Haltiwanger y Sichel（2009）设计的框架。这一框架提出将创新支出分为三类：电子化信息、创新产权和经济技能。该框架对企业每天在这三方面的投入进行估值。学者们认为一年的投资影响数年的产出，因此应该被算作资本而非特定某一年的开支。最后，获得的数据被用在一个增长统计模型中，以便确定各生产要素对生产率和经济增长的影响（OECD，2013b）。

拉美数据的特殊性和可获性要求我们对现有的测算方法做一些调整。在表 5.2 中，我们对 McKinsey（2013）、De Groot（即将出版）、Corrado，Hulten y Sichel（2005）和 Corrado，Haltiwanger y Sichel（2009）这些指标的构成进行了对比。它们只有部分重合，这一方面是因为 McKinsey（2013）所采用的指标在拉美经济体中不一定有，另一方面也是因为有些指标对拉美国家重要，但对 OECD 经济体并不那么重要。因此，我们需要对创新资本指标的构成进行一定的调整（详见专栏 5.2）

表 5.2　构成创新资本所采用的指标

类别	McKinsey（2013）	De Groot（即将出版）	Corrado，Hulten y Sichel（2005 和 2009）
实物资本	TIC 基础设施	TIC 设备（硬件）	—
知识资本	软件和数据库 科学研发 矿业勘探 娱乐、艺术和文学创意 新建筑学和工程学设计 金融产品开发费用 广告和市场调研 风险投资	TIC 程序（软件） 科学研发 购买外国知识产权开支 专利	软件和数据库 科学和工程学研发 矿业研发 著作权（原创艺术作品） 金融新产品开发 新建筑学和工程学设计 人文社科研发 企业专项培训
人力资本	科学、技术、工程学和数学高等教育开支 员工发展 组织发展	高等教育开支 海外高等教育开支 员工发展	组织资本 品牌价值（Brand Equity）

资料来源：De Groot（即将出版），"Innovation capital in Latin America：A first attempt at analysing the region's competitive strengths in innovative capacity"，CEPAL，《工作报告》，生产与企业发展部（DDPE-CEPAL）. McKinsey（2013），*Innovation Matters：Reviving the Growth Engine*，McKinsey & Company；OECD（2013b）. *Supporting Investment in Knowledge Capital*，*Growth and Innovation*；OECD Publishing. http：//dx. doi. org/10. 1787/9789264193307-en.

创新资本要结合不同类型的资本，即有形和无形的资本去衡量。我们把通信和信息技术（TIC）基础设施作为有形创新资本的代理变量，把研发投入、专利、高等教育和员工发展作为无形创新资本的代理变量。

专栏 5.2 构成创新资本指数所使用的变量

我们简要介绍一下构成创新资本指数所使用的一些变量。

· TIC 硬件：TIC 硬件的信息是从 LA-KLEMS（CEPAL 2013a）数据库中获得的，这一数据库提供了 1990 年以来阿根廷、巴西、智利、墨西哥、意大利、西班牙和美国的硬件投资数据。

· TIC 软件：TIC 软件数据来源于 LA-KLEM 数据库，同样也是这些国家自 1990 年以来的数据。

· 研发：研发开支数据结合了不同数据库的信息。主要来源是世界银行的 World Development Indicators（WDI）数据库，这一数据库提供了研发开支占 GDP 比例这一变量。此外，我们还采用 RICYT（REDES，2013）数据库作为补充。

· 知识产权使用费：这一变量也是取自世界银行 WDI 数据库，原始数据是以美元现价计算的知识产权使用费，之后被转化为该费用占 GDP 的比例。

· 专利：这一变量采用了美国专利商标局（USPTO）的数据库，以专利发明来源国为标准。

· 高等教育开支：高等教育开支是一种对未来只是资本存量的投资。McKinsey（2013）仅仅采用了科学、技术、工程学和数学高等教育的开支，而本文所采用的是一种更为宽泛的概念，包含整个高等教育。这一方面是由于受到数据可获性的限制，另一方面数据更宽泛，其质量也更高。

· 海外高等教育开支：并不是所有的高等教育都是在本国进行的。

为了计算海外高等教育开支占本国 GDP 的比例 i（ForEdi），我们使用下列公式：

$$ForED_i = \frac{\sum Ij_{j=1}(S_{ij} \cdot Exp_j \cdot PIB_j)}{PIB_i}$$

公式中的 S_{ij} 指的是在 j 国接受高等教育的学生人数 i，Exp_j 指的是 j 国学生人均支出占人均 GDP 的比例，PIB_i 和 PIB_j 分别是指 i 和 j 国的 GDP。

· 员工发展：这一变量是通过 WDI 数据库中提供正式员工培训的企业比例（%）来确定的。

资料来源：De Groot（即将出版）。

没有通信和信息技术基础设施提供的信息查找、获取、处理和传播的便利，就无法营造有利于创新的环境。有了获取大量数据、科学论文、知识、新生产技术、新管理方法等的途径，就为我们打开了提高企业生产率和技术的机会之门。通信与信息技术基础设施是创新体系的支柱。CEPAL 通过 KLEMS 项目对通信和信息技术基础设施资本作过测算，这一成果也被用在创新资本的测算工作中（CEPAL，2013a）。

无形创新资本对于创新活动非常重要

除了创新中的有形资本，各个经济体还在积累无形资本。为了说明这些无形资本的构成及其重要性，这里采用了多项指标。研发投入是衡量创新工作或创新传播密集度的指标。向海外支付的知识产权费用可以被看做是增强本国企业技能的一种进口。另一种测算创新中无形资本的方法就是观察创新成果，也就是一国人均注册专利数量。我们认为创新的成果是无形资产和有形资产共同作用的结果。

创新的传播并不是企业被动接受“传染”的过程，而是企业主动根据市场需求、技术背景和自身企业文化去不断完善创新工作的过程。然而，并不是所有创新的努力和技能都以设立研发部门或注册专利的形式表现出来，尤其是在发展中国家。因此，我们需要借助一些代理变量来衡量所谓的非正规研发。高等教育开支是提升创新资本的另一个方式，其对生产体系的影响比较模糊，但确实是非常重要的一方面。一家工厂只要有一批工程师，就意味着具有了重要的创新或创新传导能力，并不一定要设立一个正式的研发部门。此外，高素质员工的作用不仅局限于一家企业，这部分人可以跨企业积极互动与合作，从而推动在学习创新过程中的协作。

创新资本存量的一系列指标旨在反映技能的积累，而非这一资本的实际价值。在构成创新资本指标时需要用到多种代理变量，其中一些变量叠加程度高（如专利和研发的相关性就很高），因此在解读时需要格外谨慎。

拉美和 OECD 国家的创新资本呈现明显的区别，不论是在创新资本存量方面还是资本构成方面。创新资本存量是用创新资本占经济总规模比例的形式呈现的，拉美国家这一比例为 13%，还不及 OECD 国家 29.8% 的一半（见图 5.4）。此外，拉丁美洲创新资本存量超过 40% 来自于高等教育（GDP 的 5.6%），只有 10% 是研发投入（GDP 的 1.3%）贡献的，而事实上研发投入才应该是创新工作的核心。[8] 与之形成鲜明对比的是，OECD 国家研发投入占比很高（GDP 的 12.7%）。这一区别会对这两类国家的创新种类产生显著影响，进而对技术传播和引进产生影响。

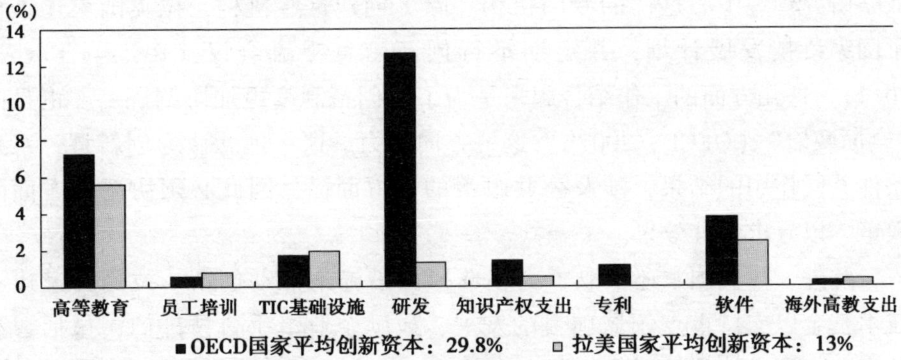

图 5.4 拉美国家与 OECD 国家创新资本要素分布对比
（占 GDP 比例）

注：采用的变量有专利、TIC 基础设施（硬件）、软件和数据库（软件）、研发、高等教育支出（高等教育）、海外高等教育支出、知识产权支出和员工培训。

资料来源：基于 De Groot（即将出版），“Innovation Capital in Latin America：A First Attempt at Analysing the Region's Competitive Strengths in Innovative Capacity”，CEPAL，《工作报告》，生产与企业发展部（DDPE）制作。

统计链接：http：//dx. doi. org/10. 1787/888933162866.

构成越多样化，创新对经济表现的影响就越大，对创新资本投资的要求也就越高。毫无疑问，在产业结构和创新资本构成之间存在很强的相关性。知识密集度更高、多样性更强的产业结构对创新资本投资的要求也更高，而且和多样性较低的产业结构相比，研发的重要性更加凸显。因此，在评估创新资本对于生产率和经济增长的作用时，我们需要同时考虑产业结构（有关分析请见上文）。

在很大程度上拉美的创新潜力取决于制度

要评估拉丁美洲的创新潜力，一个重要的方面就是制度环境，虽然这一因素无法量化，但这丝毫没有削弱其重要性。这一要素反映了协调、领导和推动研发活动的必要性。近十年来，拉美国家在这方面进行了改革并设立了机构。这些努力是十分必要的，如果没有这方面的工作，创新资本根本无法起作用。拉美国家已经在努力提高科学技术负责部门的地位，这是以不同的方式实现的。阿根廷、巴西和哥斯达黎加等国成立了科学、技术与创新部；乌拉圭等国设立了创新部长内阁；一部分国家建立了如巴西战略研究管理中心这样的专门机构。除了创建这些机构，拉美国家还推出了国家科技发展计划，并定期举行创新信息交流会议（Rivas y Rovira，2014）。这几方面的工作结合起来是为了让创新制度更加协调统一，也是向“全面政府”（OECD，2007b）这一方向努力。这一理念认为创新是一系列条件共同作用的结果，涉及公共政策的方方面面，因此必须协调各方面的政策，以寻求最佳效果。

此外，拉美国家还采取了更多选择性措施来推动创新。拉美国家建立技术基金以支持重点领域项目的发展，鼓励企业牵手科技部门，包括智利的产业集聚支持政策以及巴西的行业基金政策。在智利，政府对所有的矿业生产增收一项费用，用以支持重点发展行业的集聚（尽管该政策在 2010 年被打断了）。在巴西，行业基金已经成为国家层面创新活动最重要的资金来源，而且帮助解决了一些科技部门与产业体系脱节的问题（Rivas，Rovira y Scotto，2014）。

通过这些努力，拉美的创新制度得到了加强，有关负责部门的政治地位得到了提升，加上一些鼓励创新的全新举措，制度环境显著优于 20 世纪 90 年代。尽管如此，拉美还远远没有建立起一个有效的技术创新与传播体系。比如，借助行业基金的设立、将推动创新的目标融入工业政策，巴西已经成为拉美在创新公共政策一体化方面最先进的国家。在大多数其他拉美国家，主导的还是比较狭隘的理念，发展、科技与工业政策中促进创新的举措还是彼此孤立的（Rivas，Rovira y Scotto，2014）。

总之，要获得创新资本的准确值绝非易事，得出的只是接近值，然而从中我们已经能够看出 OECD 国家和拉美国家在创新资本存量和构成两方面的显著区别。特别是在发达经济中，研发的比重更高，而研发又是最好的创新投资。另一方面，创新资本的影响必须和科技制度环境一同分析。在制度环境方面，拉美国家进步明显，尤其是在制度建设、部门协调、新举措的设计和执行方面。但是，要巩固这些成果，拉美国家依然任重道远。

外国直接投资是拉美地区创新的机遇[9]

外国直接投资（FDI）经常被看做创新的媒介，因为它是新技术引进和潜在技术外溢的来源。此外，外国直接投资还将国内市场和外部市场联系在一起，只要外部市场对价格和质量的要求更严，那么就会推动新技术的采用。但要实现这些积极作用，有两个条件必不可少：一是投资要流向技术密集度高的行业和活动；二是接受投资的国家要具备一个有利于技术外溢的环境。这就要求制度与政策环境不至于让新技术因缺乏与产业体系其他部门的联系而成为“孤岛”。

拉美地区外国直接投资模式的多样性

外国直接投资在拉美各行业的分布模式是非常不同的。在墨西哥这样的国家，由于具有工业传统，拥有广阔的国内市场并且向美国大量出口劳动密集型商品，外国直接投资更多地分布在制造业。在玻利维亚这样的国家，由于投资流向矿业，外国直接投资则更多地分布在自然资源行业。在多米尼加共和国和中美洲，由于不可再生的自然资源相对较匮乏、投资纺织对资金要求低、旅游业重要性高，因此外国直接投资更多分布在服务业。厄瓜多尔、哥伦比亚，特别是巴西的外国直接投资行业分布则更加均衡（见图 5.5）。

然而，要想了解不同的外国投资模式对拉美国家创新能力的培养的影响，这种分析仍然比较笼统。例如，基于廉价劳动力、以出口为导向的制造业投资和矿业投资一样，都无法为创新能力的提高作出多大贡献。我们需要深入了解流入制造业的外国直接投资，从技术密集度的角度进行更详

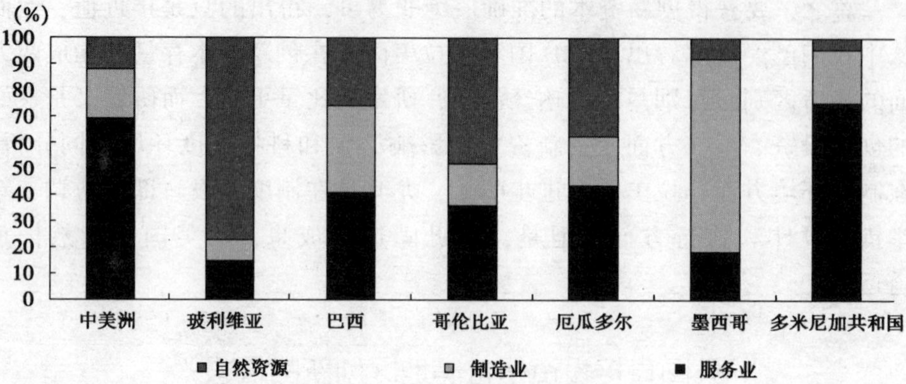

图 5.5 被选择国家外国直接投资流向

注：根据 2014 年 5 月采集于表中各国官方数据库的数据以及 CEPAL（2013b），《拉丁美洲和加勒比的外国直接投资》，CEPAL，联合国制作。

统计链接：http：//dx. doi. org/10. 1787/888933162876.

细的分析。因此，我们根据 OECD 提出的技术密集度等级：高、中高、中低、低（见图 5.6）对进入制造业的外国直接投资进行研究。

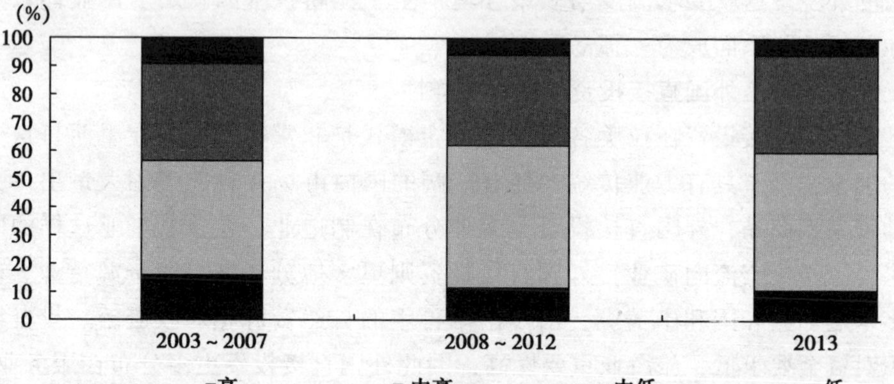

图 5.6 拉丁美洲制造业外国直接投资的技术密集度（不同时期）

资料来源：根据 *Financial Times*“FDI Markets”，2014 年 5 月采集于 www. fdimarkets. com 的资料制作。

统计链接：http：//dx. doi. org/10. 1787/888933162886.

通过对制造业外国直接投资分行业分析，我们看到 2008 年以来拉美技术密集度低的行业投资比例下降，中等技术密集度的行业投资比例上升，高技术密集度的行业投资比例比较稳定。近年来，对巴西和墨西哥汽车制造行业的投资非常活跃，这也是拉美地区中高技术行业投资繁荣的一种反映（见专栏5.3）。就像我们在第三章企业层面的分析中所看到的，这类行业对高素质劳动力资本需求是最大的，对拉美产业结构调整是非常重要的。

创新的发展需要更多研发型外国直接投资

从技术角度看，另一个反映外国直接投资质量的变量就是研发项目多少。亚洲在这方面的表现明显优于拉美。在跨国企业的研发投资目的地中，亚洲国家特别是中国所占的比例提升非常迅猛。拉美国家在这方面的发展趋势还不够明朗，因为之前良好的发展势头似乎在2011年就枯竭了。2003～2007年，外国直接投资对拉美研发项目的投入显著增长。2013年，拉美地区又恢复了2003～2007年的水平，但我们还不能确定今后该地区还能否重拾之前5年的良好发展势头（见图5.7）。

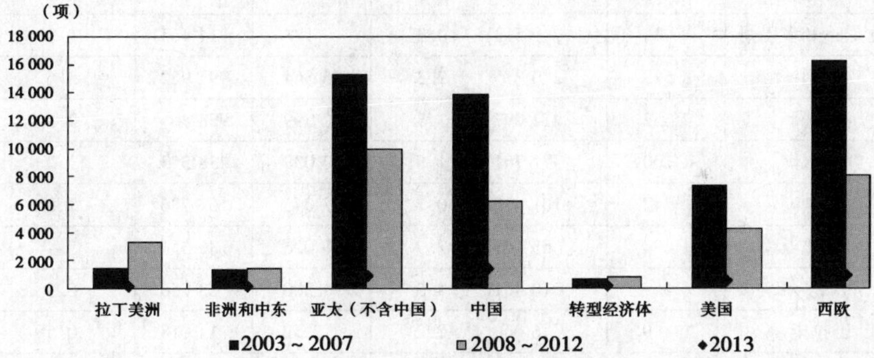

图5.7　不同时期和地区已宣布的研发项目

资料来源：根据 *Financial Times*"FDI Markets"，2014年5月采集于 www.fdimarkets.com 的资料制作。

统计链接：http://dx.doi.org/10.1787/888933162897.

表5.3 已宣布“绿地投资”中的研发项目（2003～2013年平均值）

	投资项目			创造就业岗位		
	研发、工程与设计投资项目（项）	项目总数（项）	比例（%）	研发、工程与设计投资项目（项）	项目总数（项）	比例（%）
墨西哥	4 730	196 454	2.4	21 267	860 638	2.5
中美洲	990	63 944	1.5	4 832	289 097	1.7
哥斯达黎加	516	13 675	3.8	2 581	71 363	3.6
萨尔瓦多	23	5 290	0.4	41	33 235	0.1
维地马拉	61	6 936	0.9	369	25 023	1.5
巴拿马	198	16 477	1.2	1012	54 316	1.9
波多黎各	192	12 061	1.6	829	42 519	1.9
加勒比	298	51 012	0.6	667	122 874	0.5
多米尼加共和国	250	16 756	1.5	438	41 981	1.0
海地	23	827	2.8	41	3918	1.0
特立尼达和多巴哥	25	9 513	0.3	188	14 465	1.3
巴西	8 688	380 815	2.3	35 564	997 952	3.6
南美洲	4 552	414 097	1.1	22 999	908 765	2.5
阿根廷	1 100	71 761	1.5	7 039	238 553	3.0
智利	747	101 619	0.7	3 045	167 736	1.8
哥伦比亚	1 884	65 565	2.9	10 026	186 551	5.4
厄瓜多尔	469	10 401	4.5	1 300	23 756	5.5
巴拉圭	9	6 046	0.2	52	11 018	0.5
秘鲁	204	73 964	0.3	686	152 487	0.4
乌拉圭	87	19 216	0.5	61	40 105	1.5
委内瑞拉	43	43 788	0.1	175	61 436	0.3
全部拉美国家	19 259	1 106 322	1.7	85 329	3 179 326	2.7
OECD平均	109 466	267 101 810	4.1	326 898	5 946 187	5.5
韩国	3795	86 340	4.4	21 789	209 503	10.4

资料来源：根据*Financial Times*“FDI Markets”，2014年5月采集于www.fdimarkets.com的资料制作。

拉丁美洲内部各国的情况差别很大，但我们观察到研发项目投资占

“绿地投资”[10]总投资的比例在总体上非常低（拉丁美洲地区平均值不到2%）。哥斯达黎加、哥伦比亚和厄瓜多尔是该地区研发投资占比最高的国家（见表5.3），即便如此，这三国的水平还不及韩国这样在消除技术差距方面非常成功的国家。在韩国，研发项目投资比例在2003~2013年达到4.4%，而得益于近几年的进一步努力，在2009~2013年更是高达8%。如果分析外国直接投资创造的研发类工作岗位占新增就业岗位总数比例，拉美的水平也比较低，不足3%。其中，哥伦比亚和厄瓜多尔占比最高，约为5.5%，然而韩国则高达10.5%（2003~2013年平均值）。

上述数据表明，要让外国直接投资为拉美技术和能力的积累作出更大贡献还有很多工作要去做。拉美国家在吸引研发型、与本国经济联系密切（生产和技术上）的外国直接投资时可以考虑设计新的战略。

专栏5.3 巴西汽车工业的扩张：市场、产业政策和出口

巴西是一个有意思的例子，其吸引外国直接投资的公共政策是基于国内市场这样的传统因素的，但从技术的角度看，这些政策对投资的规模和质量都产生了积极影响。

2013年，进入巴西汽车行业的外国直接投资激增，高达260万美元，创历史最高，也是过去五年平均值的2倍。汽车产量也创历史纪录，达到370万辆，较上年增长超过10%。巴西成为世界第七大汽车制造国，同时又是继中国、美国和日本之后第四大汽车消费市场。汽车工业占巴西工业GDP的25%和整个GDP的5%。

这一现象背后有多种原因。首先，巴西居民可支配收入增长和信贷的扩张推动了汽车工业产销都屡创纪录。巴西汽车普及率相对较低，因此是一个增长潜力大、极具吸引力的市场。同时，豪华汽车在巴西也有相当大的增长潜力，预计今后五年销量将翻一番。

其次，巴西政府所采取的刺激政策远不止简单地增加商品进口税。2013年，巴西政府推出了一些为期五年的新举措，其中包括Plano Brasil Maior，这一计划旨在推动巴西的工业化，通过刺激技术的政策来弥补因雷亚尔升值而损失的市场。其最终目标就是要把巴西从制造国转变为世界新产品研发中心。这一计划有以下三个支柱：

Programa Inovar-Auto 计划（Programa de Incentivo à Inovação Tecnológica e Adensamento da Cadeia Produtiva de Veículos Automotores）以鼓励投资巴西汽车工业为目标。通过该计划，如果企业能够为2013~2017年的发展做出原料采购、技术研发、供应商培训、基本工业技术和设计等方面的承诺，其在巴西生产和销售的汽车就可以享受高达30%的工业产品税（IPI）减免。汽车配件本地化程度将由目前的45%提高到2017年的70%。

Programa Inovar-Autopeças 计划寻求通过提供融资、推动创新和研发来加强本地供应商的实力并强化本地产业链。

Programa Exportar-Auto 旨在增强巴西汽车工业竞争力，希望到2017年能将汽车出口增加到100万辆（2013年出口为566 299辆）。

Plano Brasil Maior 计划在吸引投资和缩小巴西产汽车的技术差距方面已经取得成效。然而，这项政策也带来了庞大的财政开支，并且一旦对汽车的需求放缓，就有产能过剩的风险。

资料来源：CEPAL（2013b）。

促进中小企业创新是提高拉美地区生产率不可或缺的条件

要想了解一个经济体的技术和生产能力，就要考察其企业的情况。创新资本存量水平及其变化是一个国家创新能力的总和。同样，本章第一部分对产业结构（生产的行业构成）的分析就集中研究了其对生产率总和以及人均GDP增长率的影响。这是宏观层面探讨的话题，或者说是介于宏观经济与中观经济之间的讨论。生产率随着时间不断提高，其实在经济活动平静的表面，其内部往往存在剧烈的变化与波动（Dosi et al.，2013；Bernard，2012；Mayer，Melitz y Ottaviano，2012）。不仅有行业兴起和扩张，也有行业面临衰退；不仅有企业诞生或扩大市场份额，也有企业陷入倒退乃至消失。因此，在大环境相对稳定的情况下，我们还需要去考虑由这些变动构成的微观动态。[11]

这部分我们将从微观视角探讨创新以及创新对竞争力的影响，同时关注微观和宏观的互动。这一类型的研究无法针对整个拉美地区开展，因此我们选择了部分国家作为案例进行分析。在第一小部分，我们探讨了决定巴西制造业企业生产率的因素；在第二小部分，我们对阿根廷的塑料产业进行研究（详见专栏 5.4），提出其环保技术转变的机遇和挑战。

巴西制造业创新和生产率分析

衡量一家企业有多少创新以及量化创新对生产率的影响是一个复杂且有待探讨的话题。巴西应用经济研究所（IPEA）一项关于制造业的研究，有助于我们理解这一动态现象并初步量化创新相关变量的影响。[12]该研究采用的解释性变量是微观经济学经典推崇的技术创新和传播变量[13]（详见 Catela，Cimoli y Porcile，即将出版）。

创新和技术在推动生产率的提高过程中扮演着重要角色。如果一家企业有产品创新或者有关变化反映其具有创新能力，那么这家企业生产率高（或者生产率不低）的可能性就大。企业员工的学习时间、从事研发工作的技术人员数量、员工所积累的经验都是对生产率有积极作用的变量。我们从学习和生产率的互动中得到的回报越来越多。而且，如果没有调整新技术使其适应特定环境的能力，那么就谈不上技术在企业中的有效传播。同时，经济规模大、面临外部市场压力的特征也会增加一家企业属于高或中高生产率企业，而不属于低或中低生产率企业的概率。值得注意的是这种因果关系是相互的。创新会促进企业生产率的提高、产品出口和业绩增长，而这些结果又会反过来为企业提供动力和资源，推动其加大对创新的投入。该实证研究找到了一些互动模式，但未能从中推断出因果关系的方向。

规模经济对于生产率改善概率的提升是一项决定性因素。规模经济之所以重要，是因为它意味着需要有政策鼓励中小企业的合作以及中小企业与大企业的联系，只有这样中小企业才能获得技术和外部市场。

公共政策的作用呈现出不同的结果。[14]对研发活动的支持总体是起到积极效果的，降低了企业跌入生产率最低一组的概率。然而，对创新资金的直接支持所产生的效果则是负面的。如果企业接受了这种公共资金的支持，其进入生产率最高一组企业的概率反而会下降。这一现象尚未有明确的解释，但是有可能其因果关系是反向的，因为公共资金一般优先支持遇到困难或者技术落后的企业。这样一来，公共资金支持就会和生产率低下联系在一起，而经营情况较好的企业往往不会申请也不需要公共资金的扶持。这就再次提醒我们在给予创新活动资助时，要首先考虑接受资助的企业经营表现如何，只有这样对企业的帮助才能真正转化为未来生产率的提高。

专栏5.4　阿根廷信息产业创新能力建设和学习模式

相关研究研究证明了一些广泛使用的技术，尤其是信息和通信技术对于生产率和经济竞争力的巨大影响。此外，这些技术的传播并不是一个被动或自动的过程，而是可以在创新和生产率方面产生不同结果的，可能是积极的也可能效果不明显。增强本地企业技术和产业互补性的政策是技术传播中非常重要的一部分。

信息和通信技术在阿根廷生产部门的传播有三种模式。第一种模式为被动现代化，也就是说信息技术供应商主导了企业运用技术的过程。在整个过程中，双方的技术能力是不对等的，购买技术的企业处于受制于人的地位。引进技术的企业不具备必要的技术能力去发现技术运用过程中的问题，也没有办法对其进行调整，使技术更加适应企业的具体需求。在这样的情况下，出售技术的企业也没有动力去根据每家企业的特点调整技术，而购买技术的企业只能不断求助于售后服务。这一模式造成企业能学习到的技术很有限，且新技术提升企业效率的潜力也大打折扣。

第二种模式为共同现代化，在这一模式中购买技术的企业可以更积极地参与到新技术的运用中，这类企业往往配备了自己的技术团队。企业内部的技术能力储备使其与技术提供商的互动也更频繁，这就确保企业能够更好地掌握新技术并让技术更好地适应企业自身的需求。在这一模式下，新技术的运用对于企业效率和生产率的提升作用要显著得多。

第三种模式被称为引导现代化，也就是说购买技术的企业的信息技术团队在技术运用过程中起非常重要的作用，采用这一模式的主要是一些大型跨国公司。一般这些大型企业的分公司在新技术运用中参与度是很有限的，基本都是总部派出专门的技术团队来负责。但在有些情况下，总部也会委托分公司负责新技术的运用，使其适应当地的环境并准备将来将技术推广到世界其他地区的分公司。在这种情况下，分公司就有机会学习到新技术相关的实用知识并构成本地的技术能力。不管是哪一种情况，尽管技术能力的全球战略部署是跨国企业总部的决策，但是分公司一般都认为有必要在掌握技术上作出努力，这样才能具备比较优势。

模式多种多样，这些模式对竞争力和生产率的影响也大不相同，这就更加要求政策能够帮助引进新技术的企业形成自身的技术能力。不管是大型企业、中型企业、小型企业还是大型跨国公司的分支，只有自身具备了技术能力，新技术才能转化为竞争资本。那些没有足够的技术能力的企业就无法和技术供应商进行充分沟通从而找到技术问题的解决方案。（也就只能使用通用的解决办法，但无法照顾其特殊需求。）如此一来，这些企业的竞争力就被削弱了。同样，政策也应该帮助跨国企业的分公司更多地参与总部的战略决策，加强这些分公司研发本地化的优势。

资料来源：根据 Novick y Rotondo（2013）汇编。

当我们根据技术密集度和创新潜力来评价一些行业的生产率时，我们会发现区别很明显。在所有生产率组里，高科技行业都比其他行业的生产率水平要高（见图5.8）。例外的是中高科技行业的第5组超过了高科技行业的第4组（第4组是高科技行业中生产率最高的一组）。这些结果确认了结构变量的重要性。生产率和各行业内部的效率有关，尤其和生产率低的企业在行业内所占比重有关。同时，生产率还涉及产品构成，包括技术密集度低的行业占总产品的比重。[15]

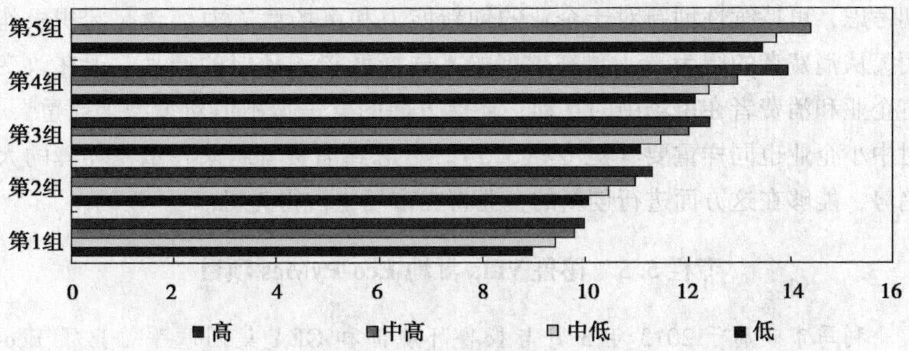

图5.8 按技术密集度分组的行业平均生产率，巴西（2008年，对数）

注：分组是根据 K－cluster 法进行的：第1组（极低生产率）、第2组（低生产率）、第3组（中等生产率）、第4组（中高生产率）和第5组（高生产率）。

资料来源：Catela；Cimoli y Porcile（即将出版），“Productivity and structural heterogeneity in the Brazilian manufacturing sector：Trends and determinants”，Oxford Development Studies.

统计链接：http：//dx. doi. org/10. 1787/888933162906.

从短期效果来看，让低生产率组的企业能够进入到高生产率组自然是最划算的。但是，如果从长期发展来看，我们还需要改变行业结构，让高技术行业能够在总产值中占更大的比重。低技术企业通过提高能力来改善生产率的空间显然不如中高或高科技行业的企业。因此，生产率相关政策是离不开产业结构调整的行业政策的。

在企业层面提高生产率的新机遇和新挑战：迈向更加可持续的创新

地球所面临的最主要的挑战之一就是环境恶化，尤其是温室气体不断排放造成的全球性气候变化。针对目前正在污染土地、水和空气的工业生产进行环境可持续方面的创新，是解决环境问题的一种选择。这些环保创新的运用必须赶在环境和生态系统遭到不可逆转地被破坏之前，否则人类在地球上的生存与发展将受到威胁。

要完成这一任务我们就需要一种可持续的创新，不仅为了环境的可持续性，也为了经济和社会的可持续发展。这就要求我们寻找新的生产和管理方法，从生产率和就业质量的提高中获取利润，而不危及人类后代的发展。

尽管在很多企业看来环保对于后勤和财务都是一种负担，但是从中长期考虑，可持续性创新对于企业的创新能力和市场竞争力都会起到积极作用。从消费者的行为看，越来越多的人选择低碳和环保的产品，正在改变着企业和消费者在市场中的互动。环保方面的竞争力不但对大型企业重要，对中小企业也同样重要（见专栏5.5）。考虑到消费者越来越重视环境的大趋势，能够在这方面进行创新的企业将在市场中占得先机。

专栏5.5　秘鲁 Villa 湿地 Eco-PyMes 项目

利马市政府于2013年3月与秘鲁环境部和GEA集团联手推出了Eco-PyMES III计划，其主要目的就是要保护Villa湿地的生物多样性，相关技术支持由生态效率与责任中心（CER）提供。这一项目是2010年启动的Eco-PyMES I和II的延续，主要是要让该地区的生产活动的生态效率更高，并且让中小企业也参与到减轻湿地污染的过程中去。中小企业占当地企业总数的43%。通过这一项目，我们向Villa湿地特区（ZRE）的中小企业提供生态效率和清洁化生产方面的技术支持。这是利马唯一的自然保护区。

大约3 000家来自Chorrillos，Villa El Salvador，San Juan de Miraflores和Santiago de Surco等区的中小企业目前已经参加了Eco-PyMES项目，其中多数是制造业和服务业企业。这些企业在提高工业生产效率、减少固体废物、扩大废水回收、改善能源效率等环保问题上取得了显著进步。在生态效率和社会责任中心的协调、GEA集团的运作和瑞士-SECO合作组织的支持下，有关机构加强了技术咨询、融资和竞争力支持。这使得当地的企业可以有自己更为独特的产品和服务，提高产品附加值并从竞争力中得到大量盈利。

鉴于可持续性包括生产或服务的全部环节，从原材料一直到最终消费，各个阶段的参与者（行业、企业、消费者）之间的合作与联系就变得尤其重要。创新过程中企业之间的合作首先可以方便发挥不同企业的知识、经验储备；其次，可以避免研发方面的重复投资；最后，新技术的开发可以惠及多个行业和企业。

在对生产过程的可持续性越来越重视的背景下，企业尤其是小企业还面临着各种挑战。第一，中小企业对于自己在环境问题和社会问题中扮演的角色认知不足；第二，融资难、让员工适应新技术的要求难是企业创新道路上的障碍；第三，中小企业获取信息、知识和技术的渠道有限；第四，对于规模特别小的企业，要符合新的生产标准并进入环保标准高的市场也是困难之一。

这些因素就要求出台政策，把环保作为生产率和创新问题的一部分去考虑。环保不应当被看做威胁，而应该被看做发展新业务、丰富产品和服务种类、提高产品和服务价值的好机会。可持续创新带来新机遇的一个典型案例就是阿根廷的塑料产业，原因有二：一是阿根廷塑料行业提供了大量进行环保创新的机会；二是传统上阿根廷塑料行业就比一般行业要更具创新性。阿根廷塑料行业对研发的投入高达其销售额的6%左右，而阿根廷工业的平均水平仅为2%。该行业的创新程度高还反映在资本货物的进口上，这是企业获得技术的另一途径（见图5.9）。阿根廷橡胶和塑料行业中48%的中小企业是创新型企业，而这一比例在整个阿根廷工业中仅为29%（见图5.10）。此外，塑料行业与整个工业体系密不可分，因此塑料行业的创新在经济和环境上的作用还会被整个工业体系进一步放大。

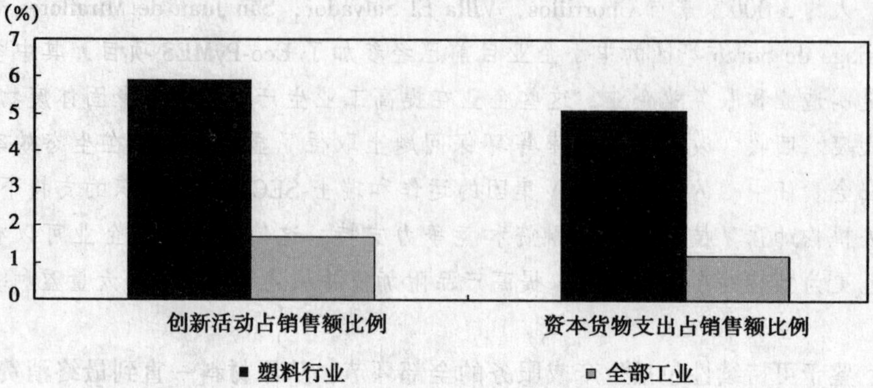

图 5.9　工业和塑料行业的创新努力（1995 年）

资料来源：Baruj（2014），“阿根廷塑料行业通过可持续性创新提高竞争力的机遇”，收录于 Rovira 和 Hiriart 编著的《可持续性创新：阿根廷中小企业提升竞争力的机遇》，联合国拉美经委会。

统计链接：http：//dx. doi. org/10. 1787/888933162911.

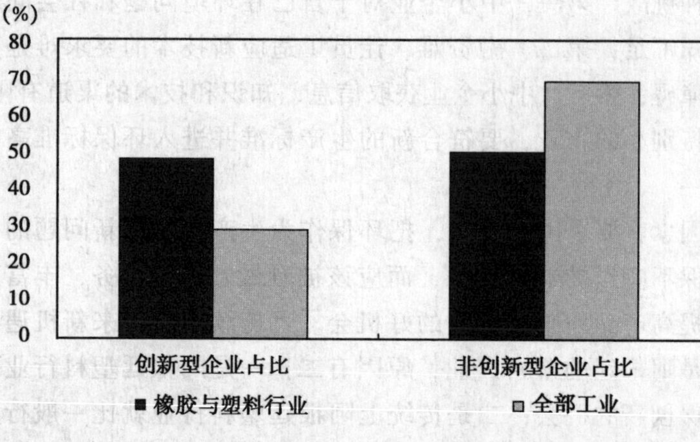

图 5.10　橡胶与塑料行业中的创新型中小企业（2006～2008 年）

资料来源：Baruj（2014），“阿根廷塑料行业通过可持续性创新提高竞争力的机遇”，收录于 Rovira 和 Hiriart 编著的《可持续性创新：阿根廷中小企业提升竞争力的机遇》，联合国拉美经委会。

统计链接：http：//dx. doi. org/10. 1787/888933162920.

未来发展的大趋势在环保方面对塑料行业提出了多种挑战（BIOIS，2011）。以下这些因素也影响阿根廷的塑料行业：塑料产品需求持续增加、废塑料增多、塑料回收水平提高、能源回收率进步（但仍低于塑料回收利用率）。随着塑料回收利用的水平不断提高和规模不断扩大，用于回收再利用和能源回收的废塑料出口将持续增多。塑料生产受亚洲市场，尤其是中国市场的影响将越来越大。生物塑料产量将扩大，但在未来几年还不足以成为主流。将废塑料（通过焚烧）转化为能源将更普及，这样可以降低被当做垃圾处理的废塑料比例。尽管生物塑料会有所发展，塑料生产的主要原材料却依然会是（不可再生的）石油天然气。废塑料的增加就要求我们扩大和改善废塑料处理机制。

阿根廷本地企业为了增强竞争力，对可持续性创新是有需求的。在塑料行业所面临的挑战当中，废塑料对环境的影响不仅当前很重要，而且今后几年其重要性还会凸显，虽然塑料行业和发达国家的政策制定者都会积极去减少废塑料对环境的影响。

可持续性创新的繁荣离不开能够协调各参与者的有利政策和制度环境。为此，阿根廷推出了“阿根廷创新计划2020”，旨在强化该国的科学和技术基础。这一计划重视利用企业联合的机会，并把具有重要经济、技术和社会影响的生产企业集聚命名为“生产战略伙伴核心”（NSPE）。为了支持这些企业战略组合的发展，阿根廷科学与技术部（MINCyT）已经出台多项推动科技进步的政策（Baruj，2014）。例如，NSPE 中有一组从事的是生物材料提炼（生物能源、化合物和聚合物），在阿根廷科技部的大力推动下，公立教育与科研机构和这些企业签署了多项协议，共同开展应用性研究、携手培养该领域的专家并且已经建成4座生物材料提炼示范工厂。借助这些举措，阿根廷生物材料行业预计将在新技术以及现有技术改良方面取得长足进步。阿根廷科学与技术基础比较好，短期内应该就能够在可持续性创新方面有所收获（见专栏5.6）。

专栏5.6　制度环境促进塑料行业基于纳米技术的可持续性创新

阿根廷有多个研究团队致力于聚合物、生物聚合物以及聚合物纳米技术的科研工作（Vázquez，2012）。目前阿根廷有26个研发团队各负责至少一个与聚合物与纳米复合物相关的研究领域，这些团队或机构（阿根廷纳米复合物基金会和CONICET）有以下一些。

· INIFTA（纳米）复合材料团队（CCT CONICET La Plata-UNLP）：研发纳米复合材料用于高性能涂层。

· INTECIN、CONICET 和布宜诺斯艾利斯大学工程系材料与结构实验室的聚合材料团队：开发聚合物纤维拉杆用于替代金属杆，同时研究淀粉等可降解生物聚合物。

· INTEMA 生物材料团队（马德普拉塔国立大学-CONICET）：开发包装用的生物纳米复合材料，这种材料的来源确保其可以被降解的优势。

· INTEMA 生物医药材料研究团队（UNMdP-CONICET）：开发聚合纳米纤维和聚合物，可应用于纺织、再生医药、功能衣料、药品和有效成分的纳米胶囊等。

· INTI 塑料－圣马丁将军国立大学（UNSAM）技术转让与应用研究团队：研究纳米聚合物复合材料，其重要成果包括从天然纤维中提取微晶纤维素的技术。

· 马德普拉塔国立大学的食品保存技术研究中心（CIDCA）和涂料技术研究中心（CIDEPINT）：研发生物可降解材料去检测造成食品变质的物质，延长食品有效期。

· 巴依亚布兰卡的化学工程示范工厂（PLAPIQUI）：研究聚合物的结构控制和嵌段共聚合物。

· 布宜诺斯艾利斯物理研究所（IFIBA）：研究使用纯天然、可再生的环保原材料生产可降解新材料的技术。

· 罗萨里奥国立大学（UNR）：研究天然柔性链聚合物，服务于生物分离技术和工业酶稳定技术的发展。

· 植物生物学多学科研究所（IMBIV）：研究利用树突状分子和聚合物来合成新型纳米材料的技术。

· 罗萨里奥化学研究所（INQUIR）：研发具有抗菌功能的生物聚合可食用薄膜，将来可以用做食品保护膜以预防食品传播的疾病（ETAs）。

· 其他重要的科研团队还有科尔多瓦物理化学研究所（INFIQC）、马德普拉塔材料科技研究所（INTEMA）、布宜诺斯艾利斯大学精确科学系物理教研室碳水化合物研究中心（CIHIDEAR）、布宜诺斯艾利斯大学医药与生物化学系、恩里克·加维奥拉物理研究所（IFIEG），等等。

资料来源：Baruj（2014）。

尽管有政策、管理和生产经验方面的有利条件，但这些新技术的应用还受到一些限制。比如，生物聚合物的产量还非常有限，价格很高，因此其应用范围仅限于医疗产品（外科缝合和阻断材料等）这样的高价值用途以及进行大量生态营销的应用领域。此外，阿根廷还没有提供可降解聚合物的企业，只能依靠进口。即使最终能够在本地生产足够的生物可降解聚合物，还需要建立专门的垃圾处理厂，让生物降解在可控的环境下进行。我们有必要去研究这些新生物塑料材料的寿命周期，不仅要考虑这些材料的生产，还要考虑其运用以及最终的降解。对于纳米技术，阿根廷有足够的技术能力去发展纳米技术，但是纳米技术的运用还面临两大问题：一是不了解纳米材料潜在的毒性；二是废弃物（纳米垃圾）处理困难。CAIP 在一份关于生物可降解塑料袋的报告中指出，塑料袋的使用在短期最大的问题就是城市固体垃圾（RSU）处理效率低，因此一定要组织好可降解塑料袋从家庭到垃圾处理厂进行最终降解的全部路径。

结论与政策建议

技术的提高和多样化是根本的。拉美还需要继续在企业、创新协调和促进制度、产业结构三方面推动技术的建设。最近十年，拉美地区在很多领域都取得了进步，宏观经济稳定、贫困和不公平现象减少。但是在开放的经济体中，只有同时提高生产率、增加高质量就业和减少非正规就业才能巩固这些成果。

虽然拉美各国对科学、技术和创新的支持力度不同，但总体而言拉美地区的创新投入水平仍然很低。拉美的主要问题之一就是生产率低，这是由于该地区创新资本存量少且结构不合理造成的，特别是与研发相关活动不足。同时，该地区制度环境不理想，没有能够有效提高研发支出，尤其是私人企业对研发的投入。

对比来看，拉美的研发投入远不如亚洲等其他地区活跃。然而，我们也要看到拉美通过外国直接投资进行学习的潜力，这就要求把投资资金和创新政策与结构调整联系起来。最近十年的数据显示，尽管外国投资流入研发项目呈积极趋势，但仍有待进一步巩固。

要推广好的做法，就要在科学与技术领域制定积极的政策并建立协调机构，以便克服学习效率低和生产率低的陷阱。企业间和行业间生产率还非常不平衡，这就要求中小企业加强合作并在创新方面与大型企业建立联系。就企业层面的技术和创新而言，上文我们介绍了两个微观案例。对巴西制造业的分析让我们看到了创新和技术传播所带来的回报，而对阿根廷塑料行业环保技术的研究则展现了可持续性创新既是一种环保需求，又是企业竞争优势的源泉。

今后数十年的产业政策的核心应当是新技术技能的积累以及以经济、社会、环境可持续性为导向的创新。是否具备新技术能力将决定谁有竞争力，在什么领域有竞争力，谁能在未来的国际劳动分工中占据一席之地。此外，对创新进行引导也是十分重要的。技术革新可能是封闭、冰冷的，但是技术的应用领域和社会影响并不是预先设定好的。政府机构应当通过出台和改革有关政策去鼓励技术革新更多地关注环境保护和社会包容，二者都是竞争力提升的补充。拉丁美洲需要培育内在技能，为技术革命做好准备，不仅要做绿色科技的消费者，更要成为绿色科技的生产者。拉美地区有必要防范环保科技完全依赖进口的风险。

因此，未来的发展政策一方面要重视新技术，另一方面也要重视新技术的内容，要关注各个层面（环境、经济和社会）的可持续性。政府部门应当基于这一目标事先明确鼓励创新和提高竞争力的优惠政策，并在市场偏离既定目标时纠正其错误。这就要求负责创新政策的部门要根据技术的前景以长远的目光制定好战略、明确干预范围。

拉美和加勒比国家提高创新能力和技能的需求为制定新的地区科技与创新合作计划创造了机遇。科学技术研发复杂程度高，不确定性强，需要大量长期高风险投资。在很多情况下，单个国家无法满足这样的需求。解决办法之一就是建立双边或多边产业技术开发区，目前拉美各国科学、技术和创新部门都在研究这一方案。比如，在首届科学、创新与信息通信技术大会上，拉美和加勒比国家就约定通过地区性合作扩大知识的社会传播、加强地区产业整合。[16]目前，各国正在确定以下领域的具体合作项目：远程医疗、辅助技术、增材制造、电子电器设备、风能太阳能等。[17]

【注　释】

[1] 见 Narula（2004）和 CEPAL（2012）。

[2] 见 Lall（2000）和 OCDE（2011a）。

[3] 例如，有些发展中国家电子产品的出口在统计数据中被归类为高技术出口。但实际上电子产品的产业链是由各个不同技术密集度的环节组成的，这些国家出口的是廉价劳动力而不是先进技术（OCDE/CEPAL/CAF，2013）。

[4] 这一指标是工程设计部分占制造业附加值比例和高技术出口占总出口比例的简单平均数。通过这种方式可以弥补构成这一指标的两个变量的偏差。工程设计占制造业附加值比例的偏差在于只反映了一个经济部门的技术；高技术出口占总出口比例的偏差来源于产业链各个环节分工不同。

[5] 换句话说，Arrow 的"边做边学"（生产率随生产经验的积累而提高）不仅仅反映了一家企业生产中的学习曲线。从更大范围来讲，生产率的提高也是企业生产率变化和产品结构变化互动的结果。这一互动如果伴随着生产率的提高，则是产业体系技术密集度提高的结果，这也体现在 ICIT 的增加上（亦见 Kirman，2004；Saviotti y Pyka，2011）。

[6] 以上结果和 shift share 研究结果一致，shift share 对比了世界各地区生产率提升的来源。亚洲地区总生产率提升与结构调整（产业结构中高生产率行业比重上升）的关系比拉丁美洲地区密切（CEPAL，2007；McMillan y Rodrik，2011）。

[7] 这部分是根据 De Groot（即将出版）在 CEPAL 进行的研究撰写的。

[8] 见 Edquist（2009）y REDES（2013）。

[9] 这部分是根据外国直接投资报告撰写的（CEPAL，2013b）。

[10]"绿地投资"指的是由其直接投资人从零开始建立起来的企业或项目。

[11] 更详尽的信息可以参考 Syversson（2011）和 Pozzi y Schivardi（2012）。

[12] 这部分是根据 Catela y Porcile（2013）和 Catela，Cimoli y Porcile（即将出版）撰写的。

[13] 下文要展示的实证研究使用的是 2000～2008 年数据，包括以下来源的数据：巴西劳动与就业部（MTE）的社会信息年度报告（RAIS），巴西发展、工业与贸易部外贸秘书处（Secex）、巴西地理和数据研究所（IBGE）的年度工业普查（PIA），IBGE 创新和技术民调（PINTEC）。这些数据都经过整理，构成了一个包含 4 000 家 30 名员工以上规模企业数据（30 名员工以下规模企业数据未包含进去，因为数据来源于抽样还不是普查）的数据库。每一个企业在各类数据统计中都使用唯

一的识别号，这是进行数据交叉对比的基础。

[14] 亦可见 Ottaviano y Sousa（2007）y Araujo，Feijo y Nassif（2011）。中小企业的情况以及政策对于中小企业表现的影响可以参考 Santoleri y Stumpo（2011）。

[15] 为了更好地反映这一因素对生产率的影响，参照 Lall（2000）的分类，我们根据技术密集度将制造业分为四组，也就是高技术、中高技术、中等技术和低端技术行业。我们对每一组行业进行 k-mean 处理来找到最佳的生产率分组数，结果各行业生产率分组最佳数量均为五组，但高技术行业为四组。对巴西制造业生产率的行业分析请参考 Steingraber y Gonçalves（2011）。

[16] 见 www.cepal.org/socinfo/noticias/noticias/1/53091/Declaracion_ de_ Santiago.pdf。

[17] 见 CEPAL/CGEE/GIZ（2014）。

参考文献

1 Baldwin, R. and P. Krugman (1989), "Persistent trade effects of large exchange rate shocks", *The Quarterly Journal of Economics*, Vol. 104 (4), MIT Press, Massachusetts, pp. 635 ~ 654.

2 Baruj, G. (2014), "Oportunidades de mejora en la competitividad del sector transformador plástico argentino a través de la innovación sustentable", in S. Rovira and C. Hiriart (eds.), *Innovación Sustentable: Espacios para Mejorar la Competitividad de las Pymes Argentinas*, Economic Commission for Latin America and the Caribbean, United Nations, Santiago, Chile.

3 Bernard, A. B. et al. (2012), "The empirics of firm heterogeneity and international trade", *Annual Review of Economics*, Vol. 4, No. 1, *Annual Reviews*, California, pp. 283 ~ 313.

4 BIOIS (2011), "Plastic waste in the environment", BIO Intelligence Service, European Commission, http://ec.europa.eu/environment/waste/studies/pdf/plastics.pdf.

5 Catela, E. y G. Porcile (2013), "Heterogeneidade estrutural na produtividade das firmas brasileiras", Discussion texts, No. 55, Economic Commission for Latin America and the Caribbean, Instituto de Pesquisa Econômica Aplicada.

6 Catela, E., M. Cimoli and G. Porcile (forthcoming), "Productivity and structural heterogeneity in the Brazilian manufacturing sector: Trends and

determinants", *Oxford Development Studies*.

7 Corrado, C. A, J. Haltiwanger and D. Sichel (2009), *Measuring Capital in the New Economy*, University of Chicago Press, Chicago, IL.

8 Corrado, C. A., C. R. Hulten and D. E. Sichel (2005), "Measuring capital and technology: An expanded framework", University of Chicago Press, Chicago, IL.

9 De Groot, O. (forthcoming), "Innovation capital in Latin America: A first attempt at analysing the region's competitive strengths in innovative capacity", *Working paper*, Division of Production, Productivity and Management, Economic Commission for Latin America and the Caribbean, United Nations, Santiago, Chile.

10 Dosi, G. et al. (2013), "Production theory: Accounting for firm heterogeneity and technical change", *LEM Papers Series*, No. 2013/22, Laboratory of Economics and Management (LEM), Sant' Anna School of Advanced Studies, Pisa.

11 ECLAC (2013a), "LA-KLEMS: Productividad y crecimiento económico en América Latina", Economic Commission for Latin America and the Caribbean, United Nations, www.cepal.org/la-klems/.

12 ECLAC (2013b), Foreign Direct Investment in Latin America and the Caribbean, Economic Commission for Latin America and the Caribbean, United Nations, Santiago, Chile.

13 ECLAC (2012), *Structural Change for Equality: An Integrated Approach to Development*, Economic Commission for Latin America and the Caribbean, United Nations, Santiago, Chile.

14 ECLAC (2007), "Progreso técnico y cambio estructural en América Latina", *Documento de proyecto*, Economic Commission for Latin America and the Caribbean, United Nations, Santiago, Chile.

15 ECLAC/CGEE/GIZ (2014), "La integración latinoamericana mediante proyectos regionales en ciencia, tecnología e innovación", Documentos de proyecto LC/W.599, Economic Commission for Latin America and the Carib-

bean, United Nations, Santiago, Chile.

16 Edquist, H. (2009), "How much does Sweden invest in intangible assets?", final, http://papers.ssrn.com/sol3/papers.cfm?abstractid=1536544.

17 Eichengreen, B. (2008), "The real exchange rate and growth", Working Paper, No. 4, Commission on Growth and Development, World Bank, Washington, DC.

18 *Financial Times* (2014), FDI Markets Database, data extracted in May 2014 from: www.fdimarkets.com/explore/.

19 Fleitas, S. (2012), "Cambio estructural y crecimiento", *Documento de trabajo*, Economic Commission for Latin America and the Caribbean, United Nations Industrial Development Organization, Santiago, Chile.

20 Fleitas, S., M. Cimoli and G. Porcile (2013), "Technological intensity of the export structure and the real exchange rate", *Economics of Innovation and New Technology*, Vol. 22, Issue 4, Taylor & Francis, pp. 353 ~ 372.

21 Freund, C. and M. D. Pierola (2008a), "Export surges: The power of a competitive currency", *Policy Research Working Paper*, No. 4750, World Bank, Washington, DC, October.

22 Freund, C. and M. D. Pierola (2008b), "Export entrepreneurs: Evidence from Peru", *Policy Research Working Paper*, No. 5407, World Bank, Washington, DC, December.

23 Griffiths, R., S. Redding and H. Simpson (2004), "Foreign ownership and productivity: New evidence from the service sector and the R&D lab", *Oxford Review of Economic Policy*, Vol. 20 (3), Oxford University Press, United Kingdom, pp. 440 ~ 456.

24 Hausmann, R. et al. (2011), *The Atlas of Economic Complexity*, Puritan Press, Cambridge, MA.

25 Kirman, A. (2004), "Economics and complexity", *Advances in Complex Systems* (ACS), Vol. 7, Issue 2, *World Scientific Publication*, pp. 139 ~ 155.

26 Lall, S. (2000), "The technological structure and performance of developing country manufactured exports 1985 ~ 98", *Oxford Development Studies*, Vol. 28, Issue 3, Oxford University Press, pp. 337 ~ 369.

27 Mayer, T., M. J. Melitz and G. I. P. Ottaviano (2012), "Market size, competition, and the product mix of exporters", *CEP Discussion Paper*, No. 1146, Centre for Economic Performance, London School of Economics and Political Science, London.

28 McKinsey (2013), *Innovation Matters: Reviving the Growth Engine*, McKinsey & Company, New York.

29 McMillan, M. and D. Rodrik (2001), "Globalization, structural change and productivity growth", in M. Bacchetta and M. Jansen (eds.), *Making Globalization Socially Sustainable*, International Labour Organization, Geneva.

30 Narula, R. (2004), "Understanding absorptive capacities in an innovation systems context: Consequences for economic and employment growth", Research Memorandum 004, Universidad de Maastricht, Maastricht Economic Research Institute on Innovation and Technology (MERIT).

31 Nassif, A., C. Feijo and E. Araujo (2011), "The long term optimal real exchange rate and the currency overvaluation trend in open emerging economies: The case of Brazil", *Discussion Papers* 206, United Nations Conference on Trade and Development, Geneva.

32 Novick, M. and S. Rotondo (eds.) (2013), *El desafío de las TIC en Argentina: Crear capacidades para la generación de empleo*, Economic Commission for Latin America and the Caribbean, United Nations, Santiago, Chile.

33 OECD (2014), *OECD Reviews of Innovation Policy: Colombia* 2014, OECD Publishing, Paris, http://dx.doi.org/10.1787/9789264204638-en.

34 OECD (2013a), Main Science and Technology Indicators Database, www.oecd.org/sti/msti.

35 OECD (2013b), *Supporting Investment in Knowledge Capital, Growth and Innovation*, OECD Publishing, Paris, http://dx.doi.org/10.1787/9789264193307-en.

36 OECD (2011a), *OECD Reviews of Innovation Policy: Peru* 2011, OECD Publishing, Paris http: //dx. doi. org/10. 1787/9789264128392-en.

37 OECD (2011b), "ISIC rev. 3 technology intensity definition: Classification of manufacturing industries into categories based on R&D intensities", July 2011, www. oecd. org/sti/ind/48350231. pdf.

38 OECD (2009), *OECD Reviews of Innovation Policy: Mexico* 2009, OECD Publishing, Paris, http: //dx. doi. org/10. 1787/9789264075993-en.

39 OECD (2007a), *OECD Reviews of Innovation Policy: Chile* 2007, http: //dx. doi. org/10. 1787/9789264037526-en.

40 OECD (2007b), "Innovation and growth: Rationale for an innovation strategy", www. oecd. org/science/inno/39374789. pdf.

41 OECD/ECLAC (2012), *Latin American Economic Outlook* 2013: *SME Policies for Structural Change*, OECD Publishing, Paris, http: //dx. doi. org/10. 1787/leo-2013-en.

42 OECD/ECLAC/CAF (2013), *Latin American Economic Outlook* 2014: *Logistics and Competitiveness for Development*, OECD Publishing, Paris, http: //dx. doi. org/10. 1787/leo-2014-en.

43 Ottaviano, G. I. P. and F. L. Sousa (2007) "The effects of BNDES loans on the productivity of the Brazilian manufacturing firms", Working Paper, United Nations Development Programme, www. merit. unu. edu/MEIDE/papers/2009/1236186324_ FS. pdf.

44 Pozzi, A. and F. Schivardi (2012), "Demand or productivity: What determines firm growth?'", Discussion Paper, No. 9184, Centre for Economic and Policy Research, London.

45 Rapetti, M., A. Razmi and P. Skott (2009), "The real exchange rate as an instrument of development policy", *Economics Department Working Paper Series*, Paper 9, University of Massachusetts, Amherst.

46 REDES (2013), "Red de Indicadores de Ciencia y Tecnología Iberoamericana e Interamericana", www. ricyt. org.

47 Reinert, E. and A. Daastol (2004), "The other canon: The History of Re-

naissance economics" in E. S. Reinert (ed.), *Globalization, Economic Development and Inequality: An Alternative Perspective*, New Horizons in Institutional and Evolutionary Economics Series, Edward Elgar, Cheltenham.

48 Rivas G. and S. Rovira (2014), "Nuevas instituciones para la innovación: Prácticas y experiencias en América Latina", Working paper, No. 601, Economic Commission for Latin America and the Caribbean, United Nations, Santiago, Chile.

49 Rivas, G., S. Rovira and S. Scotto (2014), "Reformas a la institucionalidad de apoyo a la innovación en América Latina: Antecedentes y lecciones de estudios de caso", in G. Rivas and S. Rovira (2014), "Nuevas instituciones para la innovación: Prácticas y experiencias en América Latina", Working paper, No. 601, Economic Commission for Latin America and the Caribbean, United Nations, Santiago, Chile.

50 Rovira, S. and C. Hiriart (eds) (2014), *Innovación Sustentable: Espacios Para Mejorar la Competitividad de las Pymes Argentinas*, Economic Commission for Latin America and the Caribbean, United Nations, Santiago, Chile.

51 Santoleri, P. and G. Stumpo (2011), "Microempresas y pymes en América Latina: Características de las firmas y políticas de apoyo", Working paper, Division of Production, Productivity and Management, Economic Commission for Latin America and the Caribbean, United Nations, Santiago, Chile.

52 Saviotti, P. P. and A. Pyka (2011), "Generalized barriers to entry and economic development", *Journal of Evolutionary Economics*, Vol. 21, Issue 1, Springer, pp. 29 ~ 52.

53 Steingraber, R. and F. Gonçalves (2011), "Productivity differences in Brazilian manufacturing firms, by industrial sector", ECLAC Review No. 104, Economic Commission for Latin America and the Caribbean, United Nations, Santiago, Chile, pp. 119 ~ 134.

54 Syversson, C. (2011), "What determines productivity?", *Journal of Economic Literature*, Vol. 49, No. 2, American Economic Association Publications, Pittsburgh, pp. 326 ~ 365.

55 The Observatory of Economic Complexity (2014), data extracted in August 2014, in A. J. G. Simoes and C. A. Hidalgo (2011), *The Economic Complexity Observatory: An Analytical Tool for Understanding the Dynamics of Economic Development*. Workshops at the Twenty-Fifth AAAI Conference on Artificial Intelligence; and R. Hausmann et al. *The Atlas of Economic Complexity*, Puritan Press, Cambridge, MA.

56 UNESCO (2014), "Science, technology and innovation", Database, data extracted in August 2014 from http://data.uis.unesco.org/.

57 United Nations Industrial Development Organization (2013), Industrial Statistics Databases (INDSTAT4), https://stats.ukdataservice.ac.uk/.

58 United Nations Industrial Development Organization (2006), Industrial Statistics Databases (INDSTAT3), https://stats.ukdataservice.ac.uk/.

59 United Nations Statistical Division (2013), data extracted in 2014 from http://comtrade.un.org/.

60 United States Patent and Trademark Office (2014), data extracted in August 2014 from www.uspto.gov/.

61 Vázquez, A. (2012), "Prospectiva tecnológica, complejo petroquímica y plásticos", mimeo for Ministerio de Ciencia, Tecnología e Innovación Productiva (MINCyT).

62 World Bank (2014), World Development Indicators (database), data extracted in August 2014 from http://data.worldbank.org/.

国别介绍

阿根廷

近期教育发展趋势

阿根廷是拉美国家中对教育投入最多的国家之一，占 GDP 的 6.3%，高于拉美地区和 OECD 国家平均水平。公共部门和私人部门对教育资金的贡献率（分别为 86.5% 和 13.5%）和 OECD 国家（83.9% 和 16.1%）相似。

各层次的教育覆盖率都超过拉美地区的平均值。阿根廷学前教育和中学教育的覆盖率略低于 OECD 国家平均水平，但阿根廷的小学教育和高等教育覆盖率要高于 OECD 国家水平，尤其是高等教育的毛入学率达到 79%（OECD 国家为 71%）。阿根廷的小学教育完学率和 OECD 国家在一个水平，但初中完学率略低于拉美地区平均水平。阿根廷预期受教育年限接近 OECD 国家水平，超出拉美国家均值 3 年。

女性在阿根廷高等教育中占据主导地位，女性高等教育毛入学率达到 96%，而男性为 62%。

在教育机会公平性方面，阿根廷各社会阶层的入学率普遍高于拉美地区其他国家，尤其是最弱势的阶层：阿根廷低收入家庭学生有 80% 都接受了中学教育，高出拉美平均水平 24 个百分点。

从学习成绩看（2012 年 PISA 测试数学得分），阿根廷位居多个拉美国家之后，既包括中学教学净入学率和阿根廷相似的国家，也包括中学净入学率不及阿根廷的国家（见附图 1）。阿根廷学生 PISA 测试成绩和 OECD 国家之间的差距相当于 2.5 个年级。

详细情况见附表 1。

附表 1　阿根廷主要教育指标

	阿根廷		OECD		拉丁美洲	
2012 年左右学前教育公共投入占 GDP 百分比	0.5		0.5		0.3	
2012 年左右小学教育生均公共投入占人均 GDP 百分比	18		22		16	
2012 年左右中学教育生均公共投入占人均 GDP 百分比	28		26		18	
2012 年左右高等教育生均公共投入占人均 GDP 百分比	19		30		26	
2012 年左右教育公共投入总额占 GDP 百分比	6.3		5.6		5.0	
2012 年左右学前教育净入学率，以百分比表示	74		83		66	
2012 年左右小学教育毛入学率，以百分比表示	118		102		105	
2012 年左右中学教育净入学率，以百分比表示	85		91		74	
2012 年左右高等教育毛入学率，以百分比表示	79		71		42	
2011 年左右小学教育完学率，以百分比表示	93		98		85	
2011 年左右初中教育完学率，以百分比表示	81		94		84	
2012 年左右预期受教育年限	16.7		16.9		13.4	
2012 年 PISA 测试成绩（数学，以得分表示）	388		494		397	
	男	女	男	女	男	女
2012 年左右学前教育净入学率（%）	73	75	82	82	65	66
2012 年左右小学教育毛入学率（%）	118	117	102	102	106	104
2012 年左右中学教育净入学率（%）	81	89	91	91	71	77
2012 年左右高等教育毛入学率（%）	62	96	64	79	34	50
2011 年左右小学教育完学率，以百分比表示	91	95	98	98	85	88
2011 年左右初中教育完学率，以百分比表示	77	85	93	94	81	87
2012 年 PISA 测试成绩（数学，以得分表示）	396	382	499	489	406	388
收入水平（五等份收入分组）	第 1 组		第 3 组		第 5 组	
	阿根廷	拉美	阿根廷	拉美	阿根廷	拉美
2011 年各收入分组小学教育净入学率，以百分比表示	99	95	99	98	99	98
2011 年各收入分组中学教育净入学率，以百分比表示	80	56	92	72	94	87
2011 年各收入分组高等教育净入学率，以百分比表示	20	9	33	18	53	46

续表

经济、社会和文化地位	25% 以下			75% 以上		
	阿根廷	OECD	拉美	阿根廷	OECD	拉美
2012 年 PISA 测试成绩（数学，以得分表示）	354	438	360	424	530	436

注：PISA 测试每 41 分相当于接受 1 年学校教育，原文中 PIB pc 是指人均 GDP。

资料来源：见国别介绍的研究方法部分。

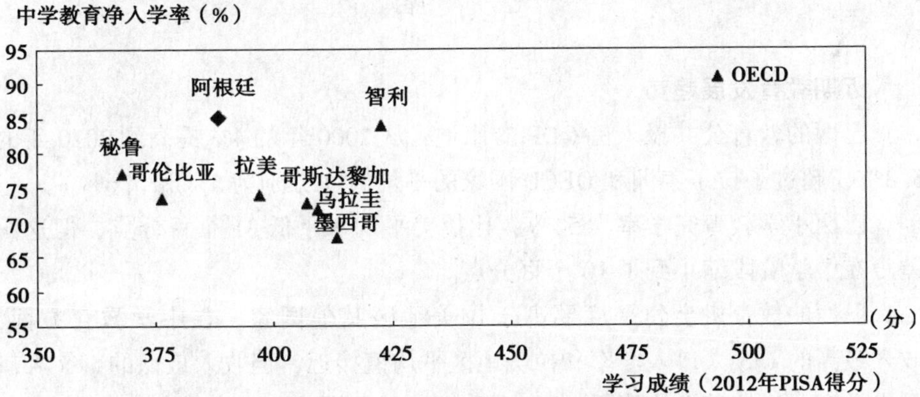

附图 1　中学教育净入学率和学习成绩（2012 年）

资料来源：OCDE/PISA，2012 和 UNESCO Institute for Statistics（UIS）数据库。

统计链接：http：//dx. doi. org/10. 1787/888933162935.

近期教育政策

2003 年和 2006 年通过的数个法案让阿根廷国家政府在教育领域再次占据中心地位，推动了职业技术教育的发展，并且提高了教师工资。特别是《国家教育法》得以通过，这一法律宣布教育为公共财产和社会权利。此外，义务教育阶段延长，包括了高中教育。

新政策认为有必要建立一个统一的学制体系，因此对现有的教育阶段进行了调整，虽然各省之间的每个教育阶段的年限还未能统一。在教育政策和学制整合方面，新法律赋予政府更大的主导权。作为国家教育政策的协调、协商与沟通机构，阿根廷联邦教育委员会为这些工作作出了不少努力。

从 2003 年起，阿根廷教育部出台的政策都很重视融入那些被社会排斥在外的群体。为了落实教育法，阿根廷还通过了两个国家义务教育方案（2009～2011 年和 2012～2016 年），推出了“全国子女补助”计划（针对有未成年子女的低收入或失业人群的补贴）和公立中学师生电脑普及计划（“连接公平”计划）。另一方面，中学质量提升计划从 2010 年开始执行，旨在帮助中学做好义务教育工作，改善硬件、技术、教学和管理环境并制订新的课程方案。

巴　西

近期教育发展趋势

巴西的教育公共投入占 GDP 的比重，从 2000 年的 4% 提高到 2010 年的 5.8%，超过了拉丁美洲和 OECD 国家的平均值（分别为 5% 和 5.6%）。

巴西小学教育完学率为 54%，比拉美平均水平低 31 个百分点，但这一差距在中学阶段缩小到了 10 个百分点。

巴西的教育机会公平度要高于拉美地区其他国家。在中学教育方面，收入最高的 1/5 人口入学率和拉美地区平均值接近，但收入最低的 1/5 人口的入学率要比拉美平均值低 15 个百分点（见附图 2）。

在学习成绩方面，巴西学生在 2012 年 PISA 测试中取得的成绩和拉美国家平均成绩接近，但低于 OECD 国家整体水平，差距为 2.5 个年级。从社会经济因素去看学习成绩，我们会发现巴西经济条件最不好的 25% 学生在 PISA数学测试中取得的平均成绩要低于经济条件最好的 25% 学生 74 分。这一差距相当于 2 个年级，和拉美地区平均值相似。男学生在 PISA 测试中平均得分要高于女生 17 分，这也与拉美地区平均差距在一个区间。

详细情况见附表 2。

附表 2　巴西主要教育指标

	巴西	OECD	拉丁美洲
2012 年左右学前教育公共投入占 GDP 百分比	0.4	0.5	0.3
2012 年左右小学教育生均公共投入占人均 GDP 百分比	21	22	16

续表

	巴西		OECD		拉丁美洲	
2012 年左右中学教育生均公共投入占人均 GDP 百分比	22		26		18	
2012 年左右高等教育生均公共投入占人均 GDP 百分比	28		30		26	
2012 年左右教育公共投入总额占 GDP 百分比	5.8		5.6		5.0	
2011 年左右小学教育完学率，以百分比表示	54		98		85	
2011 年左右初中教育完学率，以百分比表示	74		94		84	
2012 年 PISA 测试成绩（数学，以分表示）	391		494		397	
	男	女	男	女	男	女
2012 年 PISA 测试成绩（数学，以得分表示）	397	380	499	489	406	388
收入水平（五等份收入分组）	第 1 组		第 3 组		第 5 组	
	巴西	拉美	巴西	拉美	巴西	拉美
2011 年各收入分组中学教育净入学率，以百分比表示	41	56	64	71	85	87
2011 年各收入分组高等教育净入学率，以百分比表示	5	9	12	18	47	46
经济、社会和文化地位	25% 以下			75% 以上		
	巴西	OECD	拉美	巴西	OECD	拉美
2012 年 PISA 测试成绩（数学，以得分表示）	355	438	360	430	530	436

注：PISA 测试每 41 分相当于接受 1 年学校教育，原文中 PIB pc 是指人均 GDP。

资料来源：见“国别介绍”的研究方法部分。

近期教育政策

2007 年巴西政府实施了教育发展计划（PDE），目的是减少巴西的教育赤字。PDE 计划引入了一种补贴机制，即根据标准化考试的通过率和学生成绩，找到基础教育中发展比较薄弱的学校和地区，国家予以优先拨款补贴。

《2014～2024 年国家教育方案》（PNE）于 2014 年得到批准，方案规定 2019 年教育公共投入不低于 GDP 的 7%，2024 年不低于 10%。同时，方案还将减少教育不公平、推动入学率和完学率作为优先任务。此外，方案还将改善教育界的管理，提高教师的教学能力。

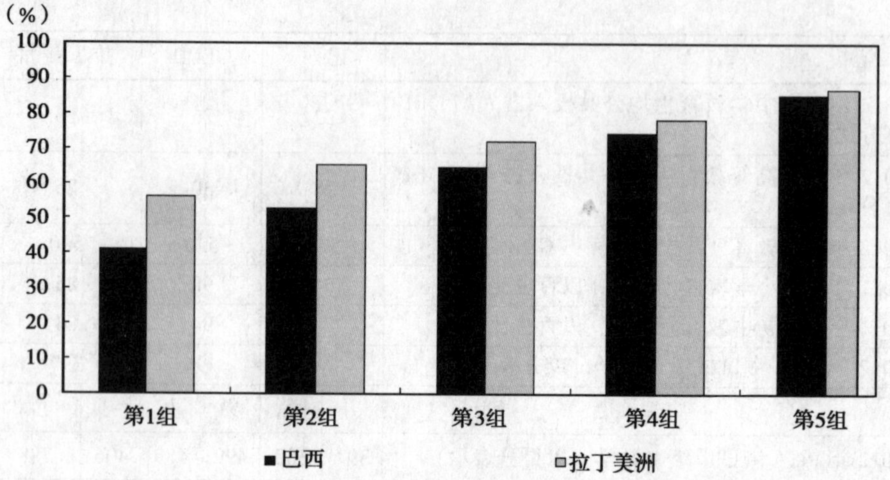

附图 2　按收入五等份分组的中学教育净入学率（2011 年）

资料来源：SEDLAC（CEDLAS 和世界银行，2014）。

统计链接：http：//dx. doi. org/10. 1787/888933162944.

在学前教育领域，PNE 的目标是到 2016 年实现幼儿园教育完全覆盖，2024 年之前 0 ~3 岁儿童早期教育覆盖率达到 50% 。同时，PNE 还准备让职业技术教育的入学率提高到目前的 3 倍，并确保所需资金中至少有 50% 是由公共部门投入的。对于高等教育，PNE 将通过提高对高校教师的要求来提升高等教育质量。

2011 年巴西设立了科学无国界计划，准备到 2014 年年底提供 101 000 个奖学金名额资助学生出国读研究生，目前已经有 86 000 人获得了该奖学金。该计划还包括引进高水平研究人员到巴西、通过国际交流促进推动创新并提高竞争力。

智　利

近期教育发展趋势

2012 年，智利教育公共投入低于拉美地区和 OECD 国家平均水平。在 OECD 国家中，智利是私人教育投入占比最高的国家，其总教育投入中有 40. 1% 来自于私人行业（OECD 平均水平为 16. 1% ）。

智利各个层次的教育覆盖率都要高于拉美平均值，接近于 OECD 国家水平。智利在 2000 ~2012 年将高等教育的毛入学率提高了 1 倍，这使得智利在这方面已经超过了 OECD 国家平均水平（见附图 3）。该进步主要体现在女性的高等教育覆盖率上，从 2000 年的 36% 提升到 2012 年的 79% 。同时，智利小学和初中教育的完学率接近 100% ，优于 OECD 国家水平。智利预期受教育年限不及 OECD 国家，但比拉美国家平均水平长接近 2 年时间。

在不同社会经济阶层受教育机会公平度方面，智利的入学率显著高于拉美国家水平，尤其是中学和高等教育。

智利也是拉美地区男女在受教育方面机会最平等的国家之一，但是在 PISA 测试（2012 年的数学测试）中，男女学生成绩差达到 25 分，比 OECD 国家（10 分）和拉美国家（18 分）平均水平都要大。

智利的 PISA 测试成绩是拉美国家中最好的，但是依然比 OECD 国家水平低 71 分。社会经济地位和学生成绩关系方面，收入最高的 1/5 和收入最低的 1/5 学习成绩表现差距超过 2 个年级。

详细情况见附表 3。

附表 3　智利主要教育指标

	智利	OECD	拉丁美洲
2012 年左右学前教育公共投入占 GDP 百分比	0. 6	0. 5	0. 3
2012 年左右小学教育生均公共投入占人均 GDP 百分比	17	22	16
2012 年左右中学教育生均公共投入占人均 GDP 百分比	18	26	18
2012 年左右高等教育生均公共投入占人均 GDP 百分比	15	30	26
2012 年左右教育公共投入总额占 GDP 百分比	4. 5	5. 6	5. 0
2012 年左右学前教育净入学率，以百分比表示	85	83	66
2012 年左右小学教育净入学率，以百分比表示	93	97	91
2012 年左右中学教育净入学率，以百分比表示	84	91	74
2012 年左右高等教育毛入学率，以百分比表示	74	71	42
2011 年左右小学教育完学率，以百分比表示	99	98	85
2011 年左右初中教育完学率，以百分比表示	100	94	84
2012 年左右预期受教育年限（年）	15. 2	16. 9	13. 4

续表

	智利		OECD		拉丁美洲	
2012 年 PISA 测试成绩（数学，以得分表示）	423		494		397	
	男	女	男	女	男	女
2012 年左右学前教育净入学率（%）	85	85	82	82	65	66
2012 年左右小学教育净入学率（%）	93	93	97	97	90	90
2012 年左右中学教育净入学率（%）	82	86	91	91	71	77
2012 年左右高等教育毛入学率（%）	70	79	64	64	34	50
2011 年左右小学教育完学率，以百分比表示	98	99	98	98	85	88
2011 年左右初中教育完学率，以百分比表示	100	100	93	93	81	87
2012 年 PISA 测试成绩（数学，以得分表示）	436	411	499	489	406	388
收入水平（五等份收入分组）	第 1 组		第 3 组		第 5 组	
	智利	拉美	智利	拉美	智利	拉美
2011 年各收入分组小学教育净入学率，以百分比表示	99	95	99	98	99	98
2011 年各收入分组中学教育净入学率，以百分比表示	78	56	82	72	93	87
2011 年各收入分组高等教育净入学率，以百分比表示	21	9	26	18	92	46
经济、社会和文化地位	25% 以下			75% 以上		
	智利	OECD	拉美	智利	OECD	拉美
2012 年 PISA 测试成绩（数学，以得分表示）	377	438	360	472	530	436

注：PISA 测试每 41 分相当于接受 1 年学校教育，原文中 PIB pc 是指人均 GDP。

资料来源：见“国别介绍”的研究方法部分。

近期教育政策

作为拉丁美洲地区教育覆盖率最高的国家之一，最近几年智利将工作重点放在了提高早期教育的覆盖率上，早期教育对于学生将来的学业和认知能力的开发具有重要作用。

智利教育政策还特别强调教育质量和效果，同时重视减少教育机会不平等。为了确保教学质量，智利设立了新的政府机构专门负责这项工作，即教育质量总署。该机构一方面负责监督学校的教学是否符合质量标准，

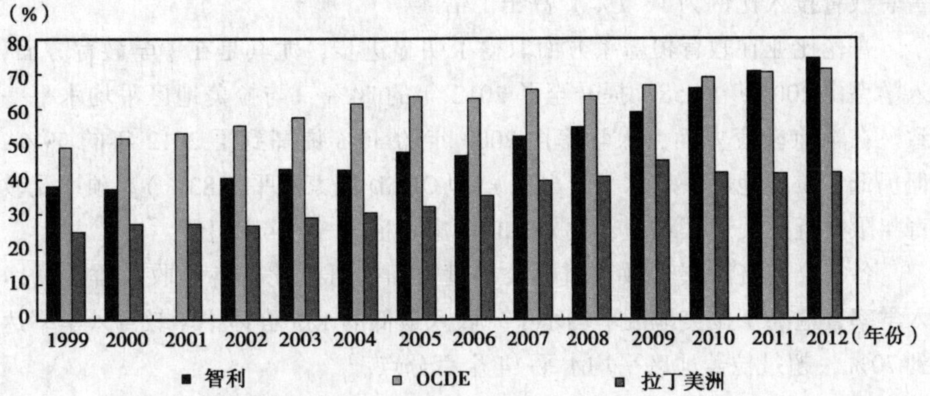

附图 3　高等教育毛入学率（1999～2012 年）

注：智利 2001 年无可用数据。

资料来源：UNESCO *Institute for Statistics*（UIS），教育数据库。

统计链接：http：//dx. doi. org/10. 1787/888933162953.

另一方面作为国家机构也引导和支持学校的发展。

现任政府正在推动一项教育改革，内容包括改革学校教育和私立学校接受补贴的现状。改革将教育定义为一项社会权利，并且是高质量社会包容的手段。

在该项改革的主要措施中，有一项就是要改变一些学校由国家出资却由私人管理的现象，从而避免教育体系的分化。通过改革，私人将无法通过管理国家出资的学校获取利润，也无权向家长收取费用。这一改革还将解决教育歧视的问题，首先禁止学校对申请入学的学生进行筛选。

此外，为了提高教育质量，智利正在考虑设立新的机构来规范学前教育并制定全国统筹的教育政策。最后，改革内容还包括逐步推进高等教育对弱势学生群体免费的工作。

哥伦比亚

近期教育发展趋势

哥伦比亚的教育投入占 GDP 的 4. 4%，低于拉丁美洲和 OECD 国家的平均水平。教育投入中私人部门占 34. 9%，比 OECD 国家平均值（私人投入占总教育投入比例为16.1%）高出1倍。

哥伦比亚在教育覆盖率方面取得了明显进步，尤其是在中学教育方面，入学率由2004年的58%提升至了2012年的74%，与拉美地区平均水平一致。在学前教育方面，入学率由2000年的36%提高到了2012年的59%，但仍低于拉美地区平均水平（66%）和OECD国家水平（83%）。预期受教育年限接近拉美地区均值，比OECD国家均值短3.5年以上。

各社会经济阶层受教育机会公平度方面，哥伦比亚各个收入群体的净入学率普遍高于拉美地区平均水平。收入最低的1/5群体中学教育入学率达到70%，超过拉美地区平均水平14个百分点。

在2012年的PISA测试中，哥伦比亚学生数学平均得分为376分，较拉美地区平均分低21分。我们可以看到不同社会经济背景的学生得分差距较大：收入最低的五等份组得分要比收入最高的五等份组低71分。在参加2012年PISA测试的65个经济体中，哥伦比亚男生比女生得分高的优势最明显。虽然一般来说，男生在科学和数学方面得分普遍高于女生，但哥伦比亚男生成绩优势要大于OECD国家平均值和拉美国家平均值。而在女生比较擅长的阅读测试中，哥伦比亚女生相对男生的优势又不如其他国家明显（见附图4）。

详细情况见附表4。

附表4　哥伦比亚主要教育指标

	哥伦比亚	OECD	拉丁美洲
2012年左右学前教育公共投入占GDP百分比	0.3	0.5	0.3
2012年左右小学教育生均公共投入占人均GDP百分比	15	22	16
2012年左右中学教育生均公共投入占人均GDP百分比	15	26	18
2012年左右高等教育生均公共投入占人均GDP百分比	23	30	26
2012年左右教育公共投入总额占GDP百分比	4.4	5.6	5.0
2012年左右学前教育净入学率，以百分比表示	59	83	66
2012年左右小学教育净入学率，以百分比表示	84	97	91
2012年左右中学教育净入学率，以百分比表示	74	91	74
2012年左右高等教育毛入学率，以百分比表示	45	71	42

续表

	哥伦比亚		OECD		拉丁美洲	
2011 年左右小学教育完学率，以百分比表示	85		98		85	
2011 年左右初中教育完学率，以百分比表示	68		94		84	
2012 年左右预期受教育年限（年）	13.2		16.9		13.4	
2012 年 PISA 测试成绩（数学，以分表示）	376		494		397	
	男	女	男	女	男	女
2012 年左右学前教育净入学率（%）	59	59	82	82	65	66
2012 年左右小学教育净入学率（%）	84	83	97	97	90	90
2012 年左右中学教育净入学率（%）	71	77	91	91	71	77
2012 年左右高等教育毛入学率（%）	42	48	64	79	34	50
2011 年左右小学教育完学率，以百分比表示	83	87	98	98	85	88
2011 年左右初中教育完学率，以百分比表示	63	73	93	94	81	87
2012 年 PISA 测试成绩（数学，以得分表示）	390	364	499	489	406	388
收入水平（五等份收入分组）	第 1 组		第 3 组		第 5 组	
	哥伦比亚	拉美	哥伦比亚	拉美	哥伦比亚	拉美
2011 年各收入分组小学教育净入学率，以百分比表示	94	95	97	98	98	98
2011 年各收入分组中学教育净入学率，以百分比表示	70	56	81	72	93	87
2011 年各收入分组高等教育净入学率，以百分比表示	9	9	19	18	53	46
经济、社会和文化地位	25% 以下			75% 以上		
	哥伦比亚	OECD	拉美	哥伦比亚	OECD	拉美
2012 年 PISA 测试成绩（数学，以得分表示）	344	438	360	415	530	436

注：PISA 测试每 41 分相当于接受 1 年学校教育，原文中 PIB pc 是指人均 GDP。

资料来源：见“国别介绍”的研究方法部分。

近期教育政策

近 15 年来哥伦比亚在教育政策方面做了很多努力，尤其是最近几年。其中最值得强调的首先是教师资格改革（2002 年），旨在提高教师队伍的素质。通过这项改革，哥伦比亚当时引入了定期考核教学表现对教师进行奖

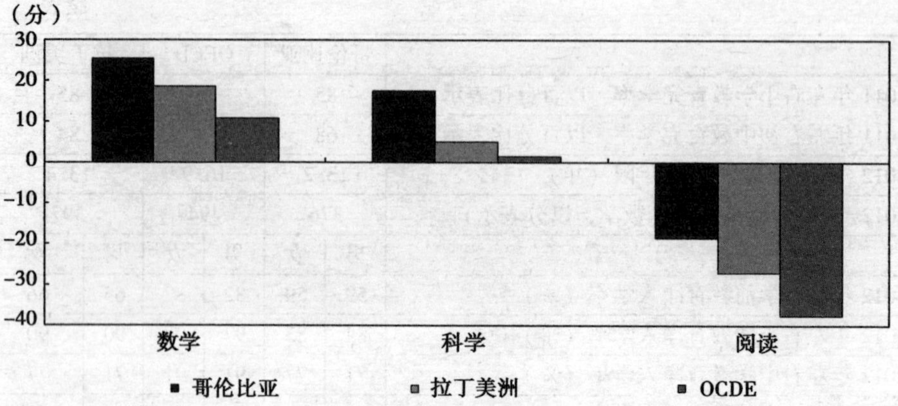

附图 4　男生和女生的成绩差距（2012 年，PISA 测试得分）

资料来源：OCDE/PISA，2012。

统计链接：http：//dx. doi. org/10. 1787/888933162961.

惩的制度。然而，这一政策并没有在所有学校得到贯彻，而且反对这项改革的阻力不小。

其次，哥伦比亚 2011 年对教育公共投入分配改革，目的是要确保各地区教育资源配置公平，同时还出台了更多激励措施鼓励更好地使用教育资金。与之前的改革一样，哥伦比亚政府希望提升教育质量，具体措施包括延长学生在校时间，加强幼儿教育（从零到未来计划）以及改善落后地区教学质量，有超过 200 万学生从中收益（大家学习计划）。

最后，下一届政府已经宣布了继续加强教学质量的规划，同时将保证延长在校时间、强化幼儿教育、补贴低收入背景儿童进入学校学习等政策的延续性。在高等教育方面，2014 年 8 月，哥伦比亚国家教育委员会公布了 2034 年高等教育发展规划方案，主要涵盖十大主题，其中包括入学率和教学质量，同时还涉及高等教育和职业技能培养的联系、高等教育国际化以及高等教育资金体系的可持续性。

哥斯达黎加

近期教育发展趋势

哥斯达黎加的教育公共投入占 GDP 比重约为 6.3%，在拉美地区名列前茅。

哥斯达黎加各个层次的教育覆盖率都和拉美地区平均水平接近。从 21 世纪初起，学前教育（从 2000 年的 47% 提升至 2012 年的 74%）和中学教育的毛入学率（从 2000 年的 61% 提升至 2012 年的 104%）都迅速得到提高。然而，在过去的十年中，哥斯达黎加的初中完学率和拉美地区其他国家还有不小的差距（2011 年为 15 个百分点），说明辍学率比较高（见附图 5）。

在性别平等方面，哥斯达黎加的入学率和拉美国家平均水平接近。而且，在高等教育阶段，女性的入学率还要高于男性，与拉美平均水平相近。值得一提的是哥斯达黎加男性高等教育入学率为 41%，高于拉美均值。PISA测试表现方面，男生和女生之间的差距比拉美一般水平要大，男生平均比女生得分要高出 24 分（拉美地区平均高出 18 分）。

最后，在社会经济地位对教育机会公平影响方面，哥斯达黎加与拉美国家平均水平之间还有明显差距。虽然各个收入五等份组的中小学入学率都和拉美均值相似，但收入最低一组的高等教育入学率仅为 3%，是拉美国家中最低的。

详细情况见附表 5。

附表 5　哥斯达黎加主要教育指标

	哥斯达黎加	OECD	拉丁美洲
2012 年左右学前教育公共投入占 GDP 百分比	0.3	0.5	0.3
2012 年左右小学教育生均公共投入占人均 GDP 百分比	15	22	16
2012 年左右中学教育生均公共投入占人均 GDP 百分比	14	26	18
2012 年左右高等教育公共投入占 GDP 百分比	1.2	1.4	1.1
2012 年左右教育公共投入总额占 GDP 百分比	6.3	5.6	5.0
2012 年左右学前教育净入学率，以百分比表示	72	83	66

续表

	哥斯达黎加		OECD		拉丁美洲	
2012 年左右小学教育净入学率，以百分比表示	92		97		91	
2012 年左右中学教育净入学率，以百分比表示	73		91		74	
2012 年左右高等教育毛入学率，以百分比表示	47		71		42	
2011 年左右小学教育完学率，以百分比表示	88		98		85	
2011 年左右初中教育完学率，以百分比表示	69		94		84	
2012 年左右预期受教育年限（年）	13.7		16.9		13.4	
2012 年 PISA 测试成绩（数学，以得分表示）	407		494		397	
	男	女	男	女	男	女
2012 年左右学前教育净入学率（%）	72	73	82	82	65	66
2012 年左右小学教育净入学率（%）	92	92	97	97	90	90
2012 年左右中学教育净入学率（%）	71	75	91	91	71	77
2012 年左右高等教育毛入学率（%）	41	53	64	79	34	50
2011 年左右小学教育完学率，以百分比表示	87	90	98	98	85	88
2011 年左右初中教育完学率，以百分比表示	63	75	93	94	81	87
2012 年 PISA 测试成绩（数学，以得分表示）	420	396	499	489	406	388
收入水平（五等份收入分组）	第 1 组		第 3 组		第 5 组	
	哥斯达黎加	拉美	哥斯达黎加	拉美	哥斯达黎加	拉美
2011 年各收入分组小学教育净入学率，以百分比表示	98	95	100	98	100	98
2011 年各收入分组中学教育净入学率，以百分比表示	51	56	72	72	91	87
2011 年各收入分组高等教育净入学率，以百分比表示	3	9	13	18	47	46
经济、社会和文化地位	25% 以下			75% 以上		
	哥斯达黎加	OECD	拉美	哥斯达黎加	OECD	拉美
2012 年 PISA 测试成绩（数学，以得分表示）	373	438	360	448	530	436

注：PISA 测试每 41 分相当于接受 1 年学校教育，原文中 PIB pc 是指人均 GDP。

资料来源：见“国别介绍”的研究方法部分。

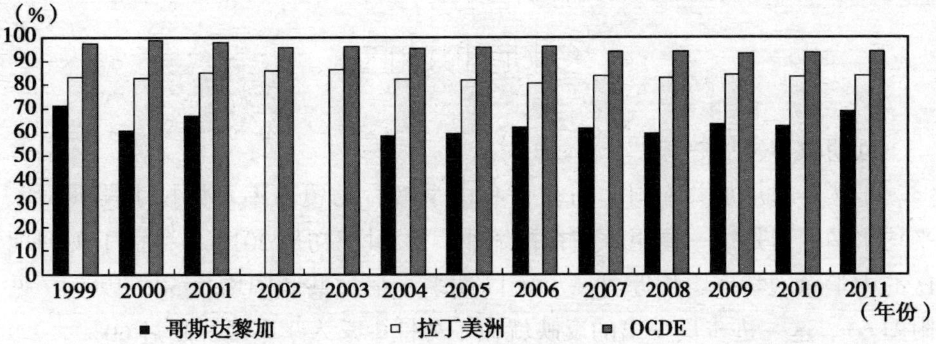

附图 5　初中教育完学率（1999～2011 年）

注：哥斯达黎加 2002 年和 2003 年无可用数据。

资料来源：UNESCO Institute for Statistics（UIS）数据库。

统计链接：http：//dx. doi. org/10. 1787/888933162976.

近期教育政策

教育政策最重要的目标之一就是要减少教育机会方面的不平等。2006 年，哥斯达黎加公共教育部（MEP）和社会救助中心（IMAS）实施了“我们共同前进”项目，即贫困学生补贴计划，最近政府又扩大了该项目的受益群体。在这方面的另一项重要措施就是 ProEDUCA 项目，其宗旨就是要改善学生的完学率，并且得到了欧盟的支持。

为了加强教学质量、完善课程方案，哥斯达黎加在教学效果评估方面做了很多工作。2009 年，哥斯达黎加首次参加了 PISA 测试，评估了中学生的各项知识技能掌握情况，并和世界上其他国家进行了对比。此外，为了提高教师教学和学校管理的质量，2010 年哥斯达黎加公共教育部管理和质量评估司还对 1 733名在职教师进行了数学考核（2011 年国家教育报告）。

和其他教育阶段一样，在高等教育领域也需要减少社会经济地位差距造成的教育机会不公平，并加强对教学质量的监管。2010 年，哥斯达黎加通过了决定加强全国高等教育认证体系（SINAES）的法律，通过该体系来规范高等教育机构（大学和其他高等院校）的资格。

现任政府面临着兑现承诺的挑战，2010 年，政府曾立法确定 2014 年公共教育开支将达到 GDP 的 8% 。但是鉴于当前经济减速的形势，这一目标的实现将是一项挑战。

多米尼加共和国

近期教育发展趋势

虽然多米尼加共和国学前教育和中学教育的覆盖率不如拉丁美洲国家平均水平，但是这一差距一直在被缩小。21 世纪初至 2012 年，拉丁美洲地区的中学净入学率增长近 20%，而同期多米尼加共和国增长 50% 以上（见附图 6）。这一进步最突出的反映就在于男性中学入学率增长超过 60%。

2000 ~2012 年，多米尼加共和国学前教育净入学率也上升了 8 个百分点，达到适龄儿童的 37%，但依然落后于拉美地区平均值的 66%。另一方面，2011 年多米尼加共和国的初中完学率约为 86%，和同期拉美地区平均水平相似。

在教育机会性别平等方面，多米尼加共和国在小学和中学教育阶段男女入学率差距要大于拉美国家平均水平：在小学阶段，男生入学率要比女生高 3 个百分点；在中学阶段，女生则比男生高 8 个百分点。

在各社会经济阶层受教育机会公平度方面，多米尼加共和国在小学阶段和拉美国家平均水平相似，但在中学和高等教育阶段落后于该地区其他国家。在收入五等份组中的第一和第三组中，不平等现象尤其突出。

详细情况见附表 6。

附表 6　多米尼加共和国主要教育指标

	多米尼加共和国	OECD	拉丁美洲
2012 年左右学前教育公共投入占 GDP 百分比	0.1	0.5	0.3
2012 年左右小学教育生均公共投入占人均 GDP 百分比	9	22	16
2012 年左右中学教育生均公共投入占人均 GDP 百分比	8	26	18
2012 年左右教育公共投入总额占 GDP 百分比	2.2	5.6	5.0
2012 年左右学前教育净入学率，以百分比表示	37	83	66
2012 年左右小学教育净入学率，以百分比表示	87	97	91
2012 年左右中学教育净入学率，以百分比表示	62	91	74
2011 年左右小学教育完学率，以百分比表示	79	98	85

续表

	多米尼加共和国		OECD		拉丁美洲	
2011 年左右初中教育完学率，以百分比表示	86		94		84	
	男	女	男	女	男	女
2012 年左右学前教育净入学率（%）	36	38	82	82	65	66
2012 年左右小学教育净入学率（%）	88	85	97	97	90	90
2012 年左右中学教育净入学率（%）	58	66	91	91	71	77
2011 年左右小学教育完学率，以百分比表示	76	83	98	98	85	88
2011 年左右初中教育完学率，以百分比表示	84	88	93	94	81	87
收入水平（五等份收入分组）	第 1 组		第 3 组		第 5 组	
	多米尼加共和国	拉美	多米尼加共和国	拉美	多米尼加共和国	拉美
2011 年各收入分组小学教育净入学率，以百分比表示	97	95	98	98	95	98
2011 年各收入分组中学教育净入学率，以百分比表示	51	56	62	72	88	87
2011 年各收入分组高等教育净入学率，以百分比表示	6	9	14	18	44	46

注：PISA 测试每 41 分相当于接受 1 年学校教育，原文中 PIB pc 是指人均 GDP。

资料来源：见“国别介绍”的研究方法部分。

近期教育政策

近年来，多米尼加共和国为改善入学率做了很多努力，比如出台了国家教育改革全国契约（2014 年）。该契约的具体措施所需的资金将使多米尼加共和国的教育公共投入提升到 GDP 的 4% 以上。

该国在政策上采取了许多措施，包括通过直接家庭补贴（进步团结计划）来推进社会保障、教育和卫生各领域的工作。此外，多米尼加共和国还推出了儿童关怀综合计划（Quisqueya Empieza Contigo 计划），以此从幼儿教育阶段就保障弱势群体子女的发展，并帮助这些孩子的母亲更好地融入劳动力市场。

同时，多米尼加共和国正在基础教育到中等教育阶段实施延长学生在校时间的政策，旨在争取在 2016 年实现公立学校覆盖率超过 80%。为了实现这一宏伟的目标，国家决定新建 28 000间教室，并对 23 130间教室进行改造，解

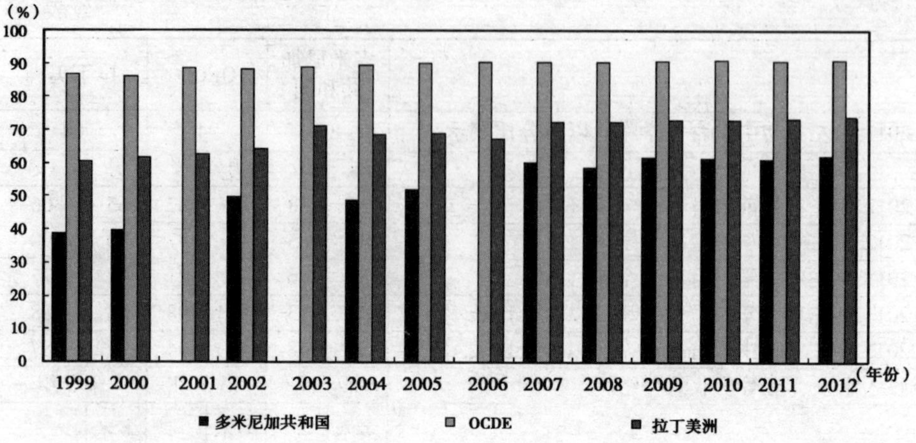

附图 6　中学教育净入学率（1999～2012 年）

注：多米尼加共和国 2001、2003 和 2006 年数据不可用。

资料来源：UNESCO *Institute for Statistics*（UIS），教育数据库。

统计链接：http：//dx. doi. org/10. 1787/888933163014.

决公立学校基础设施方面的赤字问题。同时，国家还设立了一系列针对教师的硕士研究生项目，专业包括课程管理、教学实践创新、外国语和技术。

多米尼加共和国本届政府最重要的施政目标之一就是要改善中等教育的质量和覆盖率，具体措施涉及高素质师资队伍的配备、课程设置和内容的发展、毕业生就业能力的培养等。对于职业技术教育，多米尼加共和国一直在通过技术培训中心（INFOTEP）推动公共部门和私人部门在这一领域的合作，此外还通过美洲学院（ITLA）加强高科技领域的职业技术培训。

墨西哥

近期教育发展趋势

墨西哥将其 GDP 的 5. 2% 用于公共教育开支，该比例介于拉美国家平均水平和 OECD 国家水平之间。墨西哥教育投入的 80. 3% 来自于公共部门，19. 7% 来自于私人部门，和 OECD 国家的结构比较相似（公共部门资金占 83. 9%，私人部门 16. 1%）。

墨西哥对 5～14 岁儿童实施全民义务教育。墨西哥的学前教育入学率、小学和初中完学率都比较接近 OECD 国家水平，优于拉美国家均值。但是，在中学和高等教育阶段，墨西哥的入学率不及拉美地区平均水平。墨西哥高等教育毛入学率为 29%，比拉美均值 42% 和 OECD 国家均值 71% 都要低。墨西哥的预期受教育年限也低于 OECD 国家水平，接近拉美平均水平（13.4 年）。

各社会经济阶层受教育机会公平度方面，墨西哥总体情况要好于拉美平均水平，仅收入最低的 1/5 人群高等教育入学率略低于拉美国家平均值。

在墨西哥，性别对受教育机会几乎没有影响。在性别对学习成绩的影响方面，根据 2012 年的 PISA 测试（数学考试），男生得分平均比女生高 14 分，优于拉美国家均值（18 分），但不及 OECD 国家（10 分）。

墨西哥学生在 2012 年的 PISA 测试中取得的成绩（数学考试得分 413 分）还是低于 OECD 国家水平。但是，如果和 2003 年的 PISA 成绩对比的话，我们就会发现墨西哥是在均分和公平方面进步最明显的国家之一。2012 年墨西哥测试成绩差异较小的原因，就在于各社会经济群体之间的差距相对 2003 年缩小了（见附图 7）。

详细情况见附表 7。

附表 7　墨西哥主要教育指标

	墨西哥	OECD	拉丁美洲
2012 年左右学前教育公共投入占 GDP 百分比	0.5	0.5	0.3
2012 年左右小学教育生均公共投入占人均 GDP 百分比	15	22	16
2012 年左右中学教育生均公共投入占人均 GDP 百分比	16	26	18
2012 年左右高等教育生均公共投入占人均 GDP 百分比	38	30	26
2012 年左右教育公共投入总额占 GDP 百分比	5.2	5.6	5.0
2012 年左右学前教育净入学率，以百分比表示	82	83	66
2012 年左右小学教育净入学率，以百分比表示	96	97	91
2012 年左右中学教育净入学率，以百分比表示	68	91	74
2012 年左右高等教育毛入学率，以百分比表示	29	71	42
2011 年左右小学教育完学率，以百分比表示	96	98	85

续表

	墨西哥		OECD		拉丁美洲	
2011年左右初中教育完学率，以百分比表示	89		94		84	
2012年左右预期受教育年限（年）	13.1		16.9		13.4	
2012年PISA测试成绩（数学，以得分表示）	413		494		397	
	男	女	男	女	男	女
2012年左右学前教育净入学率（%）	82	83	82	82	65	66
2012年左右小学教育净入学率（%）	96	97	97	97	90	90
2012年左右中学教育净入学率（%）	66	69	91	91	71	77
2012年左右高等教育毛入学率（%）	30	28	64	79	34	50
2011年左右小学教育完学率，以百分比表示	95	97	98	98	85	88
2011年左右初中教育完学率，以百分比表示	88	92	93	94	81	87
2012年PISA测试成绩（数学，以得分表示）	420	406	499	489	406	388
收入水平（五等份收入分组）	第1组		第3组		第5组	
	墨西哥	拉美	墨西哥	拉美	墨西哥	拉美
2011年各收入分组小学教育净入学率，以百分比表示	97	95	99	98	100	98
2011年各收入分组中学教育净入学率，以百分比表示	65	56	77	72	90	87
2011年各收入分组高等教育净入学率，以百分比表示	15	9	21	18	44	46
经济、社会和文化地位	25%以下			75%以上		
	墨西哥	OECD	拉美	墨西哥	OECD	拉美
2012年PISA测试成绩（数学，以得分表示）	385	438	360	444	530	436

注：PISA测试每41分相当于接受1年学校教育，原文中PIB pc是指人均GDP。

资料来源：见“国别介绍”的研究方法部分。

近期教育政策

墨西哥教育政策的核心目标，包括保证所有的社会阶层都有机会接受教育以及推动教育机会和效果的平等。墨西哥是拉丁美洲教育补贴计划的先驱，已经实施了PROSPERA计划（人类发展机会计划）。此外，从2012年开始，墨西哥还延长了义务教育的年限，准备在2022年实现高中教育纳

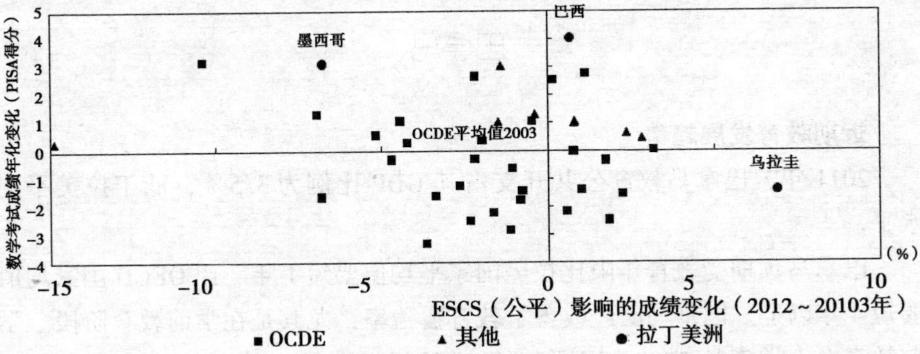

附图 7　成绩和公平性的变化（2003～2012 年）

注：年化成绩变化指的是一个国家从第一次参加 PISA 测试到 2012 年每年平均的成绩变化。该图仅涵盖了 2003～2012 年有可对比数据的国家。OECD 平均值 2003 这一概念只包含 2003 年 PISA 测试以来一直有数学考试成绩和各社会经济阶层可对比数据的国家。其他是指参加过 PISA 测试的 OECD 和拉美地区以外的国家。ESCS：经济、社会和文化地位。

资料来源：OECD/PISA，2012。

统计链接：http：//dx. doi. org/10. 1787/888933162984.

入全民义务教育。

根据墨西哥契约（2012 年 12 月），2012～2013 年教育改革正在实施过程当中，这一改革旨在改善教学质量。教师职业法设立了教师和教育管理职业化奖学金，并规定了贯穿教师整个职业生涯的选拔、评估、培训和奖励机制。墨西哥历史上首次对基础教育和高中教育教师岗位进行了全国公开招聘，高中校长职位也首次公开竞聘上岗。

这项改革目的是要通过对教学效果的监控，让国家教育评估委员会具备提出教育政策建议的自主权和能力。此外，通过改革墨西哥还设立了教育信息系统，并推动了学校管理决策的自主化。

从 2014 年开始，Construye T 计划重点关注了公立高中学生的社会感情能力培养。墨西哥同时还特别加快了通信信息技术在教育系统的运用以及学校基础设施的改善，尤其是通过美化校园项目帮助那些设施最落后的学校。

巴拿马

近期教育发展趋势

2011年，巴拿马教育公共开支占其GDP比例为3.5%，低于拉美平均水平。

巴拿马预期受教育年限比拉美国家平均值要短1年、比OECD国家均值要短4年以上。巴拿马已经改善了教育覆盖率，尤其是在学前教育阶段。学前教育净入学率从2000年至今已经增长超过50%，接近拉美地区平均水平。小学入学率要低于OECD国家水平，但接近拉美国家平均值。经过数据对比，巴拿马对每个小学生的平均投入占公共开支（以占人均GDP百分比表示）不及拉美地区国家平均值的一半（见附图8）。

2011年，巴拿马高等教育毛入学率女性（51%）要比男性（33%）高出不少，这也是和拉美地区女性在高等教育占优势的特点一致的。同时，我们还注意到巴拿马初中教育男女完学率也有差异，男生完成初中学习的比例为73%，而女生为82%，这两个指标都低于拉美地区水平。然而，在小学阶段，巴拿马入学率要高于拉美国家平均水平。

在不同社会经济背景教育机会公平度方面，巴拿马各层次教育的指标都等同或优于拉美地区平均水平。但高等教育是个例外，各社会阶层高等教育入学率都不及拉美地区均值，尤其是收入最低的群体。

详细情况见附表8。

附表8　巴拿马主要教育指标

	巴拿马	OECD	拉丁美洲
2012年左右学前教育公共投入占GDP百分比	0.1	0.5	0.3
2012年左右小学教育生均公共投入占人均GDP百分比	7	22	16

续表

	巴拿马		OECD		拉丁美洲	
2012 年左右中学教育生均公共投入占人均 GDP 百分比	10		26		18	
2012 年左右高等教育生均公共投入占人均 GDP 百分比	22		30		26	
2012 年左右教育公共投入总额占 GDP 百分比	3.5		5.6		5.0	
2012 年左右学前教育净入学率，以百分比表示	64		83		66	
2012 年左右小学教育净入学率，以百分比表示	91		97		91	
2012 年左右中学教育净入学率，以百分比表示	76		91		74	
2012 年左右高等教育毛入学率，以百分比表示	42		71		42	
2011 年左右小学教育完学率，以百分比表示	92		98		85	
2011 年左右初中教育完学率，以百分比表示	77		94		84	
2012 年左右预期受教育年限（年）	12.4		16.9		13.4	
	男	女	男	女	男	女
2012 年左右学前教育净入学率（%）	63	64	82	82	65	66
2012 年左右小学教育净入学率（%）	92	91	97	97	90	90
2012 年左右中学教育净入学率（%）	74	79	91	91	71	77
2012 年左右高等教育毛入学率（%）	33	51	64	79	34	50
2011 年左右小学教育完学率，以百分比表示	92	96	98	98	85	88
2011 年左右初中教育完学率，以百分比表示	73	82	93	94	81	87
收入水平（五等份收入分组）	第 1 组		第 3 组		第 5 组	
	巴拿马	拉美	巴拿马	拉美	巴拿马	拉美
2011 年各收入分组小学教育净入学率，以百分比表示	98	95	100	98	100	98
2011 年各收入分组中学教育净入学率，以百分比表示	56	56	85	72	96	87
2011 年各收入分组高等教育净入学率，以百分比表示	5	9	15	18	42	46

注：PISA 测试每 41 分相当于接受 1 年学校教育，原文中 PIB pc 是指人均 GDP。

资料来源：见“国别介绍”的研究方法部分。

近期教育政策

近年来，巴拿马一直希望通过课程改革计划来提高教学质量，特别是

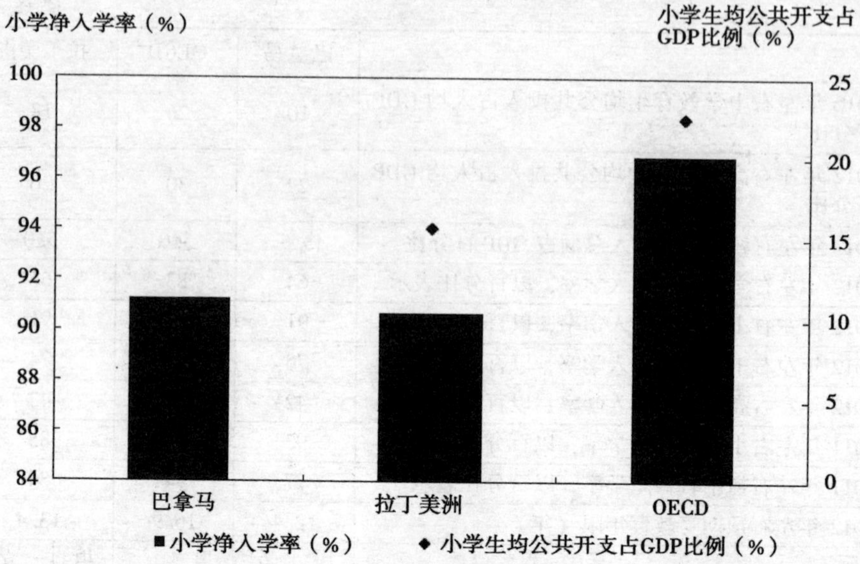

附图 8　左右小学净入学率与生均公共投入（2012 年）

资料来源：UNESCO *Institute for Statistics*（UIS），教育数据库。

统计链接：http：//dx. doi. org/10. 1787/888933162990.

要注重培养学生的技能，让他们更好地融入劳动力市场。这一改革计划的年投资额占 GDP 比重达 0. 9% 。巴拿马于 2010 年启动这项改革，2012 年实施范围已经扩大到全国 70% 的学校，主要举措包括教师培训和新的课程方案。

为了确保课程方案能够不断更新，巴拿马还成立了创新与教学内容更新国家团队（ENIAC）和教师培训国家团队（ENCAD），后者主要负责培训所有的教师，让他们掌握教学内容中的新内容。

2003 年，巴拿马还将英语规定为必修内容。2013 年，巴拿马开设技术双语教学本科专业，以培养英语教师为目的。最近，巴拿马又推出了“双语巴拿马”项目，旨在加强教师、师范专业毕业生、高中毕业生的英语知识，具体举措包括 7 ~ 11 年级课余时间开设英语课，并规定从幼儿园直到 6 年级英语都是必修课程。

为了推动教育机会公平，巴拿马于 2010 年设立了全民奖学金计划，向所有注册费和月学费不超过 1 000美元的学校学生提供经济上的帮助。

最后，作为微软教育联盟计划的一部分，巴拿马的 Entre Pares Panamá 计划旨在为学校提供培训方面的支持，使教师可以通过自身的发展和领导力提升来改善教学质量。2012 年，这一计划培训了全部的巴拿马教师，让教育新技术更好地被用来改善教学效果。

注：巴拿马部分所使用的数据来源于 OECD、UNESCO 和世界银行（CEDLAS）数据。教育投入数据上的不一致有可能是不同的 GDP 计算方法造成的。

秘 鲁

近期教育发展趋势

秘鲁 GDP 的 2.8% 用于教育投入，在拉美国家中，属于教育投入占 GDP 比重最低的国家之一。

在学前教育和小学入学率方面，秘鲁已经接近 OECD 国家水平。尤其是在学前教育入学率方面，秘鲁在 2000 ~ 2012 年取得了显著进步，由 58% 提升到 74% 。秘鲁在所有教育阶段的入学率都要高于拉美的一般水平。然而，小学教育完学率在 74% 左右，落后拉美地区均值 11 个百分点，但该差距在初中阶段缩小了。秘鲁预期受教育年限接近拉美地区平均水平，但与 OECD 国家的差距接近 4 年。

对于任何一个收入阶层和任何一个教育阶段，秘鲁的教育机会公平度都要高于拉美地区平均水平。该优势尤其反映在最低收入的 1/5 人口中学入学率高达 72%，比拉美地区均值高出 16 个百分点。同时，我们还发现教育机会的性别公平方面秘鲁的指标也比较突出。

在教学质量和学生成绩方面，共有 65 个经济体参加了 2012 年的 PISA 测试，秘鲁是数学考试得分最低的国家。而且秘鲁的得分还反映了很多不平衡的现象，例如，收入最低和收入最高的学生群体的成绩差距相当于 2.5 个年级（103 分）；根据家庭语言分组，讲盖丘亚语的家庭学生考试成绩不如讲西班牙语家庭的子女（差距相当于 2 年多的在校学习时间，见附图 9），这就不是学生的社会经济地位决定的了。

详细情况见附表 9。

附表9　秘鲁主要教育指标

	秘鲁		OECD		拉丁美洲	
2012年左右学前教育公共投入占GDP百分比	0.4		0.5		0.3	
2012年左右小学教育生均公共投入占人均GDP百分比	9		22		16	
2012年左右中学教育生均公共投入占人均GDP百分比	10		26		18	
2012年左右高等教育生均公共投入占人均GDP百分比	9		30		26	
2012年左右教育公共投入总额占GDP百分比	2.8		5.6		5.0	
2012年左右学前教育净入学率，以百分比表示	74		83		66	
2012年左右小学教育净入学率，以百分比表示	94		97		91	
2012年左右中学教育净入学率，以百分比表示	77		91		74	
2012年左右高等教育毛入学率，以百分比表示	43		71		42	
2011年左右小学教育完学率，以百分比表示	74		98		85	
2011年左右初中教育完学率，以百分比表示	82		94		84	
2012年左右预期受教育年限（年）	13.1		16.9		13.4	
2012年PISA测试成绩（数学，以得分表示）	368		494		397	
	男	女	男	女	男	女
2012年左右学前教育净入学率（%）	75	74	82	82	65	66
2012年左右小学教育净入学率（%）	94	94	97	97	90	90
2012年左右中学教育净入学率（%）	77	77	91	91	71	77
2012年左右高等教育毛入学率（%）	41	45	64	79	34	50
2011年左右小学教育完学率，以百分比表示	75	73	98	98	85	88
2011年左右初中教育完学率，以百分比表示	80	84	93	94	81	87
2012年PISA测试成绩（数学，以得分表示）	378	359	499	489	406	388
收入水平（五等份收入分组）	第1组		第3组		第5组	
	秘鲁	拉美	秘鲁	拉美	秘鲁	拉美
2011年各收入分组小学教育净入学率，以百分比表示	99	95	99	98	99	98
2011年各收入分组中学教育净入学率，以百分比表示	72	56	88	72	95	87
2011年各收入分组高等教育净入学率，以百分比表示	12	9	33	18	55	46

续表

经济、社会和文化地位	25% 以下			75% 以上		
	秘鲁	OECD	拉美	秘鲁	OECD	拉美
2012 年 PISA 测试成绩（数学，以得分表示）	317	438	360	420	530	436

注：PISA 测试每 41 分相当于接受 1 年学校教育，原文中 PIB pc 是指人均 GDP。

资料来源：见“国别介绍”的研究方法部分。

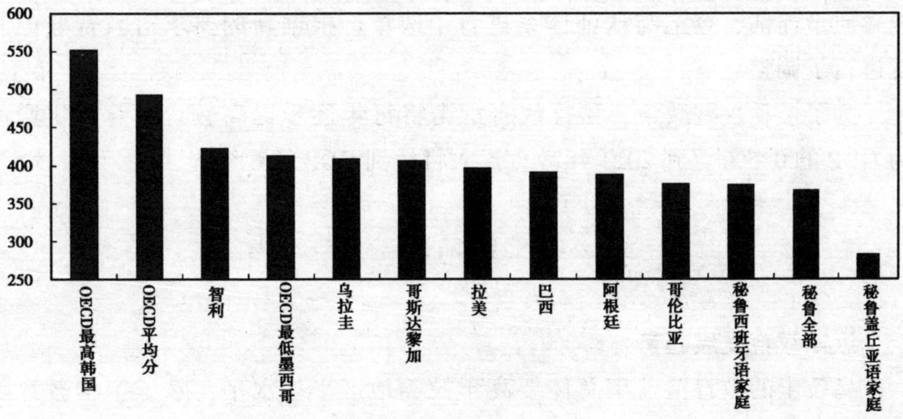

附图 9　数学考试表现

（PISA 得分，2012 年）

资料来源：根据 OECD/PISA（2012）材料编制。

统计链接：http：//dx. doi. org/10. 1787/888933163002.

近期教育政策

为了改善教育质量，2012 年秘鲁政府出台了《教学改革法》。这项法律建立了新的教师职业评价体系，通过一系列公开透明的评估对教师进行奖惩。

秘鲁还实施了一些促进儿童早期教育的项目，提高了农村地区的学前教育入学率。到 2016 年，Juntos 补贴项目地区的学前教育入学率将达到 100%，全国其他地区将达到 86%。通过落实这些项目，政府不仅将扩大教育公共投入以改善学校的硬件设施，还将引入跨文化双语教学模式，建立配套的教学体系。

秘鲁政府还在制订方案，准备到 2021 年将中学生的在校时间延长至全天。同时，秘鲁也在研究制定全国英语教学计划和将体育重新纳入公共教育体系的政策。

为了缩小小学之间基础设施方面的差距，秘鲁推出了全国教育基础设施计划（PRONIED），旨在改善教育基础设施的规划与建设，更好地协调各级政府的工作并鼓励私人部门的参与。

最后，新的大学法规定国家高等教育委员会将负责监督高校的教学质量、资金使用情况，并负责是否批准成立新的高校。同时，秘鲁还对国家教育质量评估、登记与认证体系进行了改革，根据新的要求对教育登记制度进行了调整。

为了推动这些政策，秘鲁政府承诺将每年逐步提高教育预算，年增速为 GDP 的 0.5%，到 2021 年教育投入将达到 GDP 的 6%。

乌拉圭

近期教育发展趋势

乌拉圭的教育覆盖率总体要高于拉美地区平均水平，除了中学教育阶段略低于地区平均水平。高等教育入学率提高特别明显，在 21 世纪的第一个十年里提升了近 30 个百分点。教育投入（GDP 的 4.5%）不及拉美国家平均值。

在 2012 年的 PISA 测试（数学考试）中，乌拉圭的表现要略好于拉美国家的平均水平，但成绩的退步要比拉美其他参加测试的 7 个国家更明显（2003 年以来年均退步 1.4 个百分点，见附图 10）。和拉美其他国家一样，乌拉圭的 PISA 测试成绩和 OECD 国家差距还非常大（2012 年差距相当于 2 年以上的学校教育时间）。

乌拉圭预期受教育年限要长于拉美国家平均水平，但比 OECD 国家均值要短差不多 1.5 年。在基础和中等教育阶段，教育机会方面的性别不平等并不明显，但是到了高等教育阶段，乌拉圭男女性别之间的差距要远远大于其他拉美国家，男性在乌拉圭高等教育体系中劣势明显。

虽然和其他拉美国家相比，社会经济地位造成的中小学教育机会不平等在乌拉圭并不突出（最近 5 年中学的情况有所改善），但在高等教育阶段该问题依然突出。该不平等也反映在学生的学习成绩上：社会经济背景最好的学生比社会经济背景最不理想的学生成绩要好很多，相当于2.5年以上的学校教育时间，大于拉美地区平均值。

详细情况见附表10。

附表10　乌拉圭主要教育指标

	乌拉圭		OECD		拉丁美洲	
2012年左右学前教育公共投入占GDP百分比	0.5		0.5		0.3	
2012年左右小学教育公共投入占GDP百分比	1.3		1.5		1.7	
2012年左右中学教育公共投入占GDP百分比	1.5		2.1		1.6	
2012年左右高等教育公共投入占GDP百分比	1.2		1.4		1.1	
2012年左右教育公共投入总额占GDP百分比	4.5		5.6		5.0	
2012年左右学前教育净入学率，以百分比表示	78		83		66	
2012年左右小学教育净入学率，以百分比表示	100		97		91	
2012年左右中学教育净入学率，以百分比表示	72		91		74	
2012年左右高等教育毛入学率，以百分比表示	63		71		42	
2011年左右小学教育完学率，以百分比表示	95		98		85	
2011年左右初中教育完学率，以百分比表示	84		94		84	
2012年左右预期受教育年限（年）	15.5		16.9		13.4	
2012年PISA测试成绩（数学，以得分表示）	409		494		397	
	男	女	男	女	男	女
2012年左右学前教育净入学率（%）	78	78	82	82	65	66
2012年左右小学教育净入学率（%）	99	99	97	97	90	90
2012年左右中学教育净入学率（%）	68	76	91	91	71	77
2012年左右高等教育毛入学率（%）	47	80	64	79	34	50
2011年左右小学教育完学率，以百分比表示	94	96	98	98	85	88
2011年左右初中教育完学率，以百分比表示	81	88	93	94	81	87
2012年PISA测试成绩（数学，以得分表示）	415	404	499	489	406	388
收入水平（五等份收入分组）	第1组		第3组		第5组	
	乌拉圭	拉美	乌拉圭	拉美	乌拉圭	拉美
2011年各收入分组小学教育净入学率，以百分比表示	99	95	99	98	97	98

续表

	乌拉圭		OECD		拉丁美洲	
	乌拉圭	拉美	乌拉圭	拉美	乌拉圭	拉美
2011 年各收入分组中学教育净入学率，以百分比表示	69	56	85	72	97	87
2011 年各收入分组高等教育净入学率，以百分比表示	4	9	18	18	56	46
经济、社会和文化地位	25% 以下			75% 以上		
	乌拉圭	OECD	拉美	乌拉圭	OECD	拉美
2012 年 PISA 测试成绩（数学，以得分表示）	364	438	360	468	530	436

注：PISA 测试每 41 分相当于接受 1 年学校教育，原文中 PIB pc 是指人均 GDP。

资料来源：见“国别介绍”的研究方法部分。

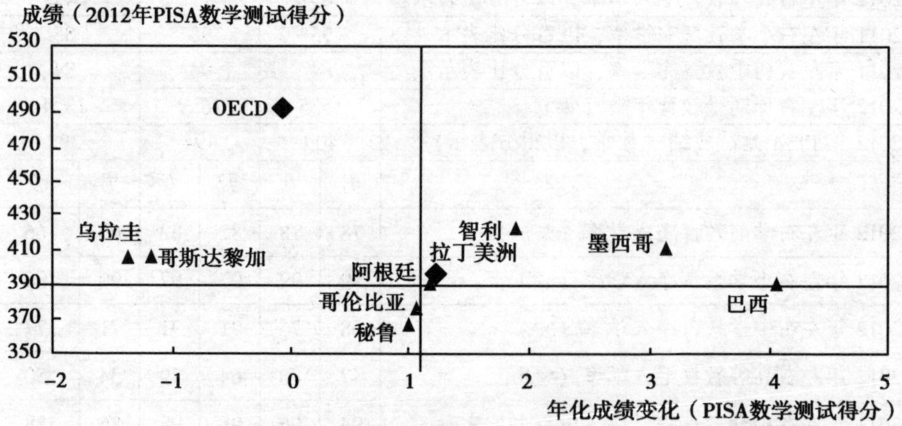

附图 10　PISA 测试中数学成绩年化变化

（2003～2012 年乌拉圭 PISA 得分）

注：数学成绩年化变化是，指各国从参加 PISA 测试以来的年化成绩变动情况（为了方便对比，没有使用 2000 年 PISA 测试成绩）。乌拉圭的数据涵盖 2003～2012 年。

资料来源：OECD，PISA 2012。

统计链接：http：//dx. doi. org/10. 1787/888933163020.

近期教育政策

乌拉圭在教育系统各个层次（包括非正式教育）都实施了一系列措施来提高质量和覆盖率，缩小教育水平的分化，这些措施包括社区教师项目、社区教室项目和职业培训项目。乌拉圭在学前、小学和中学教育阶段设立了国家教育评估中心，在小学教育阶段设立了学习评价体系，都是为了促进教学质量的提高。通过2007年出台的Ceibal计划，公立教育系统的师生每人都可以领到一台笔记本电脑。

最近，国家公共教育部（ANEP）发布了一份题为《关于基础和中等教育原则和方向讨论的初步构想》的文件，为各界人士探讨教育发展问题提供了基础。同时，职业技术教育委员会（CETP-UTU）也提出了关于改进中等和高等技术教育的一些构想，并提出了政府和联合国各部门共同“制订教育政策”的合作项目。

在高等教育阶段，乌拉圭科技大学（UTEC）从2014年就开始着手提供生产领域最需要的专业。此外，乌拉圭科技大学还联手共和国大学在首都之外设立分校，以满足各地区特别是内陆地区对高等教育的需求。两所高校还共同成立了全国公立高等教育系统。

乌拉圭实施了一系列计划来改善教育从业专业人员的职业发展状况，包括改善劳动条件、提高报酬和提供培训机会。40%的乌拉圭中学教师还没有取得教师资格，因此该国成立了教育行业培训委员会，旨在筹备建立一所专门的大学来提高师资队伍的学历水平。

研究方法介绍：所使用的一些变量

普通教育：指针对学生一般知识积累、阅读写作和算术能力培养的教育，通常是为了让学生能够进入同级别或高一级的学习阶段继续学习，而且这种教育一般在学校进行。资料来源：UNESCO（2011），*International Standard Classification of Education*（*ISCED*），2011。

职业教育：指针对特定职业或岗位涉及的教育内容，培养学生的实践能力、专业技能以及职业要求的理解能力。职业教育可以在学校也可以在企业进行。学生参加职业教育成绩合格，可以获得国家有关部门和用人单位都认可的职业能力证书。资料来源：UNESCO（2011），*International Standard Classification of Education*（*ISCED*），2011。

预期受教育年限（EVE）：指的是一名儿童从进入教育体系学习开始，未来可预期的在学校接受正规教育的年数。此概念认为，学生在学校注册的可能性高即等于学生将要在学校接受教育。此概念使用的是在校受教育年数，而不是年级数。资料来源：UNESCO Institute for Statistics（UIS），教育。

公共教育投入占 GDP 百分比：各级政府（包括中央政府、地方政府）对各层次教育的日常投入，用占 GDP 的百分比来表示。公共教育总开支包括表格说明以外的支出，所以金额要超过表格中各项具体开支的总和。资料来源：UNESCO Institute for Statistics（UIS），教育。

生均公共支出占人均 GDP 百分比：指的是在某一具体教育阶段，政府用在每个学生身上的平均支出占人均 GDP 的百分比。资料来源：UNESCO Institute for Statistics（UIS），教育。

教育投入公私来源比例：在包含公共部门教育相关补贴后，教育总投入中来自公共部门和私人部门的资金比例。资料来源：OECD *Education at a Glance* 数据库，数据来源于 UIS/OCDE/Eurostat 联合调查。

净入学率：指在某一教育阶段，理论上所对应年龄的实际注册学生数占该年龄段人口总数的比例。资料来源：UNESCO Institute for Statistics（UIS），教育。

各教育阶段各社会经济阶层净入学率：指某一教育阶段理论上所对应年龄的实际注册学生数占这一年龄段人口总数的比例，按家庭收入五等份分组计算，采用的是各国最近一年的可用数据。资料来源：SEDLAC（CEDLAS 和世界银行）。

毛入学率：指某一教育阶段实际注册学生的数量占相应年龄段人口总数的比例，但不考虑注册学生是否符合该阶段理论上对应的年龄范围。在高等教育阶段，采用的年龄范围是官方高中毕业年龄后的 5 年范围。资料来源：UNESCO Institute for Statistics（UIS），教育。

完学率：某一教育阶段注册学生数占同批学生小学一年级时注册学生数的百分比。UNESCO Institute for Statistics（UIS），教育。

中学教育成绩：一国在2012年PISA测试数学考试中所取得的平均成绩。PISA考试的分值为0～1 000分，其中41分相当于一年在校学习的时间。根据成绩，该测试将成绩分为6个技能登记。技能等级1（258分以上）代表学生可以回答熟悉环境相关的问题，所有需要使用的信息都明确提供给学生，并不需要他们使用额外信息去回答问题。学生能够识别有用信息，在清楚的场景下会使用惯常办法按明确指令解决问题。参加2012年PISA测试的大部分拉美国家平均成绩都属于这一等级（阿根廷、巴西、智利、哥伦比亚、哥斯达黎加、墨西哥、秘鲁和乌拉圭）。唯一的例外是智利，智利的平均成绩已经跨入技能等级3（482分以上），进入该等级说明学生能够采用相当复杂的方法处理问题，包括那些需要连续作出决定的问题。学生对问题的理解程度高，并能设计出解决问题的简单抽象模型或能够选定解决问题的简单策略。学生能够使用百分比、份额、小数和比例关系，他们还能解读问题并对它们进行基本的逻辑思考。OECD国家平均得分处于这一等级。资料来源：OECD，PISA 2012。

拉美和OECD包括的国家：对于各组不同的分析，拉美（ALC）和OECD所涉及的国家数量有所不同，这是因为所使用的数据库不同。具体来说，UNESCO数据库当中包含30个OECD国家和25个拉美国家。在拉丁美洲GDP最高的7个国家中，巴西没有被包含在教育覆盖率和完学率相关的变量中，阿根廷没有被包含在中学净入学率中。SEDLAC数据库中的拉美均值所涉及的拉美国家为15个。拉美GDP最高的7个国家中，巴西没有被包含在小学教育指标中，而委内瑞拉没有被包含在三个教育阶段指标中。PISA 2012数据库包含34个OECD国家和8个拉美国家：阿根廷、巴西、智利、哥伦比亚、哥斯达黎加、墨西哥、秘鲁和乌拉圭。所有的地区指标均值都是由各国可获得的最近年份数据计算的，但没有使用2009年以前的数据。

教育层次分类目录：本报告所采用的分类为UNESCO的国际标准教育目录（CINE或ISCED）。CINE分类目录更新于2011年，是整理6个层次教育数据的有效工具，数据包含从学前教育到高等教育的所有教育阶段。这一分类目录既包含各教育层次的数据，又包括各教育领域的数据（见附表11）。

附表 11　教育层次分类

教育层次	入学年龄	目录编码	次级分类
学前教育			
将儿童融入学校环境的初级教育	3岁以下	ISCED 0	—
小学教育			
为阅读、书写和数学能力打下扎实基础并对其他学科进行基本了解的教育阶段	5~7岁	ISCED 1	—
初中教育			
基础教育阶段，通常会引入一些专门的科目和教师	11~12岁，学制3年。有些国家初中毕业也标志着义务教育阶段的结束	ISCED 2	2A 培养继续在学术上深造的学生，毕业后进入3A阶段； 2B 侧重培养职业技能，毕业后进入3B阶段； 2C 提供职业教育，毕业后直接进入劳动力市场
高中教育			
更深入地学习初中教授的科目，教师水平更高，学生一般在初中毕业时已经接受过9年学校教育	一般15~16岁	ISCED 3	3A 培养准备进入大学学习的学生，即5A阶段； 3B 培养准备进入高等职业技术学校的学生，即5B阶段； 3C 培养毕业后直接进入劳动力的学生和进入ISCED 4阶段的学生
中学之后的非高等教育			
包括高中和高中后的教育阶段。这类教育项目内容相对于高中并未明显加深，学制一般为6个月至2年不等。学生年龄普遍比高中生大	—	ISCED 4	4A 培养学生准备进入高等教育层次学习，不管是大学还是高等职业学校； 4B 培养学生准备直接进入劳动力市场

续表

教育层次	入学年龄	目录编码	次级分类
高等教育			
A类高等教育			
理论型教学，培养进入高级研究项目和高技能岗位的能力，学制3~4年	—	ISCED 5A	—
B类高等教育			
比A类时间短，注重技术能力的培养，实践和职业型教学，为学生的职业生涯做准备，学制最短2年	—	ISCED 5B	—
高级研究项目			
毕业后取得高级学位，如博士。理论上培养时间为3年，但大多数国家学制要更长。主要从事原创型高水平研究	—	ISCED 5C	—

资料来源：OCDE（2014），*Education at a Glance* 2014：*OECD Indicators*，OECD Publishing. 链接：http://dx. doi. org/10. 1787/eag-2014-en；UNESCO（2013），国际标准教育目录 CINE 2011，UIS，Montreal. 链接：www. uis. unesco. org/Education/Documents/isced-2011-sp. pdf。

经济合作与发展组织（OECD）

经济合作与发展组织是一个独特的多边论坛，借助这一平台各国政府携手合作，共同克服全球化带来的经济、社会和环境挑战。经合组织走在时代的前端，帮助各国政府理解并应对当今世界的变化及随之产生的问题，比如公司治理、信息经济以及人口老龄化带来的挑战。经合组织向各国政府提供平台，方便各国进行政策对比，寻找共同问题的解决方案，分享好的实践经验，并协调各领域的国内、国际政策。

经合组织成员国包括德国、澳大利亚、奥地利、比利时、加拿大、智利、韩国、丹麦、斯洛文尼亚、西班牙、美国、爱沙尼亚、芬兰、法国、希腊、匈牙利、爱尔兰、冰岛、以色列、意大利、日本、卢森堡、墨西哥、挪威、新西兰、荷兰、波兰、葡萄牙、英国、捷克、斯洛伐克、瑞典、瑞士、土耳其。欧盟也参与经合组织的工作。

经合组织通过发行出版物的方式对其工作成果进行广泛宣传。这些出版物包括经过整理的数据、经济社会与环境议题的研究成果、各种公约、政策指令和成员国的发展模式。

OECD发展中心

OECD发展中心成立于1962年，是一个独立论坛，致力于促进OECD国家与发展中国家之间的平等对话、信息共享与合作交流。如今，OECD的25个成员国和18个其他国家或地区是OECD发展中心的正式成员。中心主要关注的是可能对全球发展产生影响的潜在结构性问题、发达或发展中经济体所面临的具体发展挑战。通过实事求是的研究和广泛的战略合作，OECD发展中心帮助各国形成创新性的政策，以应对全球化带来的一系列世界性挑战。

中心活动的更多详情请访问官方网站：www. oecd. org/dev。

联合国拉丁美洲和加勒比经济委员会（ECLAC）

ECLAC创建于1948年，是联合国五个地区委员会之一。ECLAC的使命是促进拉美和加勒比地区经济发展、协调推动地区发展的相关工作、加强地区各经济体之间以及地区与世界其他国家和地区之间的经济关系。

多年以来，ECLAC一直通过其两大核心职能致力于对该地区现状的深入分析：一是经济社会研究；二是向各国政府提供合作与技术支持。

ECLAC 始终关心公平增长、技术进步、社会公正和民主。拉美经委会已经形成一套全面理解、分析该地区发展的方法，这是通过长期研究积累起来的宝贵智慧结晶。

ECLAC 的成员国包括拉丁美洲和加勒比地区的 33 个国家，此外还包括北美、欧洲和亚洲数个和该地区有着历史、经济和文化联系的国家或地区。ECLAC 共有 44 个成员国和 12 个准成员国，获得准成员国身份的是加勒比尚未独立的地区。

CAF – 拉丁美洲开发银行

CAF 是一家以支持其成员国发展以及拉丁美洲一体化为使命的多边金融机构。CAF 的股东有阿根廷、巴巴多斯、玻利维亚、巴西、智利、哥伦比亚、哥斯达黎加、厄瓜多尔、西班牙、牙买加、墨西哥、巴拿马、巴拉圭、秘鲁、葡萄牙、多米尼加共和国、特立尼达和多巴哥、乌拉圭、委内瑞拉以及该地区的 14 家私有银行。

CAF 为公共和私人部门提供各种金融产品和服务，其客户包括股东国、私营企业、金融机构等。CAF 的经营政策一直重视社会发展和环境保护，并在其所有业务中坚持环境效率和可持续性原则。作为金融机构，CAF 不断将国际市场上的资源带到拉丁美洲，推动投资和商贸机遇的发展。

译者后记

根据中国社会科学院拉丁美洲研究所与经济合作与发展组织发展中心达成的协议，自2008年起，由拉丁美洲研究所组织中文翻译、出版发展中心的年度报告《拉丁美洲经济展望》（自2012年起，联合国拉丁美洲和加勒比经济委员会参与报告起草；2014年开始CAF-拉丁美洲开发银行也参与报告的编写），并于每年在拉美所举行的CAF-ILAS国际论坛上发布。为此，拉丁美洲研究所成立了专门的项目小组，由本人负责协调该项目的策划、组织、执行和对外联络，包括国际论坛的组织工作。2015年，根据所领导的安排，继续由本人参与相关工作。

《2015年拉丁美洲经济展望》翻译小组由张庆、杨婧、刘波和徐四海组成，具体分工如下：张庆负责序言、致谢、概述和第一章、杨婧负责第二章、刘波负责第三章和第四章、徐四海负责第五章和各国介绍；黄乐平负责封面和封底的翻译、编排，王飞对全文进行编排整理；本人对全书进行最终统校。

在本报告中文版的翻译和出版过程中，拉丁美洲研究所王立峰书记和吴白乙所长非常重视，并多次开会进行专项研究，保证了本期报告的翻译和出版，确保了该文献的连续性；拉美所科研处的全体同志也给予了大力支持，承担了一部分外联工作；出版社的编辑和排版公司的技术人员为本书的按时出版付出了辛勤的劳动。本人在此对他们表示衷心的感谢。

然而，由于时间紧、专业性强，书中的错误也在所难免，敬请各位读者谅解。

吴国平

2015年3月15日